# 清华金融法律评论

TSINGHUA FIANCIAL LAW REVIEW

2019
第3卷第1辑

总第4辑



法律出版社
LAW PRESS · CHINA

# 序　一

首先祝贺《清华金融法律评论》问世！《清华金融法律评论》着眼于与金融发展有关的法律的观察、评述和研究，是清华大学学科交叉的重要进展和成果，同时也一定会推动清华大学金融学科的研究和法学学科的研究，我们对此充满了期待。

人类社会金融体系的发展，其实也伴随着金融法律的发展，两者息息相关。

由于金融活动纷繁复杂，创新频繁，往往会将其服务对象特别是金融消费者置于信息不对称的地位，并暴露于各种风险之中。这些风险如果管理不当，不但会损害消费者利益，风险的积累更会造成大规模的金融和经济危机。历史上多次发生的金融危机都充分说明了这一点。

鉴于此，世界各国都非常重视金融法律体系的建设，希望既能保护创新，又能有效防范风险。近年来，随着移动互联网的普及、计算机技术的发展、大数据与人工智能等技术的突破，“金融科技”已成为全球普遍关注的行业，也成为金融创新的重要源泉。伴随着金融与技术的深度融合，以 P2P 网络借贷等为代表的全新金融业务模式得以发展，以供应链金融、消费金融等为代表的传统金融业务模式也出现了变革，技术被源源不断地导入金融业，极大提高了服务效率，同时技术的应用使传统金融风险的传播速度加快和传播范围加大，不可避免地加剧了已有监管体制和创新模式的冲突。如何构建一个能对金融创新反应敏捷的监管系统，已经成为全球金融监管机构面临的普遍难题。

历史经验表明，金融体系就是在创新和监管的互动中发展起来的，这其中需要监管体系对于创新实践的持续跟踪，建立与业界的充分沟通机制并及时回应。

以美国对 P2P 网络借贷和股权众筹的监管为例。P2P 网络借贷和股权众筹虽然提供金融产品，但是业务模式实现了去中心化，因此业务主体已经不再被原有监管体系所覆盖,给传统监管带来了挑战。对于P2P网络借贷,美国证监会(the U.S. Securities and Exchange Commission,SEC)早在2008年就将其判定为证券发行,强调平台的信息披露义务,为行业建立了严格的监管框架。随后,美国网络借贷行业仍迅速发展,具体体现在以下方面:行业规模不断增长、参与主体不断丰富、商业模式不断创新、与传统借贷模式的差异不断凸显。面对这一情况,美国监管机构对行业发展保持了持续关注,探讨监管框架如何灵活应对网络借贷行业的迅速发展。2015年7月,美国财政部发布了“网络借贷市场意见征求”,探讨该行业的最新变化以及金融监管应该如何调整来保证这一新兴行业的健康发展。2016年5月,根据意见征求结果,美国财政部发布了白皮书《网络借贷市场的机遇与挑战》,结合美国网络借贷行业的发展和市场环境,进一步对监管措施提出了建议。监管机构正是通过对创新型商业模式的高度关注和持续跟踪,才能保证创新和风险之间的有效平衡。

对于股权众筹,SEC通过颁布《JOBS法案》松绑原有法律监管体系,为创业企业融资提供了充分机会。而在《JOBS法案》正式生效之前,美国最具代表性的股权众筹平台之一Angellist也主动与SEC进行了沟通。Angellist成立于2010年,通过Angellist平台初创公司可以面向合格投资人募集天使资金。2013年3月26日,Angellist向SEC发出了“寻求确认书”,详细描述了自身的商业模式,请求SEC明确表示:在Angellist没有注册为“经纪人—交易商”的情况下,SEC不会对Angellist的业务采取强制措施。两天后,SEC对Angellist进行了回复。回复邮件根据Angellist对其商业模式的描述总结了若干条关键因素,并明确表示:在Angellist的商业模式与其所述的以上关键因素完全相符的情况下,SEC不会对其业务采取强制措施。SEC的及时回复在一定程度上降低了Angellist及其同类型平台的政策风险,在新法案实施生效之前为行业自律提供了参考。在监管政策生效之前,对业界的担忧进行及时回复既将风险置于可控范围之内,也保证了创新实践得以持续。

我们必须看到,中国的金融发展有其独有的特点,但是这并不妨碍我们借鉴其他国家的金融立法和治理经验。目前,我国已经成为全球金融科技发展最快的国家,其发展路程对我国的金融创新和金融监管既有经验,亦有教训。始于2016年的“互联网金融专项整治”仍在持续。应当看到,加强金融监管和推动金融创新是相互促进、并行不悖的。金融监管本质上并不是抑制金融创新,而是规范其服务于实体经济的本源,促进金融行业的持续进步。在金融发展的新时期,有必要保持对金融创新的密切关注、对金融风险的有效防范、对金融监管体系适应的持续探讨,才能确保金融行业的长治久安。从这个角度来说,《清华金融法律评论》任重道远!

再次祝贺《清华金融法律评论》诞生,并祝它越来越好!

廖　理
清华大学五道口金融学院教授、博士生导师
清华大学金融科技研究院院长,互联网金融实验室主任

# 序　二

为什么我的眼里常含泪水？因为我对这土地爱得深沉。

——艾青《我爱这土地》

清华大学商法研究中心（以下简称清华商法中心）和商法学科在《商事法论集》（以下简称《论集》）的基础上，推出一本新的学术性文集《清华金融法律评论》（以下简称《评论》）。商事法和金融法是清华商法中心与商法学科的两个明确的研究重点。这既是清华商法中心的传统研究优势的自然延续与水到渠成之事，也是清华商法中心上下一心、迎接新时代新金融挑战的努力结果。一方面，清华商法中心和商法学科具有研究金融问题的“基因”和研究基础；另一方面，2007 年国际金融危机之后，“金融科技”“普惠金融”等金融前沿问题涌现，对金融法问题的研究需要愈加迫切，特别是 2017 年第五次全国金融工作会议的召开标志着中国的金融体制改革进入一个“深水区”。法学界尤其是商法学者被推到时代的风口浪尖。种种因素的叠加，使金融法成为清华商法中心和商法学科一个呼之欲出、亟待明确的研究方向。

## 一

清华商法中心和商法学科为什么要组织编写该《评论》？商法和金融法是什么关系？许多非法律界人士可能对这些问题感到困惑。商法是法学之学科范畴的概念。法学是古老的学问，在世界上最古老的大学中，曾只有法学和神学两个专业。经过上千年的历史，法学大致分为宪法、行政法、民法、商法、经济法、国际法等若干子学科，不包含金融法。金融法或房地产法等是根据研究对象、研究兴趣或研究专题这个标准而提出的概念。研究金融法律问题可以是法学中的任何一个子学科,民商法学科或者经济法学科的老师都可能关注金融问题。这就是为什么在有的学校研究金融法的力量集中在经济法学科,而有的学校集中在商法或者民商法学科,还有一些学校同时分布在民商法学科和经济法学科。金融法研究与师资力量的学科分布差异是由每个学校法学院的历史、学科格局、学科发展路径不同所造成的。清华大学法学院研究金融法律问题的学者主要在商法学科。

无论是作为学科范畴的商法,还是以研究对象来划分的金融法,二者的研究领域是高度重叠的。例如,当我们将商事活动与经济金融现象的法律研究分为三大块,即商事组织法、商事交易法和监管法时,在概念上,商法是调整平等商事主体相互关系的法律规范的总称,侧重于前二者;金融法则是研究金融领域的法律问题,侧重于后二者,尤其是监管法。实践中,商法的外延在不断扩大。在统编的商法教科书中,商法的外延包括公司法、证券法、保险法、票据法、海商法、信托法、银行法、破产法等。所以,有人说学科范畴中的商法概念是个“大商法”的概念,已经从商事组织法、商事交易法延伸至监管法。而监管法是金融法的主要考量点。金融法囊括了关于资金融通的所有法律规范,侧重于研究商业中的资金融通问题,更侧重于从监管的角度进行研究。商法和金融法是重合的。而且,商法和金融法的“标签”丝毫不能把学者局限在某一个领域或者某一个侧重点。例如,商法学者中有很多是侧重于研究金融领域的法律问题,还提出了“金融商法”等概念,而金融法学者在研究监管法时往往必须把相关的商事交易结构厘清,监管的方向才能明确。

商法和金融法交融在一起的更深层次的原因是商事组织法、商事交易法和监管法这三者在理解和解决一个具体问题时是交融在一起、相互影响的。只有同时贯通这三个方面,才能真正解决问题和解释现象。第一,监管对商事交易的影响越来越大。当代国家不再是小国寡民时代中的守夜人角色,而是形成规制国家的模式,政府对商事交易干预的权力较大。深入研究商事交易会发现监管法对商事交易有着至关重要的影响。比如,银行法或者证券法中的监管规则,经常被区分为法效力性规定和管理性规定,前者将直接影响到银行业或证券业的商事交易活动之效力。第二,监管法发挥作用的前提是有稳固的商事交易的民商法基础,这样才不会导致商事交易的重大法律风险。例如,研究表明,商事交易中一些规则过于宽松是造成2008年美国金融危机的原因之一。例如,破产法所规定的金融机构破产时金融衍生品交易自动净额结算规则,被认为是美国金融机构(如雷曼兄弟)风险与激励不匹配的商事交易法根源。为了在监管上防范金融风险,必须在商事交易中完善相关的商事规则,以便使金融交易的民商法能够发挥对金融商事交易正向利益激励和反向风险防范的作用。第三,商事组织法尤其是良好的公司治理机制是企业融资的前提。

商法学者和金融法学者是相向而行的。金融法学者在研究监管法时常常会进一步研究金融交易的商事结构和商事法律关系,而商法学者在继续维持商法学界在商事组织法和商事交易法的传统优势和研究兴趣之外,还常常跨越进入金融领域研究交易问题和监管问题。商法是一个动态的、富有生命力的学科。

## 二

中国商法学科的开拓者和主要奠基人是已故的王保树教授(1941～2015年)。王保树教授是中国商法学研究会的创始会长(去世之前也一直担任商法学会的会长),是我国著名的法学家、杰出法学教育家。王保树教授是清华大学法学院复建后的首任院长,在清华建立了商法学科和商法中心,聚集和培养了一大批商法、经济法的人才,从而使清华商法中心和商法学科成为全国商法学研究的重镇。王保树教授的贡献也涉及经济法。

自王保树教授创立清华商法中心与建立商法学科以来,清华商法中心已经走过了大约二十年的历史。清华商法中心主办《论集》、"21世纪商法国际论坛""商事法专题研究文库""王保树商法学优秀博士论文奖""青衿商法论坛"等出版物和定期活动。2017年清华商法中心再次策划《评论》,明确将金融法确立为商法中心的重点研究领域。

第一,清华商法中心与商法学科的传统中具有研究金融法律问题的基因与理论基础。的确,清华商法中心与商法学科的传统优势是金融领域之外的商事组织法和商事交易法。但是,商法中心从未画地为牢,把自己排除在金融之外。在发展过程中,商法中心不断地以商事交易和商事主体为核心,向外拓展研究领域,解决经济和金融发展的前沿和疑难问题。突出表现在人才培育方面,清华商法中心历年博士论文题目中相当多的选题聚焦于金融领域的法律问题。理论基础研究越强,对新金融之前沿问题的挖掘能力也会越强。清华商法中心和商法学科在商法方面的深厚研究,为捕捉和研究金融前沿问题奠定了很好的基础。

第二,在科研成果方面,清华商法中心在金融法的研究方面已有一定规模。商法中心主编的“商事法专题研究文库”已推出近四十本商法方面的专著,其中不乏对金融领域法律问题如关于金融商品交易反欺诈制度、保险代位、可保利益、金融信托中的受托人义务等的研究专著;公司收购和公司治理领域的专著更是“商事法专题研究文库”的重点领域。连续性的学术出版物《论集》每一期中相当多的论文都是研究金融法问题的。特别是从2001年启动的一年一度的盛会“21世纪商法论坛国际研讨会”,至今已坚持18届,殊为不易。“21世纪商法论坛国际研讨会”历届的主题分别为“投资者利益保护”“全球竞争体制下的公司法改革”“公司收购:法律与实践”“转型中的公司法的现代化”“中美商法新发展”“实践中的公司法”“非公司企业法制的当代发展”“公司重组:理论与实践”“应对金融危机的金融法机制:机遇与挑战”“公司法制结构性改革的前景”“经济全球化中的公司治理与公司法一体化走向”“资本市场的创新发展与公司制度的深化改革”“公司自治与政府管制”“公司资本制度的再审视”“资本市场法制的现代化”“公司再造:法制与实践”“融资创新与监管”“后危机十年公司治理:回顾展望”。可以发现,相当数量的研讨主题都是融资和金融领域的法律问题,并不局限于传统的商法领域。

第三,商法学科合理的人才梯队为清华大学商法研究中心与商法学科研究金融法提供了充分的人力保障。目前商法研究中心的师资梯队和知识结构已涵盖金融法领域的绝大多数方面。银行法、证券法、信托法、破产法、公司治理、保险法、并购重组等涉及金融的法律均配备有“术业有专攻”的师资力量。每学年这些老师都会开设金融法方面的课程。所欠缺的就是将金融法研究作为一面旗帜和研究方向鲜明地提出来。《评论》的出版将彰显清华商法中心对金融法律问题的研究实力,这是其对于商法中心的第一个意义。

## 三

2016年以来,针对金融领域的新问题,清华商法中心及时举办论坛,倡导研究议程,进行金融法前沿问题的研讨。首辑《评论》收录了“青衿商法论坛”第一期“金融控股公司”、第二期“资管计划”、第三期“金融科技”、第四期“资产证券化”和第七届海峡两岸商法论坛“操纵金融市场”的优秀论文。这些论坛大多是清华商法中心策划和组织的。在策划“青衿商法论坛”的主题时,我们所构想的是历届的主题要具有连续性,因此设计了“金融混业经营”与“影子银行”的大主题,下面再细分局部的议题。回想起来,第一期“青衿商法论坛”于2016年8月召开,主题是金融控股公司,这也是“青衿商法论坛”的开坛仪式。8月底的北京秋高气爽,十分舒适。来参会的大都是各大院校法学院的青年学者。会议结束的当天傍晚,与会同人将下届“青衿商法论坛”的主题定为“资管计划:天使还是魔鬼”,并商定12月再聚北京。当时“资管计划:天使还是魔鬼”的热度尚未显现。但由于2016年8月底到12月,“宝万之争”以及其他上市公司敌意收购的案例所造成的社会影响,“资管计划:天使还是魔鬼”的论坛选题到12月时得到了热烈的反响,论坛也空前的成功,因为“机会只偏爱有准备的人”。2017年4月第三期“青衿商法论坛”的选题是“金融科技与监管前沿问题”。这届论坛是清华商法中心与清华五道口金融学院联合举办,也非常成功。“青衿商法论坛”由此形成了“监管界—实务界—学界”三者对话的研讨模式。2017年7月第四期“青衿商法论坛”的选题是“资产证券化”。这本是一个老题目,但是在PPP等政府融资新方式和收益权资产证券化大行其道的新背景下去探讨一个老问题,也颇具有新的启示和意涵。这些论坛虽然沿袭清华大学商法研究中心的传统,均冠名以“商法论坛”,但商法的意涵和外延发生了变化,从商事主体法、商事交易法扩展到了监管法。这是清华商法中心在有意识地利用自身在基础理论方面的研究优势去迎接新金融的挑战。

## 四

《评论》的征稿范围是金融领域的法律研究成果,或者对法律规范富有启示作用的一些金融实证研究。如前所述,金融法可以从商事组织法、交易法和监管法等多方面进行研究。首辑《评论》收录的金融法论文在这三个方面都有所涉及。“金融控股公司”专题是与金融相关的商事组织法,“资管计划”专题同时有商事交易法和监管法,其余的三个专题也是如此。当然,我更希望今后每一辑《评论》的主题更加集中。如果每一辑的《评论》都有一个专题研讨和重大问题的科研攻关,那就更好了。这需要我们更好地策划,提前科研、写稿和组稿。

《评论》成为清华商法中心和商法学科在金融法律问题研究方面的阵地和窗口。这有两个方面的含义:第一,《评论》是由清华商法中心和商法学科主办和主编,反映清华商法中心和商法学科对金融法前沿问题的把握。第二,更重要的是,《评论》的作者群有很大一部分是清华大学商法研究中心和商法学科的老师和学生们。首辑《评论》中大约1/3的作者是清华商法中心的师生。

我们提出《评论》的三个宗旨:

1. 中国经验。只有在中国土壤中生发出来的问题,我们才有真切的感受。《评论》生长在中国的土壤中,服务于中国问题的解决,其立足点和观察点是金融领域的中国现象和问题。分析、解释和解决中国问题是学术的生命力之一。《评论》坚持这一点。民国时期的学术之所以了不起,一个很大的原因是当时的中国学者对中国社会、经济、习惯法做了大量的调查,将中国经验记录和传承,扎根于中国经验之上。

2. 世界学术。始于中国问题和中国经验,不意味着在视野上坐井观天。国际学术界是一个大的学术共同体,共同为人类的知识累积、学术增长、真理明晰贡献各自的力量。中国学者不应只满足于"美国理论、中国经验/数据"的简单组装,而是应该从中国的问题和经验中,在共通的科学方法论的指导下,抽象地思考一些普遍性的问题和真理,追求世界性的学术,为国际学术共同体的建设贡献自己的力量。

3. 专业对话。专业对话指的是专业之间、学科之间的对话。美国大法官霍姆斯曾经说过,法律的生命不是逻辑而是经验。在我国这样一个同时受大陆法系和英美法系双重影响的法律体制下,中国的法律研究是体系逻辑和实证经验二者并重。金融法的研究一方面是规范层面的法律逻辑、体系和适用等方面的研究,另一方面则要注重法律和金融之间的互生共生关系的研究,这就要求法学和金融学、经济学的研究成果相互借鉴。金融法律的研究,归根结底是对人的行为的研究,需要考虑金融法律对人的行为的引导,以及对经济、社会可能产生或已经产生的效果。对人的行为的研究方面,金融学、经济学已经有丰富的成果,法学可以借鉴之。这不仅仅是"经济学诊断、法学开药方"的法律工具主义,而且是在专业之间对话基础上寻求对问题的全方位解决,更加注重发挥法律对人的行为的作用。法学家在重大公共政策议题(包括金融政策议题)上将有更加切合实际、令人信服的声音。

“中国经验、世界学术、专业对话”当然不是中国学人的唯一范式,毕竟学术道路是多元的、百花齐放的,但它是我们组织编写《评论》的一个理想。

经过努力,首辑《评论》终于面世了。无论遇到多大的困难,希望《评论》能够坚持办下去,坚持就会形成学术品牌。非常高兴有机会与读者分享自己的这些感想,也作为对《评论》的寄语。

朱慈蕴
清华大学法学院教授、博士生导师
清华大学商法研究中心主任

# 目 录

Contents

《清华金融法律评论》
第 3 卷第 1 辑
第 1 ~21 页

# 从美链事件看各交易平台自我监管和风险应对策略

常　颖*

目　次



**摘　要**：本文从 BEC 发行到币值暴涨再到被黑客攻破漏洞币值几乎归零的事件出发，对三个针对中国用户的数字货币主流交易平台（OKEx、火币、币安）的自我监管规则和风险应对策略进行了比较，发现平台方已经开始主动地进行信息披露、操纵市场等方面的自我监管，也都建立起了风险应对的措施。然而，在缺乏外力施压、自我定位矛盾的情况下，各个平台所建立起的自我监管策略较为粗糙和不完善，且容易引发监守自盗的风险。

**关键词**：区块链　代币交易平台　信息披露　操纵市场　黑客攻击

* 常颖，北京大学 2018 级金融法方向硕士研究生。

## 一、美链事件与问题的提出

### (一)美链事件概述

2018年,美链项目下的数字货币BEC在大众的关注下经历了从发行到币值暴涨再到被黑客攻破漏洞币值几乎归零的剧情,上演了一出跌宕起伏的荒诞剧。以下根据时间顺序梳理事件始末。

2018年2月,美图公司与区块链项目美链达成战略合作,就美图海外产品BeautyPlus与美链形成深度合作关系。2月23日下午16时左右,美链项目数字货币BEC上线OKEx并开盘,开盘价格为0.09美元。随后其价格一度飙涨至80美元,紧接着又下跌为4美元。根据其价格峰值计算,BEC总市值瞬间达到280亿美元左右,是当时美图公司市值的4倍。这样奇异的涨幅和跌幅,当然会引来他人的注意。于是,有人通过以太坊浏览器查询了其发行地址,发现:BEC共计持有地址6510个,交易次数8219次,前100名地址共持有699,985,735,320枚BEC,已经接近100%。70亿枚BEC中99.9321%掌握在前4个地址当中,前四个地址的持有比例分别为49.9321%、30%、10%、10%。[1] 结合白皮书中介绍的分发机制:50%用于用户和生态奖励,30%用于基金会运营支出,10%用于后期社区发展,10%给予创始团队和核心开发人员。两相对应之后可以发现,99.9321%的BEC很可能都掌握在美链团队手中,而市场上流动的0.0679%的BEC很可能是通过所谓的"用户和生态奖励"得到的。(详见图1)

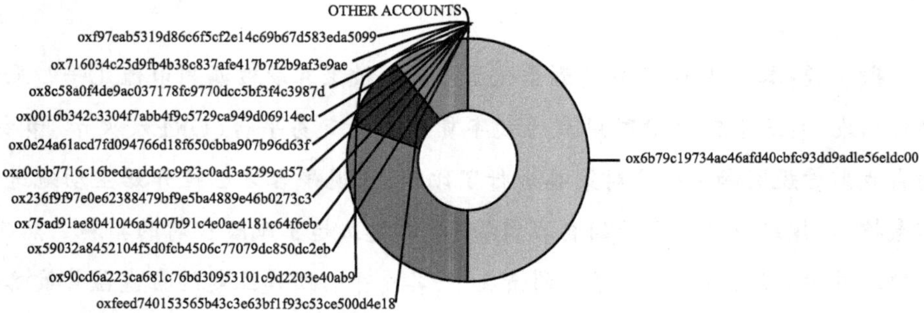


**图1　2018年2月23日BEC的持有比例**[2]

---

[1] 参见萌大大:《BEC开盘超40倍?这些问题你得搞清楚》,载巴比特:https://www.8btc.com/article/164828,最后访问日期:2019年3月7日。

[2] 萌大大:《BEC开盘超40倍?这些问题你得搞清楚》,载巴比特:https://www.8btc.com/article/164828,最后访问日期:2019年3月7日。

4 月 22 日下午 13 时左右,黑客利用代码漏洞攻击 BEC 的智能合约,“无中生有”地转出了巨量 BEC 代币,引发抛售潮,BEC 价值几近归零。BEC 合约中被利用的是合约中的“整数溢出漏洞”。所谓整数溢出漏洞,其原理是:由于计算机中整数变量有上下界,当你输入一个刚好比这个上界大的数字的时候,会导致整数溢出,你所输入的数字被判定为很小的数值,甚至被判定成 0。这样做的目的是绕过异常检查语句,让程序误以为你从钱包转出的 BEC 数值小于你钱包里原有的 BEC 数值。最终结果是转出的账户减去极少量的 BEC 币,而转入的账户增加一笔数量庞大的 BEC 币。[3] 而只要在这一语句使用 SafeMath[4],就可以避免这一漏洞的出现。由于黑客利用这一漏洞转出了数量极其巨大的 BEC(超过原先市场上流通的 BEC 总量)并在市场上抛售,显而易见地,BEC 的币值因为这一抛售而快速下跌,于是其他的持有者也不得不加入到这场抛售中,最终 BEC 的价值跌破冰点,几乎归零。

在漏洞攻击事件发生后,OKEx 立即暂停了交易,并随后宣布将 BEC 三个交易区的交易数据回滚至香港时间 2018 年 4 月 22 日 13 时 18 分,同时声称在这一场交易中没有任何投资者受损。

### (二)美链事件中暴露出的问题

比起美链本身,这次事件中所暴露出的一系列问题更值得探讨。

美链所暴露出的第一个问题,是它的信息披露问题。美链的白皮书仅有短短的 12 页,内容极其简略,甚至“缺斤短两”。通常认为,白皮书是区块链项目向投资者进行信息披露的最主要渠道,也是投资者判断一个项目是否值得投资的最主要依据。一份正常的白皮书必然包含以下部分:问题本身、问题的解决方案和产品、代币实施(代币是如何与产品、经济和技术配合的)、团队、代币的发布与计划。其中,团队部分是所有白皮书中最重要的部分。这是因为,在区块链领域有经验的工程师比一般人所想象的更难找到,他们通常是一个 ICO 团队中

---

〔3〕 参见海阳之新:《【以太坊开发】BeautyChain(BEC)溢出漏洞分析》,载简书网:https://www.jianshu.com/p/6e0fbac0918a,2019 年 3 月 7 日进击的大熊 2018:《手把手教你无限“印”BEC 币(BEC 合约整数溢出漏洞还原与分析)》,载 FreeBuf 网:https://www.freebuf.com/vuls/170791.html,最后访问日期:2019 年 3 月 7 日。

〔4〕 safe math 是一组用于检查运算是否发生溢出的代码。

雇佣成本最高的人。[5] 可以说,一支履历优秀的团队构成了投资人对这一区块链项目的信任基础。然而,美链的白皮书中完全没有任何对于团队的介绍,[6] 这是非常罕见的。这就意味着,投资者无法获知美链项目背后的团队,甚至不知道它的创始人是谁。

BEC 价格异常变动背后的操纵市场疑云,是其暴露的第二个问题。正如前文提到的,在币值暴涨的当天,美链团队很有可能掌握着高达 99.9321% 的 BEC。在如此集中的持有比例下,实际上"庄家"并不需要很大的成本就能够随意操纵币价。操纵币价的好处是显而易见的。一方面,4000 倍的涨幅、高于 4 倍美图公司当时市值的"神话"为 BEC 瞬间吸引了大量关注,而高关注本身就能带来价值。另一方面,如果"99.9321% 的 BEC 都掌握在美链团队手中"这一假设为真,意味着美链团队作为最大持有者,几乎可以随心所欲地操纵币值,因此有无数种办法能够从投资者手里套利。需要注意的是,笔者并不认为 BEC 的价格波动一定是操纵市场的结果,此处是想要借此表达,在数字货币市场完全存在操纵市场的空间和可能。

美链所暴露的最后一个问题,是智能合约的安全性问题。美链的智能合约漏洞,直接导致了抛售潮与币值几乎归零的大灾难。美链爆发的安全问题应该归为"人祸"而非"天灾",事实上,弥补这个漏洞并不需要写代码的人有多强的能力,而只需要他足够细心。因为,这个漏洞通过调用 SafeMath 函数就能解决,不需要程序员额外创造某种代码。而 BEC 智能合约的源代码中在别的语句中已经使用了 SafeMath,只是在最关键的批量转账这一步中没有使用 SafeMath。

上面提到的三个问题中,美链都不是孤例。以安全问题为例,据区块链安全公司 PeckShield 分析,除了 BEC,还有大量智能合约都存在整数溢出漏洞。[7]

---

〔5〕 See Andrew Chapin, "What to Look for in an ICO White Paper", Accessed May 23, 2019. https://hackernoon.com/what-to-look-for-in-an-ico-white-paper-successful-token-54eba3787139,最后访问日期:2019 年 5 月 23 日。

〔6〕 在美链经历黑客攻击、币值"归零"、交易回滚等一系列风波后,其官方网站上的白皮书现已更新为 26 页的新版本,该版本中增加了对团队的介绍。

〔7〕 参见 PeckShield:《区块链安全公司 PeckShield 发出预警:多个 ERC20 智能合约遭受 proxyOverflow 漏洞(CVE-2018-10376)影响》,载知乎专栏:https://zhuanlan.zhihu.com/p/36157687,最后访问日期:2019 年 3 月 7 日。

信息披露和操纵市场问题同样如此。那么,这三个问题是否有对应的解决机制呢?

理所当然的,所有人的第一反应都是将目光转向监管机构。然而,对于区块链项目而言,在我国监管机构禁止 ICO 的大背景下,交易平台多选择"流浪"到监管较松或根本没有监管的国家,这使我国数字货币投资者的交易大多处于监管的真空地带。由此,交易所成为对于我国数字货币投资者的交易中信息披露、操纵市场行为的监管以及风险预防与应对的最后乃至唯一一道防线。在这样的背景下,对我国投资者使用的主流数字货币交易平台以何种策略应对前述问题的现状进行调查和研究,颇有必要。

因此,笔者在本次美链事件发生的 OKEx 平台之外,又另外选取了币安网(以下简称币安)、火币全球站(以下简称火币)这两家平台。[8] 由于币安、火币、OKEx 这三家平台是来自中国大陆的投资者最广泛使用的代币交易平台,因而具有较强的代表性。下面就让我们看看,加密货币市场能否如同 SEC 委员 Hester M. Peirce 所说的,进行自我监管呢?[9]

## 二、交易平台监管策略对比

### (一)信息披露

从美链事件中我们看到,美链所公布的白皮书中缺失了很多信息,甚至没有披露白皮书中最为重要的团队信息,这种信息缺失很可能导致投资者无法正确判断项目的价值。在证券法中,强制信息披露义务制度的价值在于处理事前的逆向选择和事后的道德风险。根据强制性信息披露进行假定,如果没有这项制度,则公司不会披露足够多的信息,或者不会披露足够多的可供比较的信息,这一点得到了实证研究的支持。[10] 类似地,数字货币市场或许也会需要一个信息

---

〔8〕 选取的标准是24小时交易额、交易平台持有资产、是否主要面向中国投资者等,数据来源:ExRank 全球交易所综合排行榜,载 https://www.feixiaohao.com/exchange/,最后访问日期:2019年4月6日。

〔9〕 载 https://cointelegraph.com/news/us-sec-chairman-jay-clayton-confirms-eth-is-not-a-security,最后访问日期:2019年3月14日。

〔10〕 See Reinier Kraakman et al., *The anatomy of corporate law-A Comparative and Functional Approach*, Oxford University Press(2017), p. 245.

披露制度以增加区块链项目信息披露的数量、质量和可靠性。表1是三个主要交易平台对于信息披露和虚假陈述的规制措施。

**表1　各交易平台对强制信息披露内容的要求**

| | 披露规则 | 信息披露专门板块 |
|---|---|---|
| OKEx | 项目披露区:基本信息(币种全称、发行总量、流通量、发行时间、Github、官网、白皮书、社交工具)、团队成员、项目介绍、投资机构 | OKEx项目披露区 |
| 火币 | (1)上币要求:能真实及时披露项目信息包含项目白皮书、定期发展及进度报告。<br>(2)项目方应及时、诚信地披露所有对通证可能产生较大影响的信息,保证信息披露内容的真实、准确、完整且不具有虚假、误导或重大遗漏等情形。<br>(3)定期披露:定期披露包括半月报、季度报。<br>①半月报,项目方在每月15日和最后一日前披露半月报。<br>②季度报,项目方在每个季度结束之日起15日内披露季度报。<br>半月报、季度报的内容应包括但不限于:技术代码的更新进展、市场活动、获得机构投资、社区建设情况等重要内容。<br>(4)临时披露:临时披露是指发生特殊事件,项目方应在定期披露之外进行的披露。项目方应在该特殊事件发生时起24小时内披露相关情况。<br>①特殊事由包括但不限于:核心团队成员变更、重大技术事故、产品及技术方向变更、核心团队涉嫌重大法律风险事件、重大负面新闻或舆论、影响通证价格剧烈波动的因素(含锁仓通证的解冻、回购)等。<br>②临时披露的内容包括但不限于该事件发生的原因、经过、基本事实和结果等 | 火币区块链项目展示中心 |
| 币安 | 下币的考量因素:项目方故意隐瞒可能出现的严重影响币价的重大事件;团队及基金会地址从未在官网及社交媒体披露,或锁仓代币未按照锁仓机制实施、未披露使用情况发生代币转移 | 无 |

1. 强制信息披露的内容

首先,各个交易平台规定区块链项目团队必须披露哪些内容?在三个平台的比较中我们发现,火币于2018年11月公布的《火币通证管理规则》中,在第二章专门对通证(代币)项目方的信息披露义务进行了较为完整的规定。尤其是,火币规定了项目方在定期披露中应披露的项目,以及必须做出临时披露的情况,是三个平台中唯一通过明文规定对项目团队的披露内容进行较为详尽的规定的。其所要求披露的内容,主要包括投资、技术、市场、社区四个方面的信息,皆是对于区块链项目而言较为重要的考量因素。为免挂一漏万,火币还概括地要求"项目方应及时、诚信地披露所有对通证可能产生较大影响的信息",以此条款进行兜底。然而,这一规定毕竟较为抽象,究竟何为"可能产生较大影响的信息",在具体的判定上平台和项目方很可能各执一词,届时将如何处理,还需进一步细化规定,尤其是程序性的规定。币安在一则下架代币公告中公布了影响下架代币的主要因素,其中规定了三项必须披露的内容,分别是可能出现的严重影响币价的重大事件、团队及基金会地址和发生代币转移时披露使用情况。这三项中,第一项是抽象的规定,第二项、第三项则较为具体,总体较为零散、不成体系。

此外,火币和 OKEx 均开辟了信息披露的专门板块,从首页导航栏即可点击进入。两个平台的信息披露板块在设计和内容上都十分相似,尤其是项目主页,两者均在此披露了币种全称、发行总量、流通量、发行时间、Github、官网、白皮书、社交工具、团队成员、项目介绍等内容,唯一不同在于 OKEx 项目披露区比火币的区块链项目展示中心多了投资机构的披露。需要注意的是,两个交易平台对"项目主页"栏目应当披露哪些信息并无规定,但每个项目的"项目主页"部分的格式是完全相同的,故可以将其理解为另一种意义上对信息披露内容的要求。两个平台也都设置了"项目公告/报告"栏目,以对项目的周报、月报进行集中披露,这一部分将会在后文进行更为详尽的介绍。

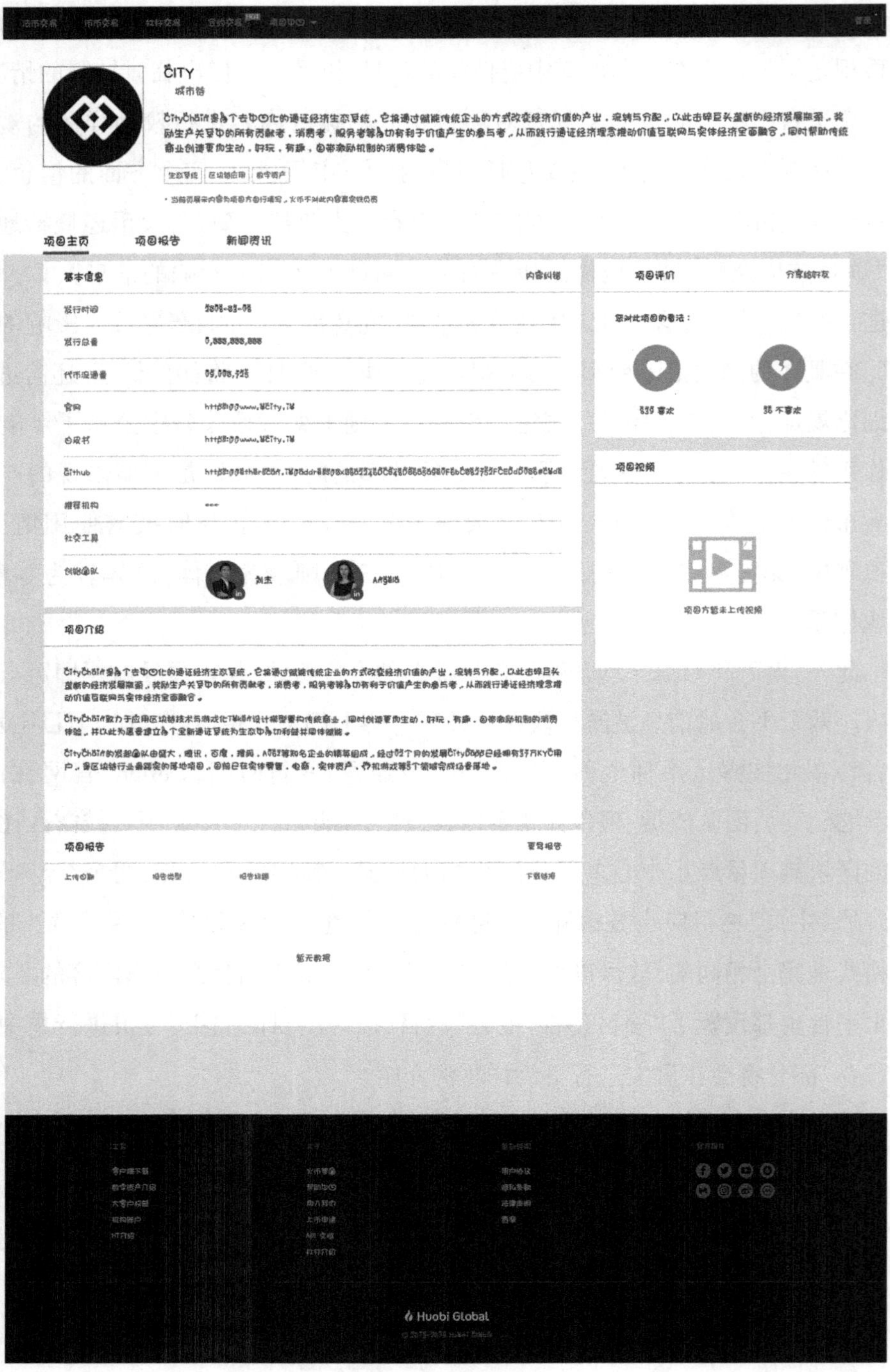


**图2 火币的信息披露板块**

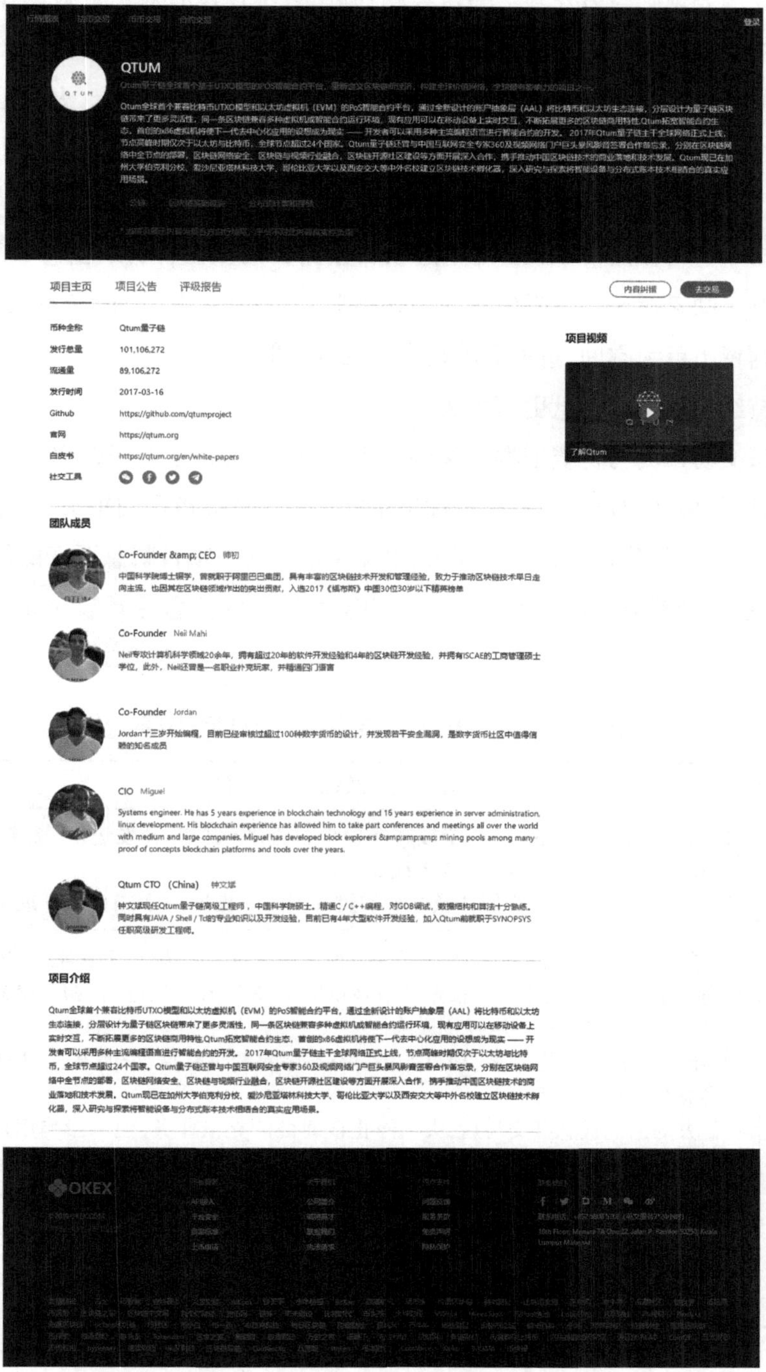


**图 3　OKEx 的信息披露板块**

币安的表现则与另外两个平台大相径庭，它不仅没有对信息披露作出书面要求，亦没有设置任何信息披露的专门板块。

总体来说，三个平台中，在“什么信息必须披露”这一问题上，火币是唯一作出相对详尽的规定，并以一定的惩罚措施保障这种规定的交易平台。币安规定了可能严重影响币价的重大事件、团队及基金会地址、代币转移的使用情况这三项信息必须进行披露。OKEx 则通过项目披露区的设置，间接地作出了一定的软性规制。缺乏对于应披露信息的明确要求，为项目方进行“报喜不报忧”的选择性披露留下巨大空间，进而影响投资者的判断能力。

2. 持续性披露的信息更新频次

代币交易市场与传统证券市场的重大区别之一，在于对于信息及时性的要求更高，这是由区块链项目自身特性决定的。传统证券市场的年报、半年报的更新速率，无法满足代币投资者的要求，也无法适应代币项目瞬息万变的局面。因此，各交易平台普遍对代币项目方进行持续性披露的信息更新频次提出了更高的要求，见表2。

**表2　各交易平台对信息更新及运营维护的要求**

| | 信息更新及运营维护规则 |
|---|---|
| OKEx | (1)社交媒体或官网一个月未披露任何项目进展(例如：开发进度、版本更新、团队动向等)的，隐藏 TOKEN 或下线交易。<br>(2)网站无法访问，社交媒体及社群超过两周无人维护，隐藏 TOKEN 或下线交易 |
| 火币 | (1)项目方没有按时更新季度报或连续两次没有如期更新半月报且经催促后在7日内仍不更新的，火币有权根据情节轻重实施“ST”警示处理，在相关交易对上显示“ST”标记，向用户提示投资风险。<br>(2)给予“ST”风险警示后，项目方仍没有按时更新半月报、季度报的，火币有权实施隐藏交易对的处理。<br>项目方的通证被隐藏交易后，火币停止该通证的充值业务，但不影响用户对该通证的持有；用户仍然可以通过搜索找到通证代码，但该通证的交易对不会在交易区及涨幅榜中展示。<br>隐藏交易对的处理决定不可撤销，项目方申请恢复上线交易的，必须按照火币的通证上线流程要求，重新申请通证上线交易。是否符合上线交易的要求，由火币进行判定 |
| 币安 | 下币的考量因素：网站无法访问、信息错乱，社交媒体及社群长期无人维护；社交媒体或官网一个月未披露任何项目进展(例如：开发进度、版本更新、团队动向等) |

可以发现,OKEx 和币安的规定几乎完全相同,且都较为简单。火币的制度设计更为复杂,设置了 ST、隐藏交易两个层次的处罚,同时只要信息更新不及时就将被纳入处罚范围,要求更为严格。作为对比,OKEx 和币安的规定下只有"一个月未披露任何项目进展"才会受到处罚,换言之,只要在诸多项目进展中择其一进行披露,就能免于隐藏或下线的处罚,规则严格程度较弱。不仅如此,火币区块链项目展示中心的设计使最近更新过项目信息的区块链项目会出现在该板块的最上端,这在某种程度上构成对项目方及时更新项目信息的正向激励。

持续性披露的意义在于,让投资者能够及时获知该项目的最新进展与变化。此外,信息更新不及时在某种程度上也代表项目团队没有用心运营这一项目,对这样的项目采取特殊标记、隐藏交易乃至下线交易的处理方式,具有合理性。

3. 对虚假陈述的惩罚规则

投资者对项目的优劣作出判断,必须基于真实的信息。对虚假陈述的惩罚是信息披露真实性的保障。表 3 是各个平台对项目方虚假陈述的处罚。

**表 3 各交易平台对虚假陈述的惩罚措施**

| | |
|---|---|
| OKEx | (1)信息披露出现重大偏差,欺骗用户及交易平台的,隐藏 TOKEN 或下线交易。<br>(2)项目团队创始人、联合创始人、顾问等个人信息严重作假的,OKEx 将重新启动针对团队成员的背景调查,调查期间终止交易 |
| 火币 | (1)项目创始人、团队、顾问等个人信息严重作假或面临重大法律风险等;项目方故意隐瞒或者制造虚假信息导致通证价格异常波动;项目方信息披露出现重大偏差或不实;火币有权根据情节轻重对出现上述情形的通证实施隐藏交易对的处理。<br>(2)项目方主要团队成员存在重大欺诈、诈骗等情形的,包括但不限于:将募集的通证挪作他用、项目开发团队下落不明、严重隐瞒真相或虚构事实等,火币有权根据情节轻重对出现上述情形的通证实施停止交易的处理 |
| 币安 | 信息披露出现重大偏差,欺骗投资者及交易平台,是下币的考量因素之一 |

在虚假陈述方面,三家交易平台都对信息披露出现重大偏差的情形进行了处罚,采用了"严重作假""重大偏差""严重隐瞒真相或虚构事实"等描述性的词语,但没有具体界定什么是"严重""重大",为交易平台判定虚假陈述留下了解释空间。与 OKEx、币安相比,火币的虚假陈述规则中至少有一条可以用客观标准衡量:"项目方故意隐瞒或者制造虚假信息导致通证价格异常波动",这里的"导致通证价格异常波动"是一个相对客观的事实,造成这一后果的故意隐瞒或

虚假陈述将受到隐藏交易对的处理。

4.项目评级:信息披露的替代?

对于信息披露制度的一大质疑是,即使上市公司真实、完整、准确地披露了信息,投资者也未必有足以通过这些信息进行市场判断的能力。在区块链领域,由于区块链技术的高度专业性等因素,这种信息不对称的优劣差异被进一步放大。因此,区块链项目的评级报告这一产业应运而生。本文所选择的三个平台不约而同地引入了评级机制,这在某种程度上可以视为一种对信息披露的替代,或者至少是对信息披露的补充。以RatingToken为例,其基于项目白皮书、项目进度、团队构成、投资机构、技术实力、经济模型、社区热度、合约安全等多个评分维度,通过模型自动计算来得出项目分数,为投资者提供投资决策参考。表4是三个主要平台所引入的评级机构及其性质。

表4 各交易平台引入的项目评级机构

| | 评级机构 | 性质 |
|---|---|---|
| OKEx | RatingToken、标准共识 | 第三方 |
| 火币 | BiQuanChoice、TokenGazer、大炮评级、通证通、标准共识等 | 第三方 |
| 币安 | 币安研究院 | 自有 |

从表4中可以看出,尽管三个平台都引入了项目评级机构,但在具体的操作模式上各不相同。OKEx直接将项目评级报告放在了项目披露区,点进某一项目的披露页面即可看到其项目评级报告。这或许表明,OKEx某种程度上将项目评级报告视为项目信息披露的一个有机组成部分。与OKEx不同,火币将评级放在了资讯页面上,将评级报告视为一种外部资讯。币安则设置了“币安研究院”的专门页面,给予项目评级独立的地位。

在机构的选择上,火币站内入驻了大量评级机构,其评级报告根据时间顺序在项目评估板块统一呈现。实际上,火币也推出可自己的区块链量化评级模型Smartchain,但其直接将这一标准内置于上币环节,要求项目通过该模型方可在火币主板上线。由是观之,火币对站内的第三方评级报告的定位,更接近于一种资讯,仅对投资者具有参考价值。OKEx选择了两家较为主流的第三方中立评级机构,其将评级报告置于项目披露区的做法体现了OKEx把经过其选择的特定机构的评级报告置于更高的地位,暗示了更强的参考价值。币安则直接以平台自身下属机构的身份出台项目评级报告,为投资者提供意见。此外,“币安研究院”的主页和研究报告均为英文,对于很大一部分使用中文的投资者来说,会造成一定的障碍。

但无论如何,三家交易平台在引入项目评级制度上的“不约而同”,或许可以理解为一种趋势,乃至一种行业共识,但在如何引入这一问题上,三个交易平台又呈现出截然不同的行为模式。究竟项目评级制度在对增强平台与投资者互信、实现“良币驱逐劣币”的市场良性竞争上是否能够发挥作用、如何发挥作用,尚且有待实践的进一步检验。

(二)操纵市场

实际上,由于代币交易长期处于灰色地带,缺乏来自主权政府的有效监管,操纵市场的现象变得极为普遍。甚至有人说,“当下的币圈是个连赌场都不如的市场……这里充斥着骗局和陷阱”。[11]

各大平台均有对操纵市场行为的规制,具体措施主要有两种,一种是对于操纵市场主体的惩治,另一种是消除操纵市场行为对市场影响的技术手段。前者根据主体不同可分为对普通用户操纵市场的惩罚和对项目方操纵市场的惩罚;后者则可以根据介入时间分为事前的技术手段和事后的技术手段。

1. 对于操纵市场主体的惩治

可以发现,三个平台都在用户协议中写入了禁止操纵市场的条款。OKEx和火币都规定了对一般用户操纵市场行为的惩罚措施,包括但不限于警告、限制交易、关停账户等。OKEx 和币安对典型的操纵行为进行了列举,包括拉抬价格、洗售、自我交易、关联账户对倒成交、提前交易、塞单、幌骗或分层下单等。对于项目方的操纵市场行为,三个平台也都心照不宣地祭出了“下币”这个“终极武器”。但对于“什么是操纵市场”,平台方没有在公告中给出一个具体的界定,这可能是因为给操纵市场下定义十分困难的缘故,但也使人产生了对平台的自由裁量权没有限制的担忧。

---

〔11〕 参见边万莉等:《币圈“徐翔”独家揭秘坐庄黑幕:割完韭菜,交易所、私募、项目方互杀》,载每日经济新闻:http://www.nbd.com.cn/articles/2018-08-19/1246916.html,最后访问日期:2019 年 3 月 7 日。

表5 各交易平台对操纵市场主体的惩治手段

| | 对普通用户 | 对项目方 |
|---|---|---|
| OKEx | OKEx交易平台将严厉禁止任何不正当的交易行为,包括但不限于用户利用可能存在的系统漏洞进行恶意委托,通过大额委托、连续委托、关联账户对倒成交等方式恶意操纵价格和成交量等行为,OKEx平台有权根据实际情况取消异常成交结果,以及回滚某一段时间的部分或所有成交 | 项目团队创始人、联合创始人、顾问等涉嫌卷入操纵市场价格等,OKEx将重新启动针对团队成员的背景调查,调查期间终止交易。调查结果良好的可恢复交易,否则做下线处理 |
| 火币 | 禁止使用本网站进行恶意操纵市场、不正当交易等一切不道德交易活动,若发现此类事件,本网站将对所有恶意操纵价格、恶意影响交易系统等不道德的行为采取警告、限制交易、关停账户等预防性地保护措施,我们不承担由此产生的所有责任并保留向相关人士追究责任的权利 | 项目方涉嫌操纵市场,情节严重的,给予退市处理 |
| 币安 | 无论法律是否禁止,用户均应承诺不进行以下市场操纵行为(如拉抬价格、洗售、自我交易、提前交易、塞单、幌骗或分层下单),无论法律是否禁止 | 下币的考量因素:项目方宣传涉及喊单、操纵币价或其他严重损害社区利益的行为 |

2. 技术规制手段

各交易平台都针对操纵市场的行为制定了详细的风控措施,一方面通过限制下单数量的方式从源头限制操纵市场行为的发生,另一方面通过调整指数和合约价格的形成机制,削弱操纵市场的行为对指数和价格造成的影响。以币安为例,在其风控措施下,每10分钟委托单数量≥300时,会产生5分钟的禁用。然而,在这些预防机制的作用下,操纵市场的异常交易案例仍时有发生。对此,除了提前交割、延迟结算、临时停盘等方法,OKEx和币安还都曾经对异常交易进行过回滚,对于这一操作的问题和影响会在后文应对黑客攻击的部分一并进行分析。

**表6　各交易平台对操纵市场的技术规制手段**

| | 事前 | 事后 |
|---|---|---|
| OKEx | (1)为防止有人恶意操纵市场的价格,平仓只受25%幅度的限价约束:即平多时,当委托价低于现货指数的25%时,则无法下单;平空时,当委托价高于现货指数25%时,则无法下单。<br>(2)由于市值加权能减少市场操纵行为,一般流通市值大的标的持有者相对分散,不容易操纵价格,而且为了使得单一品种不会对指数造成过度的影响,很多指数都会对于单品种权重设定上限。<br>(3)交易所均价结算:通过六家交易所的价格平均获取交割价格,避免庄家控制单交易所价格进行操纵。<br>(4)延时交割和结算 | (1)提前交割<br>(2)延迟结算<br>(3)回滚交易 |
| 火币 | (1)为防止恶意操纵市场,火币合约平台对不同品种合约的开仓及平仓价格进行限制。<br>(2)平台对单个用户某个周期合约的持仓数量、单笔开仓/平仓的下单数量会做出限制,防止用户操纵市场 | 临时停盘 |
| 币安 | 币安对用户的交易行为进行量化评估,建立了API风控系统,主要指标有:未成交率(UFR)、过期率(IFER)、撤单率(GCR)。触发风控会暂停交易、提币等 | 回滚异常交易 |

(三)小结

总体来说,在经历了早期的乱象丛生之后,各数字货币交易平台都逐步建立起了各自的强制信息披露和禁止操纵市场的规则。在整体的规制思路上,各平台的规则体现出一定的同质性,有一些措施,如对操纵市场的项目方施以下币(退市)的惩罚,得到了三家平台的一致应用,这种趋同可能成为未来行业自律监管建立的土壤。同时,不可否认,平台之间也有各自较为独特的规则或价值取向,这一点在对项目评级制度的引入方式上得到了充分体现。

目前的规则也存在显著的不足。首先是规定较为零散,不够正式,如OKEx项目披露区设置了团队成员、项目介绍、投资机构这三个栏目,是否可以理解为一种强制披露?又如,各个平台都在下币规则中加入了对项目方虚假陈述、操纵市场的处罚措施,而币安的下币规则出现在一则对数个代币项目进行下架的公告中,表述为“影响下架代币的主要因素”,其严肃性和效力都打了折扣。

其次是规则制定的较为粗糙。除火币的信息披露规则相对完整、成体系外,

OKEx 和币安的信息披露规则都较为简单,以原则性的表述为主。操纵市场方面,各平台都把重心放在了风险控制上,试图以技术措施将操纵市场扼杀在摇篮里,却忽略了对操纵市场行为的定义,使其对于一般用户和项目方的操纵市场行为的处罚具有近乎无限的自由裁量空间,面对这样的规则,用户恐怕很难建立起对平台的有效信任。

## 三、各交易平台应对黑客攻击策略对比

黑客攻击一直是悬在数字货币投资者、从业者头上的一把"达摩克利斯之剑"。在区块链领域,常见的黑客攻击有两种,第一种是针对特定区块链项目进行的攻击,具体又可分为对智能合约漏洞的攻击和对底层区块链的攻击,实践中前者发生的次数远比后者多。此次美链事件中针对 BEC 的攻击即是利用以太坊ERC-20 智能合约中的漏洞发起的攻击。第二种则是对数字货币交易平台的黑客攻击。如 2018 年币安两次遭遇用户 API 被控制事件。

对于黑客攻击的应对措施,可以分为事前的防范和事后的应对。

### (一)事前防范

#### 1. 针对项目:上币前的筛选与核查

对于智能合约漏洞的事前防范,上币前的筛选与核查是最基本的部分。各个平台对期望上线交易平台的项目进行筛选时,理当将其代码安全性纳入考量范围之内。当然,由于各个平台的筛选机制并不透明——按照币安 CEO 赵长鹏的说法,也无法透明,因为"如果我们一旦定了这样一个目标,别人就会去刷出来。所以对外来说,我们上币审核的具体的规则是一个黑盒子"。[12] 这样的筛选极其依赖交易平台的团队的审核能力,上币审核团队能力越强、平台审核越有效,能力越弱,越容易出现安全性不过关的漏网之鱼。

此外,目前各大交易平台并不只有中心化的平台审核这种上币模式。OKEx 在平台审核之外还推出了投票上币、投资上币、流量合作上币等。这些上币模

---

[12] 参见王峰:《王峰十问第 22 期|币安 CEO 赵长鹏:谈周游列国、上币规则,再评"交易即挖矿"》,载火星财经:https://news.huoxing24.com/2018070613145350079.html,最后访问日期:2019 年 7 月 21 日。

式,尤其是在依赖用户投票的投票上币模式和只需要为平台带来足量新注册用户的流量上币模式下,项目的安全性甚至没有经过检验,几乎没有任何的安全风险防范效果。

2. 针对交易所:漏洞举报

相对于应接不暇的区块链项目,交易所或许更有余力也更有动力加强对自身的安全建设。然而,攻击交易平台,尤其是本文提到的三个如此规模巨大的交易平台,其可能获得的利益是不可估量的,因此,维护平台安全仍然是一个极为艰难的议题。美国数字货币安全公司 CipherTrace 发布的报告显示,仅 2018 年上半年,全球加密货币交易所就有价值 7.31 亿美元的加密资产被黑客盗取。

火币的公告中有这样一句话:“若您知悉我们的网站上有任何安全方面的漏洞,请马上联系我们,使我们可以尽快采取妥适的行动。”OKEx 则设置了漏洞提交的奖励规则,设置严重、高、中、低四个漏洞的奖励等级,以吸引更多的“白帽子”(正面的黑客)发现漏洞。这样通过奖励手段吸引外部力量增强交易平台安全性的做法,不失为一种可行之策。

3. 第三方安全审计机构:安全排查

与前面所说的项目评级机构类似,区块链安全审计机构也是随着区块链发展所逐渐兴起的衍生行业,其审计对象包括数字货币交易平台、钱包、底层公链、智能合约等。前面所说的上币审核团队能力不足的问题,可以通过强制项目方雇佣安全审计机构进行安全审计来得到缓解。安全审计机构也会直接与交易平台合作,将其发现的漏洞第一时间通报交易平台,并由交易平台的安全团队及时处置,防患于未然。

(二)事后应对

即便有了前文所说的多重安全保障,区块链安全问题仍在不断发生。因此,事件发生后的解决机制同样必不可少,毕竟“亡羊补牢,为时未晚”。

1. 禁止提现

前文已经提到过,异常交易会触发币安的风险控制机制,币安系统会随即限制该账号的提现功能。然而,此前黑客在 2018 年 3 月对币安的攻击中,巧妙地绕过了这一机制。黑客首先在其他交易平台大量买入不知名币种 VIA,同时做空 BTC。在通过 API 漏洞控制用户账户后,将用户账户持有的代币均换为

BTC，用BTC买入VIA，导致VIA价格大幅提升、BTC价格下跌，此时黑客再将他们在其他平台持有的VIA高价抛售，获取利益。总之，禁止提现功能并非万无一失。

2. 交易回滚

OKEx和币安都曾经使用过交易回滚这一手段以应对黑客盗币和前文所说的操纵市场。这里所说的回滚，是指交易所对自己的数据进行回滚，本质是在交割未完成时，以异常交易发生前的数据替代现有的异常数据，撤销这段时间内的所有挂单，所有持仓以交割价进行强制平仓，以此将整个交易所的状态"回滚"到异常交易发生之前。在BEC异常交易事件中，OKEx采取的就是这种回滚措施。

对交易回滚，不少人质疑其"损害区块链精神"。然而，这种批评是站不住脚的。交易回滚，并不意在更改账本，而是通过在账本上的+1之后又增添一笔-1的方式，在结果上回退到交易发生之前而已，故并未抹杀区块链本身"不可篡改"的特质。至于更改交易平台的数据，则更和区块链精神风马牛不相及，说到底，包括币安、火币、OKEx等三个交易平台在内的主流交易平台，本就是"中心化"的交易平台，指责他们违背了"去中心化的精神"，又何尝不是南辕北辙呢？所谓"损害区块链精神"的指责，背后的实质是用户对通过此种手段赋予交易所的巨大权力的畏惧、抵触心理。何时需要回滚、如何回滚的决定权牢牢掌握在平台手中，交易平台一声令下，用户已经做出的交易也可以作废，这种无人约束的权力一旦失控，用户的利益就会受到倾轧。

回滚的另一局限性在于，一旦黑客通过某种方式将其获得的利益从交易平台上转移出去，回滚措施就无法追回这部分损失，而势必要有人为这部分损失埋单。

3. 区块重组(re-org)

re-org，即"区块重组"，是指通过联系矿池、通过奖励吸引矿工等方式纠集算力，在获得超过全网半数的算力后，"篡改"区块链上的数据，实现真正的"回滚"。这种意义上的回滚，才是真正的"违背区块链精神"。当然，这种方法仅仅在理论上可行，至于在现实中是否可行，尚没有人进行过尝试，此处不再展开。

4. 保证金、基金

如果损失无法避免,那剩下的就是谁来埋单的问题了。

OKEx 对前面提到的风险较大的"投票上币"类项目实施了强制的风险保障金制度,一旦发生风险,保障金用于赔偿投资者的损失不予退回,这是让项目方为自己的过失埋单的思路。那交易所出了问题怎么办呢？币安在遭受一次沉痛的钓鱼攻击事件之后给出了一份不同的答卷。2018 年 7 月,币安成立了币安投资者保护基金(SAFU)。从 2018 年 7 月 14 日起,币安将拿出 10% 的交易手续费作为投资者保护基金,相关资产将存放在独立地址,专项专用;所有平台突发风险时对币安用户进行先行赔付,专项基金用于应对可能出现的极端突发安全事故;对于任何非用户自身原因造成的用户资产损失,币安将从投资者保护基金中提取资金对用户实施全额先行赔付。

但还有一个悬而未决的问题:交易所赔不起了怎么办呢？目前,域外有对数字货币提供保险服务的尝试,但截至目前,本次提到的三个平台都没有对自身风险寻求外部保险保障的举措。

## 四、总结、评价与反思

纵观各交易平台应对信息披露问题、操纵市场问题、黑客攻击问题等的举措,有可喜之处,也有可惜之处。令人感到可喜的是,在先后遭遇重大问题及其引发的信任危机之后,各平台在监管的空白区域,自发地开始建立起了相应的制度,试图对自己平台上的区块链项目、用户行为、交易秩序等做出一定的监管。这背后的经济原因是,平台对投资者的保护程度、平台自身的规范程度,会影响平台的"口碑",影响平台对投资者的吸引程度,这构成了平台自律监管、自我规范的主要动力。

然而,数字货币交易平台所扮演的双重角色乃至多重角色,造成了其在对项目方进行审核、监管和风险应对时定位模糊、立场摇摆。以 A 股首次公开发行为例,意图上市的公司首先需要找到中介机构进行尽职调查、问题诊断、专业培训和业务指导等,随后需要由证监会进行初审,由发审委进行核准,最后在交易所上市。相较而言,在数字货币发行时,从始至终只有交易平台的身影,在审核数字货币是否能够发行上线时,交易平台扮演的是发审委和证监会的角色,此时,交易平台理应站在投资者的角度上,尽职尽责地审核一个区块链项目是否具有价值。而在数字货币成功上线之后,交易平台又摇身一变,开始扮演交易所的角色,负责制定交易规则、维护交易秩序。数字货币交易平台将传统证券发行中证监会、发审委、交易所的职能统统包揽,可是在承担了上述具有一定公共性的职能的同时,交易平台对自己的定位似乎更倾向于具有自己商业利益的独立经济组织。

毫无疑问,这样一个尴尬的多重身份会带来种种问题,如削弱其解决问题的动力。更严重的质疑来自于:当交易所自身利益与投资者利益冲突时,投资者将何去何从?

投资者对交易所监守自盗的疑虑从未停止。本文的美链事件,有投资者质疑一向要求严格的OKEx轻轻松松地上线了白皮书信息严重不足的BEC,其背后别有渊源。[13] 2018年3月币安被盗事件后,怀疑币安监守自盗的阴谋论甚嚣尘上。[14] 2018年4月OKEx回滚事件同样被指责为监守自盗,有人认为引发回滚的"异常用户"就是OKEx自己。[15]

现实似乎也在印证投资者的这种疑虑。MEDIUM作者Sylvian曾撰文指出,中国的火币、币安和OKEx均存在成交量造假行为,其中OKEx最为严重,93%的交易额为虚假交易额。根据其测算,在数字货币交易市场,每天至少有30亿美元的成交额是虚假的。[16] OKEx对此回应道,"那个新闻截取的数据是只占我们15%不到的小币种的数据,而超过85%的常规大币种的数据根本没在里面。"[17]但其无法绕开的问题是,对成交量进行造假确实有利于平台吸引真实

---

〔13〕 参见币前线:《「深扒」蔡文胜美链BEC回滚归零,究竟是天意还是"人为"?》,载知乎专栏:https://zhuanlan.zhihu.com/p/36356322,最后访问日期:2019年5月23日。

〔14〕 参见区块链小怪兽:《币安被盗都传遍了,可背后的阴谋你知道吗!》,载腾讯云:https://cloud.tencent.com/developer/news/135562;巴比特:《币安"监守自盗"? 外界阴谋论满天飞》,载新浪财经:http://finance.sina.com.cn/blockchain/roll/2019-05-08/doc-ihvhiews0581479.shtml,最后访问日期:2019年5月23日。

〔15〕 参见张帆:《OKEx回滚之后:掩藏的"异常用户"与挥不去的原罪》,载腾讯科技:http://tech.qq.com/a/20180405/007967.htm,最后访问日期:2019年5月23日。

〔16〕 See Sylvain Ribes, "Chasing fake volume: a crypto-plague", Accessed May 23, 2019. https://medium.com/@sylvainartplayribes/chasing-fake-volume-a-crypto-plague-ea1a3c1e0b5e.

〔17〕 参见蚁块财经:《OK独家回应:OKEx、火币刷量疑云》,载搜狐网:http://www.sohu.com/a/225451316_100124396,最后访问日期:2019年5月23日。

用户。又如,纽约州总检察长在其名为《虚拟市场完整性动议》的报告中,引用了另一份近期报告,后者指出币安曾收取价值数百万美元的比特币以交换一个币种在本平台上线。[18] 此种交易平台利益与用户利益冲突的场景下,用户是否还可以对交易平台保有信赖?

一方面,交易平台畏惧来自主权机构的第三方监管;另一方面,交易平台大权独握、自己当自己的裁判员的模式又一再受到用户质疑。这样的两难困境是否无法打破?或许,一个折中的办法是,由交易平台联合起来,建立行业协会,进行自律监管。

在这一点上,日本的先例或许值得借鉴。在对数字货币交易平台下发牌照、纳入监管之后,日本金融服务厅(FSA)于2018年10月24日,批准了日本虚拟货币交易协会(JVCEA),成为"认证的基金结算业务协会"。该协会的功能包括:制定关于会员业务运营的自律规制规则,对会员遵守法令以及自主规章的状况进行检查,对会员的指导、劝告及处分,业务商谈,信访受理,信息提供,统计标准等。JVCEA自成立以来,发布了一系列的指南和具体规则,涵盖了使用虚拟货币的规则、推销及广告的规则、用户财产管理的规则、建立订单管理制度、建立不合理交易的交易审查制度、建立虚拟货币关系信息管理制度、保证金交易、反洗钱和恐怖主义资金规则、系统风险管理的规则等方面。例如,《关于建立不合理交易的交易审查体制的规则・指南》第8条第2项,禁止了交易所的自我交易、虚假交易等操纵币值的行为。

尽管建立一个自律监管协会究竟能产生多大的作用我们还不得而知,但这一步的迈出仍旧有其积极意义所在。日本的这一进步,是用一个极其惨痛的教训"买"来的。针对中国投资者的交易平台,又要用多少个教训,才能"买"到这一进步呢?

---

〔18〕 Office of the New York State Attorney General, "Uirtual Markets Integrity Initrative Repovt", September 18 2018. https://ag. ny. gov/sites/default/files/vmii_report. pdf, Accessed May 23, 2019.

《清华金融法律评论》
第 3 卷第 1 辑
第 22 ~40 页

# 稳定币的“稳定”与“不稳定”

柯 达*

目 次



**摘 要**:新一轮经济危机削弱了民众对法定货币的信心,“货币自由主义”大行其道。在此背景下,去中心化发行的早期数字货币诞生,但币值的不稳定使其无法有效履行货币职能。稳定币基于币值稳定的需求而出现,其虽在稳定货币价格方面具有一定优势,但却提升了数字货币的信用与“信任”风险,造成了新的“不稳定”。对于链上型稳定币,传统监管中的牌照制、资金专项管理与使用、信息披露等方式基本可应对其中的信用风险;但对于链下型与算法型稳定币,传统监管方式无法有效解决私人货币调控存在的“信任”风险,而目前部分国家进行的“以链治链”监管科技正尝试对此进行规制。在早期数字货币无法

* 柯达,北京大学法学院博士研究生。

有效履行货币职能、稳定币存在诸多风险的情况下，区块链乐观主义者设想的“通证世界”是否能够到来，仍然存在很大的疑问。

**关键词：**稳定币 数字货币 区块链 货币调控 监管科技

## 一、引言

稳定币(stablecoin)是通过与法定货币、主流数字货币、大宗商品等财产锚定，或通过第三方主体调控货币供应量的方式，实现货币价格相对稳定的区块链数字货币。目前，根据锚定对象与运行机理的不同，稳定币可分为链下资产支持型稳定币(off-chain-backed stablecoin，以下简称链下型稳定币)、链上资产支持型稳定币(on-chain-backed stablecoin，以下简称链上型稳定币)及算法型稳定币(algorithmic stablecoin)。[1]

自2009年中本聪设计的比特币诞生以来，包括区块链数字货币在内的各种区块链产品不断被试验或落地应用。目前，数字货币市场已形成比特币为主导、多币种与多市场共存的格局，对世界经济的影响力与日俱增。[2] 其中，虽然稳定币的市值较低，但其中的代表型产品泰达币(USDT)交易量在所有币种中排名第二，仅次于比特币。稳定币在充当法定货币与主流数字货币的交易媒介、规避主流数字货币价格波动风险等方面发挥了积极作用。与此同时，以USDT为代表的稳定币财务信息不透明、延期兑付等问题接连曝光，稳定币领域的监管缺位也给稳定币功能的实现带来了挑战。2019年6月，Facebook发布加密货币Libra白皮书，表示将于2020年正式发行拟锚定多国法定货币的Libra。随后，美国国会、美联储、财政部、证监会等美国国内机构以及英国、瑞士、新加坡等国金融监管机构相继对Libra发行作出回应，均表达了Libra挑战现行国际货币体

---

〔1〕 链下型稳定币以法定货币、原油等大宗商品作为发行准备，链上型稳定币以以太币等早期数字货币作为发行准备，而算法型稳定币无资产作为发行准备。See Blockchain Team, *The State of Stablecoins*, 2018.

〔2〕 截至2018年7月19日，全世界共有2364种数字货币，19,449个交易市场，总市值约为2886亿美元，其中比特币市值约占总市值的65.3%。参见coinmarketcap网站：https://coinmarketcap.com/zh/，最后访问日期：2018年7月20日。

系的担忧。[3]

我国于2013年与2017年分别发布关于防范比特币风险和代币发行融资风险的规范性文件,全面禁止数字货币在我国境内的公开交易,之后多次发布相关风险提示;[4]在国外,美国、日本、新加坡等国通过修法或立新法确认数字货币的合法性,并实施了相应的监管规则,但尚未出现针对稳定币的监管规则。稳定币为何会产生、如何实现价格"稳定"的功能以及如何对稳定币实施针对性监管等一系列问题亟待厘清。

针对稳定币等私人数字货币的法律问题,我国学界主要以比特币为例,探讨数字货币的法律属性,并据此提出相应的监管建议。[5] 然而,仅以比特币为例探讨数字货币监管,忽视了数字货币多样化发展的现实。[6] 另外,现有文献也没有从数字货币内部运行机理或交易结构的角度,对数字货币在法定货币法或支付服务法中的定位进行分析,明晰与法定货币、私人支付工具在发行流通上的区别,而此点对于建立数字货币监管框架至关重要。[7]

基于此,本文从稳定币出现的原因出发,以发行与流通的视角分析三种稳定币的运行机制与稳定价格的实际效果,在此基础上指出稳定币额外产生的"不稳定"风险以及监管思路。

---

〔3〕 虽然Libra的发行与监管在当下是一个较为热门的话题,但由于其仍未正式发行与流通,最终的基础交易结构、法律关系以及实际产生的影响尚不可知,下文将不对其进行详细介绍。

〔4〕 参见北京市互联网金融行业协会:《关于防范以"虚拟货币""ICO""STO""稳定币"及其他变种名义进行非法金融活动的风险提示》,载北京市互联网金融行业协会网站:http://www.bjp2p.com.cn/news/20190321001,最后访问日期:2018年3月22日;银保监会、中央网信办、公安部、人民银行、市场监管总局:《关于防范以"虚拟货币""区块链"名义进行非法集资的风险提示》,载银保监会网站:http://www.cbrc.gov.cn/chinese/newShouDoc/02DD1CADB1AC45DF948E3AD36F93BEDD.html,最后访问日期:2018年3月22日。

〔5〕 参见樊云慧、栗耀鑫:《以比特币为例探讨数字货币的法律监管》,载《法律适用》2014年第7期;参见赵磊:《论比特币的法律属性——从HashFast管理人诉Marc Lowe案谈起》,载《法学》2018年第4期;谢杰:《"去中心化"数字支付时代经济刑法的选择——基于比特币的法律与经济分析》,载《法学》2014年第8期。

〔6〕 包括稳定币在内,目前的数字货币种类包括交易型代币(Exchange Token)、证券型代币(Security Token)及实用型代币(Utility Token)。See HM Treasury & FCA & Bank of England, *Cryptoassets Taskforce: final report*, 2018.

〔7〕 此点也可以看出经济学界与法学界在讨论新型金融产品方面的不同研究路径。参见彭岳:《互联网金融监管理论争议的方法论考察》,载《中外法学》2016年第6期。

## 二、"稳定"的起因:早期数字货币替代法定货币的局限性

### (一)法定货币的时代"危机"与回应路径

法定货币是由国家发行并由国家强制力保证流通、体现国家信用并具有无限法偿能力的价值符号,可在法定范围内履行经济学意义上的交易媒介、价值尺度与价值储藏三大货币职能。自20世纪初以来,由央行为中心、保障国家信用的法定货币发行与流通体制逐渐形成,其具体环节如图1所示。[8]

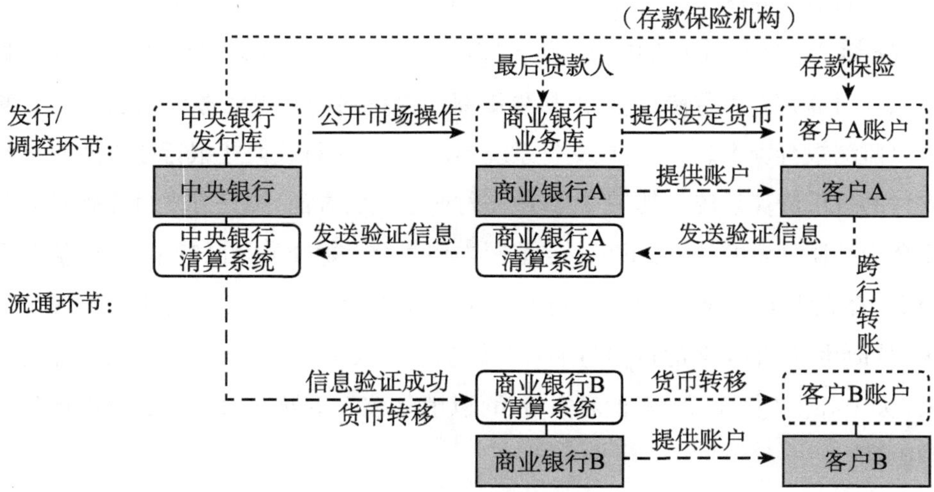


**图1　法定货币发行与流通示意图**

经数十年的实践证明,以央行为核心的法定货币发行与流通体制在维护货币国家信用、保持货币币值稳定方面发挥了重要的积极作用,但同时存在诸多问题。首先,由于货币政策失误等原因,在20世纪末多国发生的通货膨胀危机乃至2008年全球金融危机期间,部分国家法定货币币值大幅波动,同时大量商业

---

〔8〕 从图1可见,在货币发行与调控环节,央行通过公开市场操作、再贴现与调整基准利率等方式向商业银行发行或回笼现金法币,将发行库中的货币发行基金转换为商业银行业务流通中的可用资金;而商业银行则通过存贷款等业务向银行客户乃至社会大众提供多形态的法定货币。在货币流通环节,货币持有人当面直接进行现金法币的移转,或通过商业银行或中央银行主导运营的清算系统进行存款法币的移转。在货币信用风控环节,法律对货币政策工具的范围与运用条件作出限定,并对货币政策制定与执行机构的组织和运行实施程序性规范;此外,为维护银行信用、避免其对国家信用造成威胁,法律上允许央行充当"最后贷款人"为商业银行提供一定期限和条件的贷款,并由央行下设的存款保险机构或独立的存款保险公司为商业银行的客户提供一定额度的存款保险,以维护货币持有人对法定货币的信心。

银行发生兑付危机乃至破产，一定程度上动摇了民众对法定货币的信心。其次，原有法定货币支付清算系统无法满足高频、小额的支付需求，通过“环球同业银行金融电讯协会”（Society for Worldwide Interbank Financial Telecommunications，SWIFT）进行的跨境支付存在高昂的金钱成本与时间成本。最后，除现金法币外，央行与商业银行通过其维护运营的支付清算系统全面掌握货币持有人的货币移转数据，对于数据保护立法不完备的国家而言，货币持有人的数据隐私权无法得到有效保障，且存在篡改的可能。

针对前述问题，其一，在监管立法方面，各国对现有法定货币发行与流通体制进行完善，如美国于2010年颁布《多德—弗兰克华尔街改革和消费者保护法》，提升联邦存款保险额度、严格限制商业银行的高风险业务以及引入压力测试以监测银行资本。其二，在支付系统建设方面，央行或商业银行建立适应小额支付的货币清算系统。其三，在新型支付业态发展方面，第三方支付开始发展并逐渐受到监管者的认可，而在一定范围内作为交易媒介的社区货币、互助信贷系统等“补充货币”不断涌现；[9]随着2009年比特币这种“点对点的电子现金系统”的诞生，越来越多的机构与个人开始基于区块链技术，创造出可在全球范围内“去中心化”发行与流通的私人货币，以消除政府主导下的法定货币出现的种种弊端。

（二）早期数字货币存在价格“稳定”的局限性

以比特币为例，从图2可见，在货币发行环节，“矿工”使用比特币挖矿机计算出系统要求的随机数，在创造出交易区块并上链之后获得挖矿的奖励，而将比特币作为挖矿的奖励即视为比特币的发行；比特币系统内部不存在任何货币调控主体，更没有赎回和销毁机制，但比特币存在发行总量上限。在货币流通环节，货币持有人可基于比特币自身的区块链系统在全世界范围内进行点对点移转，不依赖于任何第三方支付清算系统，同时货币移转的信息在每一个区块链节点中均被记载但完全匿名。

在2009年至2014年数字货币发展的早期阶段，比特币（BTC）开启了数字

---

〔9〕 参见柯达：《论补充性货币的法律规制——兼论数字货币的补充性监管》，载《中南大学学报》（社会科学版）2019年第4期。

货币发展的大门,瑞波币(XRP)实现了跨境支付结算的革新,而以太币(ETH)则为数字货币搭载智能合约提供了可能。在此期间,数字货币设计者试图开发出新的技术,让数字货币具备类似于法定货币的货币职能。[10]

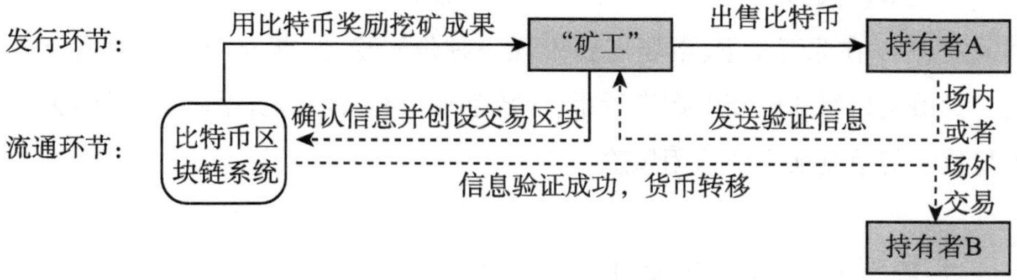


**图2　比特币发行与流通示意图**

以比特币为例,早期私人数字货币发行与流通机制实现了“算法信任”,[11]并在提升支付清算效率、保护交易隐私等方面具有一定优势,但基于流通范围狭窄、缺乏内在价值、监管缺位等原因,数字货币仍然无法实现币值的稳定,无法有效履行货币职能。其原因在于:

其一,货币内在价值与货币调控者的缺失使数字货币天然具有价格波动性。比特币不与任何法定货币或商品锚定,不具有任何内在价值,亦无私人或国家信用作为支撑;而根据现有的比特币发行机制,除非所有“矿工”停止创造新的比特币导致比特币发行的停止,任何主体均无法干涉比特币数量的增减,这使得比特币在面临价格大幅波动时,第三方无法采用类似于法定货币的调控手段对比特币的价格实施干预。[12]

其二,数字货币使用目的的异化增加了其价格波动性,并在交易过程中带来了新的信用风险。目前大多数数字货币持有人将数字货币作为具有投资价值的商品而非支付工具看待,[13]大量存在的投机性行为增加了数字货币的价格波动

[10] 参见阿尔文德·纳拉亚南等:《区块链:技术驱动金融》,林华等译,中信出版集团2016年版,第69页。

[11] “算法信任”是指分布式记账使得货币发行与流通数量、交易信息在每个区块链节点上完全公开,保证了任何人都难以篡改区块链上的信息,而货币也无法被重复支付。

[12] 参见刘东民、宋爽:《数字稳定币诱发国际货币竞争新格局》,载《银行家》2019年第5期,第82页。

[13] 目前数字货币领域的“跨链”技术仍需改进,各币种之间的交易仍然需要通过中心化的交易所进行,这使得数字货币在支付领域的应用受到了很大的限制。

性,这又使数字货币与法定货币之间的场内兑换业务与场外交换行为存在极大的发展空间。[14] 而由于近年来各国监管者逐渐建立了数字货币监管框架,数字货币交易所的合规成本增加,使大多数交易所停止了场内兑换业务,而场外的私人交易效率较低,数字货币具有的较强价格波动性又增加了场外私人交易的信用风险。[15] 在此背景下,市场需要出现一种价格稳定、能充当法定货币与早期数字货币交易媒介的新型数字货币,让数字货币有效履行货币职能,降低法定货币与数字货币兑换中的信用风险。[16]

## 三、稳定币的价格"稳定"机制与实践

为提升数字货币的价格稳定性,有效发挥数字货币的货币职能,多样态的稳定币在2014年末开始出现。最早出现的稳定币是链下型稳定币,其以美元、欧元等信誉良好的法定货币作为100%发行准备,1单位稳定币标价1美元,典型代表为Tether公司发行的USDT与Gemini公司发行的GUSD;为提升稳定币的去中心化程度,降低中心化信用风险与网络安全风险,以数字加密资产作为超额发行准备的链上型稳定币与无资产抵押的算法型稳定币开始在市场中流通;前者以Maker公司发行的DAI为代表,后者以Nubits公司发行的USNBT(以下简称NBT)为代表。在目前世界范围内现存的57种稳定币中,链下型稳定币的数量占33%,链上型稳定币占44%,算法型稳定币占23%;链下型稳定币中的USDT一家独大,其日交易量约占稳定币总交易量的98%。[17] 以下以USDT、DAI与NBT为例,论述三种类型的稳定币发行、赎回与调控各环节体现的"稳定"机制与实效。

### (一)稳定币的发行与流通机制

在链下型稳定币发行与流通机制中,存在发行公司、客户与存管银行三方主

---

〔14〕 参见莫涛:《区块链世界的桥梁:稳定币的认识与展望》,载《现代商业银行》2018年第13期,第24页。

〔15〕 参见王同益:《稳定币的影响及其发展趋势研究》,载清华金融评论微信公众号:https://mp.weixin.qq.com/s/qL4P3-82B-fUhNi1cQw18g,最后访问日期:2019年4月15日。

〔16〕 参见姚前、孙浩:《数字稳定代币的试验与启示》,载《中国金融》2018年第19期,第49页。

〔17〕 USDT是目前市值最大的链下型稳定币,DAI是市值最大的链上型稳定币,NBT是首个也是目前唯一一个算法型稳定币。See Blockchain Team, *The State of Stablecoins*, 2018.

体。以 USDT 为例,从图 3 可见,客户向 Tether 公司的银行账户汇入一定数量的美元,Tether 公司在确认收到相应资金后,会从 Tether 公司的核心钱包向由该公司提供、属于该客户所有的 Tether 钱包转入与美元数量等同的 USDT,此环节即为 USDT 的发行。如客户意图赎回美元,在其持有的 USDT 转入 Tether 公司核心钱包并支付手续费之后,Tether 公司会向该客户的银行账户汇入与 USDT 数量相同的美元,并销毁对应数量的 USDT。在货币调控层面,Tether 公司自身无法通过日常的发行与赎回行为实现对 USDT 的价格干预,也不存在外部关联机构对 USDT 的价格操控。[18]

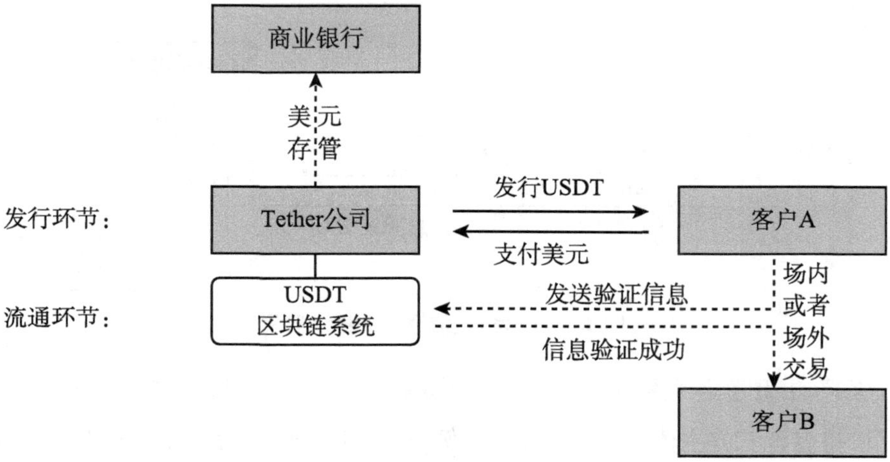


**图 3 USDT 发行与流通示意图**

在链上型稳定币发行、流通与调控机制中,存在客户与"关联代币"持有者两方主体。以 DAI 为例,从图 4 可见,客户将以太币(ETH)转入由 Maker 公司为该客户单独设立的"抵押债仓"(CDP)中,抵押债仓验证以太币数量后将以太币锁定,并生成低于以太币一定价值比例的 DAI 发送至客户的数字货币钱包。如客户准备赎回以太币,在其持有的 DAI 转入抵押债仓并交纳"稳定费用"之后,抵押债仓会销毁对应数量的 DAI 并被关闭。在货币调控层面,Maker 公司发行的另一代币 MKR 的持有者[19]有权通过投票决定抵押率、清算率以及稳定费

---

〔18〕 See Tether, *Fiat currencies on the Bitcoin blockchain*, 2014.

〔19〕 目前,为保证 DAI 系统在早期阶段顺利运行,MKR 代币多数为 Maker 公司核心开发团队持有。See Maker, *The Dai Stablecoin System Whitepaper*, 2017.

用等价格参数,形成客户买入 DAI 或赎回 DAI 的激励,最终影响 DAI 的价格。当以太币的市场价格下降触发了事先设定的清算率,且 DAI 持有者未及时赎回以太币,系统将对该客户抵押债仓中的以太币强制进行内部拍卖。

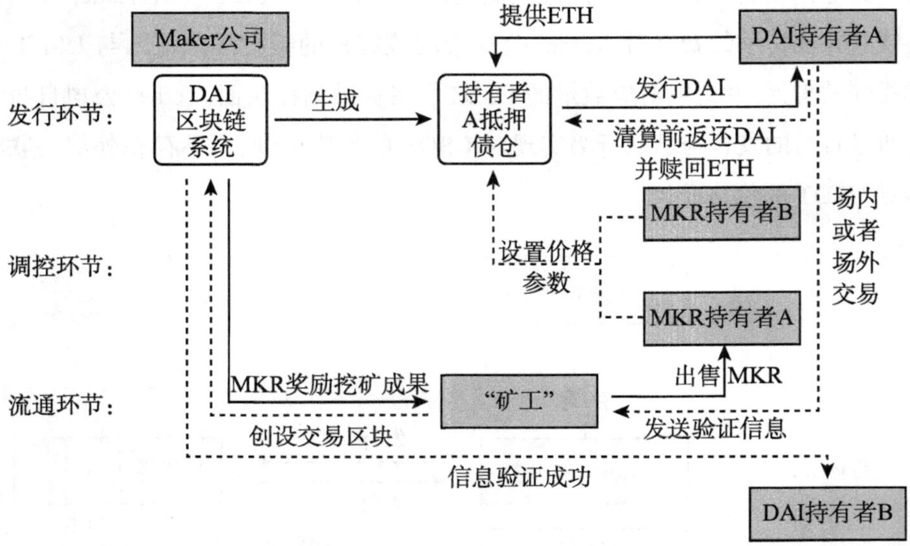


**图 4　DAI 发行、流通与调控示意图**

在算法型稳定币发行、流通与调控机制中,存在外部发行机构、客户与"关联代币"持有者三方主体。[20] 以 NBT 为例,从图 5 可见,当 Nu 系统内设的"预言机"[21] 发现 NBT 的市场需求即将增加时,Nubits 公司发行的另一代币 NSR 的持有者有权投票决定是否发行 NBT 以及发行的数量、指定的外部发行机构即 NBT 保管人(通常是数字货币交易所)。[22] 当 NSR 持有者决定发行后,系统会生成相应数量的 NBT 并发送至指定发行机构的钱包地址。外部发行机构可通过相关业务将新发行的 NBT 提供给有购买需求的客户。外部发行机构获取货币发行收益后,会将部分收益支付给 NSR 持有者,作为发行 NBT 与维护发行运

〔20〕 NBT 与关联代币 NSR 共同组成 Nu 区块链系统。Nu 系统与比特币区块链系统最主要的区别在于,比特币持有者无法对区块链系统实施干预或控制,而 Nu 系统则实现了货币持有者与系统控制者的二者合一。See Nubits, *Nu Whitepaper*, 2014.

〔21〕 "预言机"是区块链上的一种智能合约,可以为区块链提供外部(价格)信息。

〔22〕 目前,NSR 的持有者大多为 NBT 初创时期自愿参与该系统运营的志愿者。See Nubits, *Nu Whitepaper*.

营系统的奖励。如 NBT 的市场需求减少,NSR 持有者有权投票决定提高 NBT 的利率,鼓励客户持有 NBT;在需求严重不足的情况下,NSR 持有者有权投票决定降低系统内 NBT 与 NSR 之间的兑换价格,使原 NBT 持有者转换为 NSR 持有者,从而减少流通中 NBT 的数量,抬升 NBT 的价格。[23]

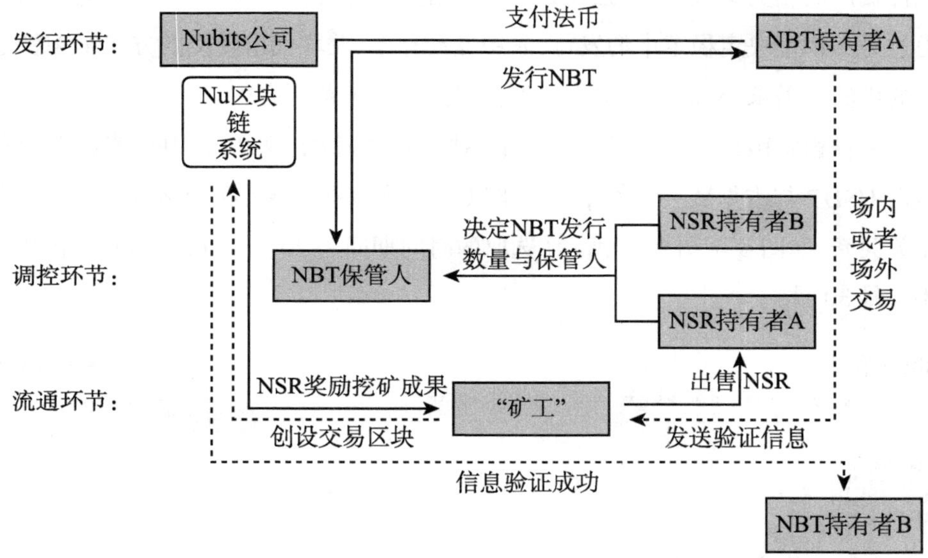


**图 5　NBT 发行、流通与调控示意图**

**表 1　五种“货币”发行机制比较表**

| 货币种类 | 货币发行主体 | 货币调控主体 | 货币清算主体 | 是否可赎回 |
|---|---|---|---|---|
| 法定货币 | 央行 | 央行 | 商业银行/央行 | — |
| 比特币 | “矿工” | — | “矿工” | — |
| 链下型稳定币 | 发行公司 | — | 发行公司 | 可以 |
| 链上型稳定币 | 关联货币持有者 | 关联货币持有者 | 关联货币持有者 | 可以 |
| 算法型稳定币 | 关联代币持有者+保管人 | 关联代币持有者+保管人 | 关联货币持有者 | — |

[23]　See Nubits, *Nu Whitepaper*, 2014.

(二)稳定币的价格“稳定”实践

从上文可知,链下型稳定币的发行公司无法随意操控稳定币的价格,其价格变化主要源于稳定币持有者对发行公司、存管银行以及法定货币的信用认可程度所导致的供给或需求变化;链上型稳定币的关联代币持有者通过设定稳定币抵押资产的相关参数,实施强制清算以稳定货币价格;[24]而算法型稳定币同样通过另一代币决定稳定币的发行,采用变动利率、关联代币转换的方式影响稳定币的供给与需求,从而将稳定币的价格维持在一定范围之内。

三种稳定币在实际运行中产生了不同的价格稳定效果,其中市值最大的稳定币 USDT 与占据数字货币市场一半以上交易量的比特币在价格变化方面存在相关关系,如图 6 至图 9[25]所示(选取的时间期间为 2017 年 12 月 30 日至 2019 年 6 月 30 日)。

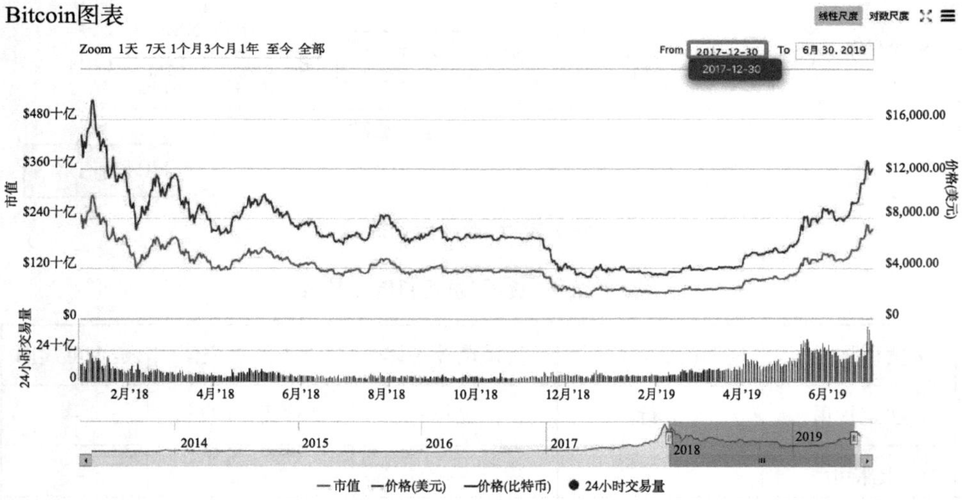


**图 6　比特币价格变化图**

〔24〕 参见王同益:《稳定币的影响及其发展趋势研究》,载清华金融评论微信公众号:https://mp.weixin.qq.com/s/qL4P3 – 82B-fUhNi1cQw18g,最后访问日期:2019 年 4 月 15 日。

〔25〕 图 6 至图 9 均来源于 coinmarketcap 网站。载 coinmarketcap 网站:https://coinmarketcap.com/zh/,最后访问日期:2019 年 7 月 10 日。

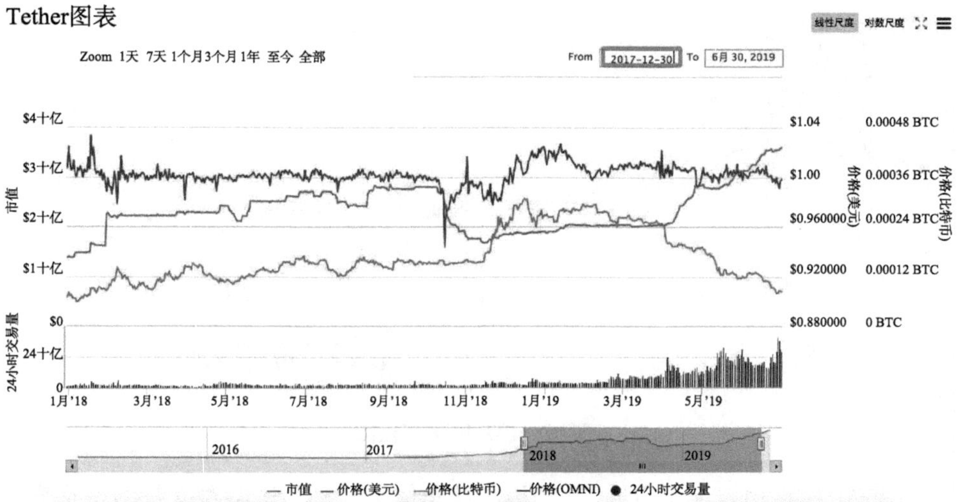


**图 7　USDT 价格变化图**

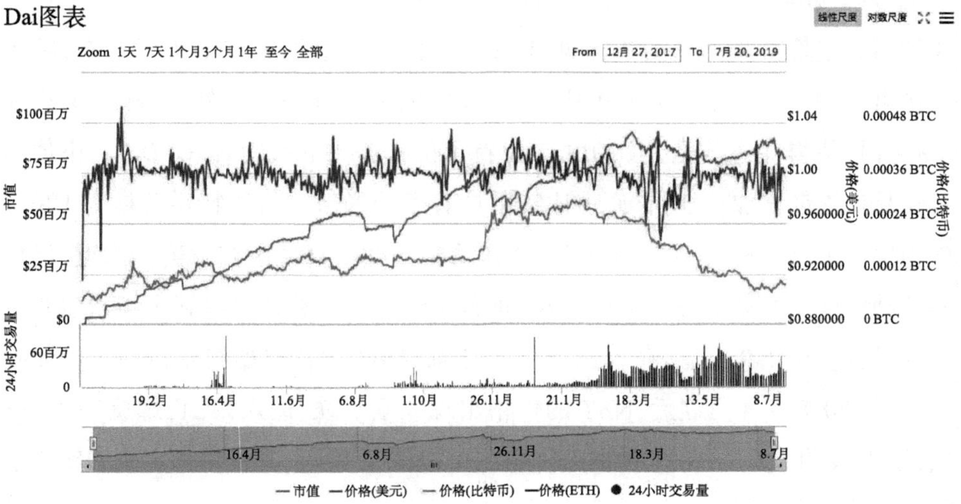


**图 8　DAI 价格变化图**

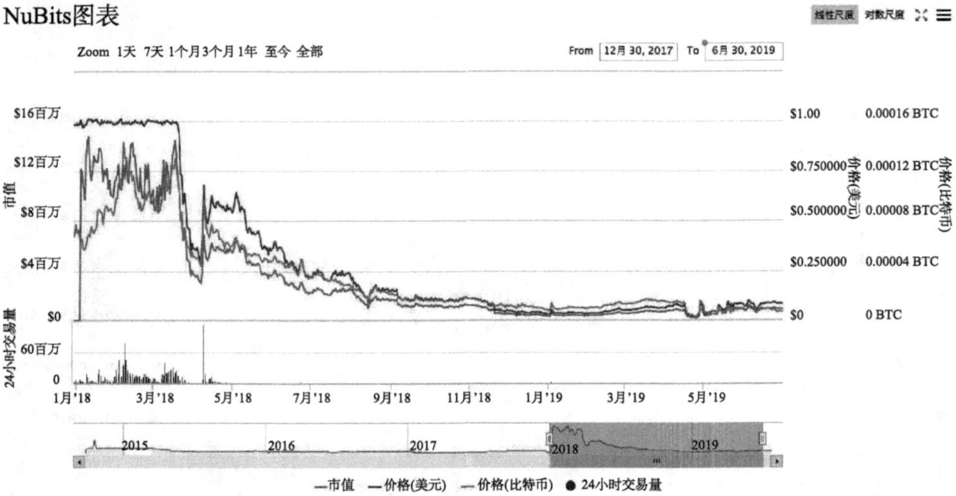


**图9 NBT价格变化图**

首先,比特币自诞生以来,其经历了从总体平稳到陡涨陡跌交替的价格变化态势。从图6可见,自2017年2月开始,比特币价格进入了急速上涨与加速下跌的交替期,其曾在2017年12月达到近19,000美元的最高价格,又曾于2018年12月跌破4000美元。其次,USDT的价格一直稳定在1美元附近,并充当了比特币的避险工具。从图7可见,USDT的价格一直稳定在1美元左右,除了2016年1月至2月、2018年9月至11月出现短暂价格波动外,其涨跌率均在2%之内;值得注意的是,自2018年比特币价格进入下跌期后,USDT的市值与日交易量逐渐增加,说明有许多比特币持有者选择暂时将比特币兑换为USDT作为保值工具。再次,从图8可见,DAI价格同样一直稳定在1美元附近,但价格波动程度比USDT强。最后,NBT的价格经历了从总体平稳到去年断崖式下跌的过程。从图9可见,在2018年4月之前,NBT的价格始终维持在1美元附近,但到2018年4月之后,NBT的价格出现大幅下跌,进入"死亡螺旋"循环模式,至2018年12月,NBT价格已徘徊在0.05美元附近,其价格稳定机制实质上已经失灵。[26]

综上所述,三种类型的稳定币的价格比比特币更加稳定,而在三种稳定币

---

〔26〕 参见姚前、孙浩:《数字稳定代币的试验与启示》,载《中国金融》2018年第19期,第49页。

中,中心化的链下型稳定币价格最为稳定,部分去中心化的链上型稳定币次之,而部分去中心化的算法型稳定币价格波动性最强。究其原因,链下型稳定币锚定了价格较为稳定的法定货币,链上型稳定币锚定了价格波动性较强的私人数字货币;而算法型稳定币自身无内在价值,且仅凭私人主体进行调控,加剧了其价格的波动性,使其无法实现稳定价格的初衷。

## 四、稳定币"不稳定"的体现与监管回应

早期大多数数字货币无内在价值,其采用去中心化发行方式,无任何主体可对货币数量进行调控,个人基于对底层区块链协议的"算法信任"而持有与使用数字货币,这种算法信任会深受网络攻击、替代性新币种的发行等事件的影响。稳定币虽然在价格稳定方面具有一定优势,但其仍无法改善"算法信任"的局限性以及对数据安全、金融稳定等方面的风险,反而强化了数字货币运行中的信用与"信任"风险。与此相对应,存在不同的监管方式对三种稳定币的信用风险进行回应。

### (一)链下型稳定币的信用风险与监管回应

链下型稳定币的发行公司以法定货币作为全额发行准备进行稳定币的发行,使得稳定币同时体现了私人信用、银行信用与国家信用,其中的私人信用风险最强:

其一,链下型稳定币的国家信用风险目前相对较低,但该风险在未来会随着锚定法币的多样化而提升。链下型稳定币目前锚定的主要是美元、欧元等在全球范围内普遍使用、价格较为稳定的法定货币,因此信用风险较低,但如果将来推出同时锚定多种法定货币包括主权信用评级较低国家法币在内的稳定币,其国家信用风险便会增强。

其二,链下型稳定币的银行信用风险受银行所在地监管水平、银行风控能力等多方面的影响。由于稳定币发行公司所收取的法定货币均存放于特定商业银行或其他资金存管机构,如该存管机构位于存款保险等金融法律制度不完善的国家,在该银行遭受破产等重大经营危机之时,稳定币发行公司便无法足额向申请赎回的客户支付法定货币。2018 年 9 月,Gemini 公司与 Paxos 公司成为首个纽约州虚拟货币经营牌照的稳定币发行公司,Gemini 公司宣称将其发行的

GUSD 稳定币所募资金存管于美国道富银行，并获得了联邦存款保险公司的存款延伸保险（pass-through insurance），即对资金存管人的保险保障延伸到资金实际拥有者。[27]

其三，链下型稳定币具有相对较强的私人信用风险。在缺乏监管的情况下，稳定币发行公司可能将所募集的法币资金用于高风险投资活动，此外还有可能滥发、超发稳定币，影响稳定币的价格稳定。虽然稳定币的底层区块链技术保证了货币发行数量与货币移转信息的公开，[28]但其私有链属性无法保证相关信息的不可篡改。例如，未接受监管部门监管的 USDT 自发行以来，对 Tether 公司超发、操纵市场的质疑声不绝于耳，Tether 公司声称的定期公开审计报告亦多次延后。因此，在发行准备与发行流通信息方面，链下型稳定币均存在信用风险。

链下型稳定币作为一种具有独立计价单位的支付工具，其发行流通机制和体现的信用风险与第三方支付、商业预付卡等新型法币支付工具较为相似，因此可采用类似于法币支付工具的监管逻辑；[29]同时，由于链下型稳定币具有一定程度上的证券属性，特别是交易所交易基金（ETF），因此也可参照 ETF 的现有监管方式对其进行监管。新加坡金融管理局（MAS）在 2018 年 11 月更新发布的《数字代币发行指南》[30]中，明确将代表发行人所负债务、发行人承担赎回义务的资产支持型稳定币，认定为债券以及电子货币，从而受到《证券与期货法》与《支付服务法案》的双重约束。[31]

由于链下型稳定币的强支付属性以及支付工具法的发展性，以下仅从货币法角度探讨链下型稳定币的监管。首先，实施牌照制准入监管。如在美国，纽约州《虚拟货币监管法案》规定，凡进行数字货币兑换、发行或管理业务等数字货

[27] See §330.5, Title 12: Banks and Banking, *Code of Federal Regulations*.

[28] 各个账户地址之间的货币移转信息只是一串代码，而不包含个人的真实身份信息。

[29] 以第三方支付为例，第三方支付平台为客户提供虚拟账户，客户向其虚拟账户中存入法币资金，由此形成“虚拟账户货币”，客户可向拥有该第三方支付虚拟账户的机构和个人移转货币。而第三方支付最大的风险也在于平台自身的信用风险，即保证每一单位虚拟账户货币均有一单位法定货币作为支撑，并能够实时赎回。

[30] MAS, *A Guide to Digital Token Offerings*, November 2018.

[31] 参见柯达：《加密资产分类监管研究——以英国、瑞士、新加坡三国为例》，载郭锋主编：《证券法律评论》（2019 年卷），中国法制出版社 2019 年版，第 330 页。

币商业活动的主体,均要向纽约金融服务局申请牌照;[32]在日本,修改后的《资金结算法》规定,如买卖数字货币或为数字货币交易提供撮合、兑换等服务的主体,需要在满足法定条件之后进行注册登记。[33]

其次,对发行公司所募法币资金进行专项管理,限制发行公司对法币资金的使用。如美国纽约州《虚拟货币监管法案》规定,货币服务商应按照监管者的要求持有一定的美元担保债券或信托账户,且信托账户须由符合资质的托管人保管;[34]日本《资金结算法》规定,数字货币服务商应当履行客户资产与固有资产的分别管理。

再次,要求发行公司实时或定期披露法币资金存管信息以及其他可能影响偿付能力的信息。在美国,纽约州《虚拟货币监管法案》规定,数字货币服务商应当向监管者报送重大业务变更或控制人变更信息以及财务会计报告,披露一般交易信息与重大风险信息以保护消费者;日本《资金结算法》规定,数字货币服务商应当履行信息告知和说明等义务。

最后,如链上型稳定币锚定了多国货币,且稳定币发行机构与资金存管机构分属不同国家,则还需加强国际监管协作。由于此类锚定多国货币的稳定币牵涉部分国家的经济利益与政治利益,监管协作的导向并非完全基于金融消费者的保护和金融稳定,而是更多基于本国通过货币控制经济与社会的需要。

### (二)链上型与算法型稳定币的"信任"风险与监管回应

链上型稳定币与算法型稳定币的发行、调控不涉及法定货币,发行公司本身也无法直接接触稳定币的对价资金,而链上型稳定币的去中心化抵押资产数量与流通信息公开且不可篡改,因此不存在链下型稳定币中出现的偿付能力风险,

---

〔32〕 See Section 200. 3. *New York Codes, Rules And Regulations*, Title 23. Department of Financial Services, Chapter I. Regulations of The Superintendent of Financial Services Part 200. Virtual Currencies. See Section 201 – 209. *Uniform Supplemental Commercial Law For The Uniform Regulation of Virtual-Currency Businesses Act* (October 9, 2017).

〔33〕 参见杨东、陈哲立:《虚拟货币立法:日本经验与对中国的启示》,载《证券市场导报》2018年第2期,第73页。

〔34〕 See Section 200. 4 – 200. 19, *New York Codes, Rules And Regulations*, Title 23. Department of Financial Services, Chapter I. Regulations of The Superintendent of Financial Services Part 200. Virtual Currencies. See Section 301 – 502. *Uniform Supplemental Commercial Law For The Uniform Regulation of Virtual-Currency Businesses Act* (October 9, 2017).

但却存在“信任”风险,即关联代币持有者与外部参与者的货币调控能力与调控的中立性风险。

一方面,关联代币持有者的调控能力不足。例如,根据DAI的机制设计,关联代币持有者投票决定DAI相关价格系数,促使客户买卖DAI,以此影响DAI的市场价格,这类似于央行通过调整准备金率、基准利率等货币政策工具影响货币供应量。对于法定货币而言,一系列法律法规为央行的货币政策提供合法性保障,而符合行业标准的专家选任与决策程序为货币政策实施的有效性提供了合理性保障。对于DAI而言,只需成为关联代币MKR便能成为DAI的货币调控者,门槛极低,如掌握一半以上的MKR,便可对DAI的价格随意进行操纵。虽然目前为了调控的稳定性,Maker公司并未出手多数MKR,但这又引来了“中心化货币”的质疑,增加了链上型稳定币的私人信用风险。

另一方面,外部参与者的调控中立性也值得商榷。例如,根据NBT的机制设计,由外部发行机构——数字货币交易所为客户提供新发行的NBT并获取法币资金,交易所需留存大部分法币资金作为发行准备。在缺乏监管的情况下,交易所出于盈利的需要,不免会将NBT的发行准备资金与自有资金发生混同,或用于其他高风险投资行为。如交易所预测NBT价格短期内呈上涨趋势,其便有可能囤积NSR持有者指令发送的NBT,加大NBT价格的波动性。此外,对以价格稳定为目标的稳定币实行调控,在理论上仍然存在缺乏实效的问题。1999年蒙代尔提出“不可能三角”理论,认为保持认可一个国家不可能同时实现资本自由流动、货币政策独立性与汇率稳定;如需保持资本自由流动和汇率稳定,必须放弃货币政策独立性。由此可知,如让稳定币实现跨境点对点支付结算前提下的价格稳定,货币调控者通过调控影响货币价格的目标将无法得到实现。[35]

对于链上型稳定币与算法型稳定币出现的货币调控“信任”风险,除了与其他传统支付工具无异的反洗钱、反恐怖融资监管之外,各国尚未出台针对性的监管措施。在传统监管视阈下,牌照制与信息披露对规范外部参与者的中立性或许具有一定作用,但对于分散化、流动化的货币持有者而言,监管成本却显得过

〔35〕　参见盛松成、龙玉:《货币政策与去中心化是数字货币的悖论》,载财新网:http://opinion.caixin.com/2018-10-15/101334950.html,最后访问日期:2018年12月7日。

于高昂。[36] 目前,部分国家的监管者已在监管的方式上进行了一些创新性尝试,如将监管机构作为稳定币底层区块链中的“特权节点”。[37] 在极端情况下,上述两种稳定币“信任”风险可能会导致特定稳定币的价格崩溃,以及关联代币甚至法定货币的价格剧烈波动。如能对稳定币中的交易数据进行实时监测分析,提早作出风险预警和链上行为干预,便可削减私人主体货币调控能力与中立性带来的“信任”风险。目前,部分国家监管机构鼓励发展的“监管科技”(suptech)就体现了这一点,即通过“形成报告”与数据管理获取更加全面、更加精准的数据,并通过虚拟助手、不端行为检测分析等手段提高数据分析处理效率和监管效能。[38] 将监管作为区块链节点的探索在数年前便已开始。2016 年 11 月,欧洲清算银行在其报告中提出,监管机构可以在区块链中设置节点,并有权对违反监管规则的节点提出分叉。[39] 我国贵州省贵阳市政府于 2016 年 12 月发布的《贵阳区块链发展和应用白皮书》提出“主权区块链”概念,强调在监管层面实现网络与账户的可监管,并提供监管节点的控制和干预能力。[40]

## 五、余论

比特币等早期私人数字货币基于对法币国家信用的疑虑而生,力求实现货币发行的公开化、民主化与稳定性。然而大多数早期数字货币由于缺乏内在价值等因素,价格波动剧烈,在此背景下,以稳定货币价格为目标的稳定币开始出现。相较于比特币等早期数字货币,锚定法定货币的链下型稳定币价格最为稳

---

〔36〕 2019 年 3 月,SEC 高级顾问指出:“通过发行、开发或赎回与之相关的其他数字资产以控制价格的稳定币(即“链上型稳定币”),以及通过控制供需将价格保持在一定范围内的稳定币(即“算法型稳定币”),如果投资者被告知其他人将获利或可以控制价格,那么这种代币可能属于证券。”See By Kirill Bryanov,“What Do We Know About Valerie Szczepanik, the First Crypto Czar”, Accessed July 25, 2019. https://cointelegraph. com/news/what-do-we-know-about-valerie-szczepanik-the-first-crypto-czar. 然而,即便这两种稳定币属于证券从而需要接受证券法律的约束,对高度分散化的关联代币持有者、外部参与者进行的规制是否能通过 CBA(成本－效益分析),仍然是一个值得商榷的问题。

〔37〕 See Douglas W. Arner, Janos Barberis and Ross P. Buckley, “The Evolution of Fintech: A New Post-crisis Paradigm”, 47 *Social Science Electronic Publishing* 1271(2015).

〔38〕 参见何海锋、银丹妮、刘元兴:《监管科技(Suptech)内涵、运用与发展趋势研究》,载《金融监管研究》2018 年第 10 期。

〔39〕 See Euroclear Bank, *Blockchain Settlement: Regulation, innovation and application*.

〔40〕 参见贵阳市人民政府新闻办公室:《贵阳区块链发展和应用白皮书》(2016 年 12 月),第 21 页。

定，锚定其他数字货币的链上型稳定币次之，而无内在价值、仅由私人进行货币调控的算法型稳定币价格波动性最强。稳定币在实现价格稳定的过程中，又滋生了信用风险与"信任"风险，其陷入了"脱离法定货币"与"实现价格稳定"无法兼得的逻辑困境。稳定币多中心化甚至完全中心化的运行机制，实质上已经违背了私人数字货币发行的初衷。

另外，基于特定业务模式、限制流通范围的稳定币受到了大型互联网公司和金融机构的青睐。这些机构开始尝试利用区块链的技术优势，发行与法定货币锚定的稳定币，并在其业务生态圈内流通，以期通过提升支付清算效率的方式扩大公司业务量。如在2019年2月，美国摩根大通称将推出与美元挂钩的加密货币JPM Coin，用于实现批发支付业务客户之间的实时交易结算。[41] 事实上，除了发行主体对货币流通可施加的干预程度有所差异之外，这种数字货币在业务模式方面与早已存在的"网络虚拟货币"或"电子货币"相差无几。

区块链乐观主义者认为，未来大部分的线下实物资产均会被"通证"(token)[42]化，成为区块链上的数字资产，每个数字资产可以被分割为一定数量的通证在全世界范围内进行流通，这将极大地促进资源的优化配置；而在线下资产被通证化的同时，需要一种价格稳定的数字货币，通过智能合约实现数字货币与通证的"货银对付"，有效履行交易媒介、价值尺度与价值贮藏等货币职能。[43] 在早期数字货币无法有效履行货币职能、稳定币存在诸多风险且监管者对此仍无法有效进行回应的情况下，区块链乐观主义者设想的"通证世界"是否能够到来，仍然存在很大的疑问。

---

〔41〕 See The New York Times, "Facebook and Telegram Are Hoping to Succeed Where Bitcoin Failed", Accessed July 9, 2019. https://www.nytimes.com/2019/02/28/technology/cryptocurrency-facebook-telegram.html. See CNBC, "JP Morgan is rolling out the first US bank-backed cryptocurrency to transform payments business", Accessed June 13, 2019. https://www.cnbc.com/2019/02/13/jp-morgan-is-rolling-out-the-first-us-bank-backed-cryptocurrency-to-transform-payments--.html.

〔42〕 所谓"通证"，是指每一单位的线下资产对应到区块链上的一单位"权益证明"。

〔43〕 参见王华庆、李良松：《简析数字稳定代币》，载《中国金融》2018年第19期，第45页。

《清华金融法律评论》
第3卷第1辑
第41~59页

# 新加坡ICO监管机制研究

佘婉绮*

目　次



**摘　要**：在中韩等国纷纷叫停ICO(首次代币发行)之际，新加坡反其道而行之，积极鼓励ICO，成为对ICO非常友好的国家。然而随着新加坡金融管理局(Monetary Authority of Singapore, MAS)注意到数字代币的功能经过发展已经超越了虚拟货币的范畴，其也开始对ICO进行监管。MAS将数字代币分为支付类代币、实用类代币和证券类代币，明确发行支付类代币需要遵守支付服务法案的相关规定，发行实用类代币只要其不存在洗钱以及恐怖主义融资的风险则不

---

* 佘婉绮，北京大学2018级金融法方向硕士研究生。

受监管,发行证券类代币需要遵循证券法相关规定,除非能获得豁免。另外,MAS还对数字代币发行提供服务的中间机构进行监管,要求其持牌经营,同时强调了反洗钱、反恐怖主义监管的重要性。总体而言,新加坡结合本国现行法律法规对ICO进行监管,其监管政策巧妙地实现了鼓励技术创新与控制风险的平衡,但也存在将相关风险移植到境外的问题。对我国而言,或可借鉴新加坡ICO"个案检测+分类监管"的经验,允许支付类代币与实用类代币的发行。

**关键词**:新加坡 ICO STO 数字代币 监管

## 一、前言

2017年9月4日,中国政府通过发布《关于防范代币发行融资风险的公告》对ICO采取了全面禁令。[1] 继中国之后,韩国金融服务委员会(FSC)于9月29日也宣布禁止所有形式的ICO。[2] 随着中韩两国禁止ICO活动,ICO出走他国成为必然。目前,在亚洲诸国之中,新加坡看似成为了ICO的避风港。根据普华永道和瑞士加密谷协会的一份联合报告显示,新加坡2017年及2018年均为全球ICO第三大国。[3] 仅在2018年上半年,韩国就有100多家公司赴新加坡开展ICO。[4] 与中韩两国政府"一刀切"的做法不同,新加坡并没有直接叫停ICO,反而不断声称其积极拥护区块链,鼓励ICO。然而随着新加坡注意到数字代币的不断发展,其也出台了相应的监管措施对ICO进行监管。

本文主要根据新加坡于2018年11月30日发布的《数字代币发行指南(2018年版)》(A Guide to Digital Token Offerings, lasted updated on 30 November 2018)对新加坡ICO监管主要政策作相关梳理,探讨新加坡ICO监管政策对我

[1] 中国人民银行等七部委:《关于防范代币发行融资风险的公告》第1条第1款:"代币发行融资是指融资主体通过代币的违规发售、流通,向投资者募集比特币、以太币等所谓'虚拟货币',本质上是一种未经批准非法公开融资的行为,涉嫌非法发售代币票券、非法发行证券以及非法集资、金融诈骗、传销等违法犯罪活动。……"第2条:"本公告发布之日起,各类代币发行融资活动应当立即停止。……"

[2] 参见Fx168财经:《韩国金融当局:禁止所有形式的代币融资(ICO)》,载搜狐网:http://business.sohu.com/20170929/n515191316.shtml,最后访问日期:2019年7月15日。

[3] See Crypto Valley Association, "A strategic perspective Initial Coin Offerings", Accessed July 15, 2019. https://cryptovalley.swiss/wp-content/uploads/20180628_PwC-S-CVA-ICO-Report_EN.pdf.

[4] 参见链塔智库:《全球区块链50国之新加坡》,载https://wxappres.feeyan.com/block/2018/07/6UkDQxXLGVpI4gaPYj0fleCqFTcmdtB1.pdf,最后访问日期:2019年7月15日。

国的启示,并作出反思。

## 二、新加坡监管 ICO 的制度背景及相关监管框架

### (一)揭秘:何为 ICO?

ICO(Initial Coin Offerings),即首次代币发行,是一种效仿股票市场 IPO (Initial Public Offerings)的融资活动。与 IPO 发行股票不同的是,ICO 发行的为数字代币,且数字代币一般是加密代币(Crypto-Token)。初创区块链企业依托区块链技术创造一种数字代币,将他出售给投资者并吸收潜在投资者主流数字货币,从而获得项目运营资金。在整个 ICO 的过程中,参与主体包括 ICO 项目发起人、普通投资者、第三方服务平台〔5〕、代币交易所、市值管理团队及媒体宣传合作者等相关方。〔6〕

ICO 是建立在区块链技术以及数字代币的基础上的。三者经常被混为一谈,但实际上是不同的。区块链技术是 ICO 的底层技术,根据《中国区块链技术和产业发展论坛标准 CBD-Forum - 001 - 2017》,区块链是指在一种在对等网络环境下,通过透明和可信规则,构建不可伪造、不可篡改和可追溯的块链式数据结构,实现和管理事务处理的模式。〔7〕 数字代币则是在区块链技术的特定算法下形成的产物。其使用 P2P 网络确认并记录交易行为,设置密码来确保货币流通各个环节的安全性,同时可避免发行者大量制造数字代币操控币值。〔8〕 而 ICO 则是数字代币在融资领域应用的一种形式,其发展的基础是允许数字代币与法币进行兑换或者数字代币能够在一定程度上获得一般等价物的地位。三者的关系如图 1 所示。〔9〕

---

〔5〕 这种平台也是众筹平台或信息中介平台,通过收取项目方一定费用(一般是部分代币及部分法币),协助完成募币的服务。

〔6〕 参见邓建鹏、孙明磊:《区块链国际监管与合规应对》,机械工业出版社 2019 年版,第 20 ~ 21 页。

〔7〕 参见陈立洋:《区块链研究的法学反思:基于知识工程的视角》,载《东方法学》2018 年第 3 期,第 101 页。

〔8〕 参见伦贝:《ICO 监管的国际经验与我国的路径选择》,载《金融发展研究》2018 年第 8 期,第 63 页。

〔9〕 参见何隽铭:《ICO 商业模式的法律性质分析及监管模式优化——基于九国 ICO 监管现状》,载《上海金融》2018 年第 2 期,第 87 页。

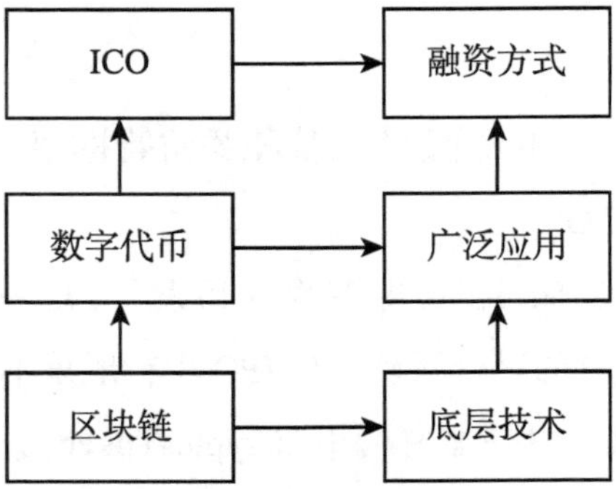


图1 ICO、数字代币与区块链三者关系示意图

(二)制度背景

新加坡是全球重要的金融中心,自区块链技术面世以来,新加坡便一直以开放态度拥抱区块链技术,鼓励金融科技创新,对ICO态度较为开放,允许ICO。[10] 然而新加坡相关监管机构观察到数字代币的功能已经发展,其超越了虚拟货币的范畴,可能代表发行人资产或者财产的所有权或担保权益。此时,这类数字代币可能构成《证券期货法》(Securities and Future Act,SFA)第289章的资本市场产品。对于此类代币的发行,新加坡监管机构认为有必要对其进行监管从而满足相关法律法规的要求。[11] 自此,新加坡开始了对ICO的监管。

(三)监管框架

1.监管机构

MAS是新加坡金融监管机构,兼有中央银行金融调控和监管两大职能。目前主要是由其通过发布相关的监管指引与声明,对ICO进行监管。

2.相关监管规定

对ICO的监管,主要涉及的法律法规包括《证券期货法》(SFA)、《财务顾问法》(FAA)、《支付服务法案》(PSA)、《贪污、毒品交易和其他严重犯罪(没收犯罪收益)法》(CDSA)、《打击恐怖融资法》(TSOFA),这些法律法规由国会表决

[10] 参见《新加坡对区块链技术的政策和态度》,载商务部网站:http://sg.mofcom.gov.cn/article/jmgd/201807/20180702761543.shtml,最后访问日期:2019年7月15日。

[11] See MAS,"MAS to Regulate Virtual Currency Intermediaries for Money Laundering and Terrorist Financing Risks", https://www.mas.gov.sg/news/media-releases/2014/mas-to-regulate-virtual-currency-intermediaries-for-money-laundering-and-terrorist-financing-risks, Accessed July 15,2019.

通过,效力很高。为了更好监管金融市场,执行并落实法律规定,MAS 发布相关的指引与声明。尽管这些指引与声明并不属于法律法规,但作为法律的实施文件或细则,这些指引同样需要遵守。目前有关 ICO 的指引为:2017 年 11 月 14 日发布的《数字代币发行指南》(A Guide to Digital Token Offerings)(以下简称旧指引)以及 2018 年 11 月 30 日发布的《数字代币发行指南(2018 年版)》(A Guide to Digital Token Offerings, lasted updated on 30 November 2018)(以下简称新指引)。

文章正是基于以上两份指引以及相关的法律法规对新加坡 ICO 监管政策进行相应的分析。

## 三、不同数字代币 ICO 分类监管

2017 年的旧指引提供了在新加坡从事数字代币发行申请所应遵守的一般性准则,旧指引仅将数字代币分为证券类代币与实用类代币。而在 2018 年的新指引中,MAS 对数字代币进行了更加详细的分类,新增了支付类代币,并针对不同数字代币的 ICO 采取不同的监管措施。具体如下:

### (一)支付类代币

#### 1. MAS 对支付类代币的认定标准

对于支付类代币,MAS 并没有在新指引中对支付类代币进行明确定义,只是通过案例的方式列举了 MAS 将相关数字代币认定为支付类代币的情况。而国会于 2019 年 1 月 30 日通过了《支付服务法案》,明确定义了支付类代币是指任何关于价值的数字表达(不包括被排除的关于价值的数字表达)。其特征为:(1)可以以单位进行表示;(2)不以任何货币计价,也不由其发行者与任何货币挂钩;(3)作为或者即将作为的交换媒介,是作为支付货物、服务或清偿债务的手段;(4)可以以电子方式转让、储存或交易;(5)符合管理局规定的其他特征。[12] 这与 MAS 在指引中所举的支付类代币的例子也是相符的。

首先,MAS 列举了不构成支付类代币的例子。

---

〔12〕 See 2, Part1 *Payment Services Act* 2019, February 2019.

例如新指引的案例一[13]:A公司打算设立一个去中心化算力分享和出租的平台,同时拟在新加坡发行数字代币A用以筹集资金运营该平台。代币A将赋予代币持有人使用A公司平台的访问权,同时代币持有人只能租用其他平台用户提供的算力。代币A将不享有任何其他权利或职能,亦不会或不打算成为公众或部分公众所接受的交换媒介,作为支付货品或服务或偿还债务的方式。A公司打算向全球包括新加坡在内的任何人提供数字代币A。

MAS明确表示,如果代币A不能用以支付商品、服务或偿还债务,则代币A并不具有作为被社会接受的“交易媒介”的功能(具备支付功能),不会被视为支付法案定义下的“支付型代币”。

其次,MAS通过案例六明确指出了比特币为典型的支付类货币。

在案例六[14]中:F公司计划建立数字支付代币交易平台,允许用户将不构成证券、衍生品合约或集体投资计划的具体单位的数字支付代币(如比特币)兑换为法定货币。在运营初期,该平台将不被允许交易构成证券、衍生品合约或集体投资计划的具体单位的数字代币,这一限制可能在几年后取消。在此情形中,MAS指出比特币为典型的支付类代币。

最后,MAS通过案例九对支付类代币的界定做了更进一步的阐释。

在案例九[15]中:I公司提供有关从预先到售后的整个数字代币发行流程的咨询服务。I公司的客户主要为通过提供数字代币I筹集资金以支持I公司发展的公司。公司I有严格的客户选择标准,并且只向发行数字代币I的客户提供服务,服务支付对价为数字代币I,不能接受任何其他类型的付款。除了兑换产品和服务以外,数字代币I没有其他的功能和权利。

MAS在此案例中进一步说明了如果数字代币已经是或者打算成为公众或部分公众接受的交换媒介,用以支付货物、服务或偿还债务,那么该数字代币须受到《支付服务法案》的监管,即MAS认为其为支付类代币。

由此可见,MAS判断支付类代币的标准主要是其能否作为商品服务或者服务的交换媒介。

---

[13] See Case study 1, MAS, *A Guide to Digital Token Offerings*, November 2018.

[14] See Case study 6, MAS, *A Guide to Digital Token Offerings*, November 2018.

[15] See Case study 9, MAS, *A Guide to Digital Token Offerings*, November 2018.

2. MAS对支付类代币发行的监管措施

对于支付类代币，MAS将其纳入《支付服务法案》的监管范围内，认为：一旦代币具备支付功能，则任何提供支付代币交易服务的公司必须依据《支付服务法案》申请牌照，[16]包括支付类代币的发行方。[17]

另一方面，尽管目前虚拟货币对法币的交易活动不受MAS监管，但MAS打算在PSB监管下以AML/CFT为目的管理此类活动。根据PSB许可执行此类活动的实体将被要求遵守AML/CFT要求，包括对客户的识别和验证、持续监控，ML/TF问题筛查，可疑交易报告和记录保存等。[18]

(二)实用类代币

1. MAS对实用类代币的认定标准

实用类代币从性质上来讲，必须具有使用价值，不能够有分红或者证券属性，也不具有支付功能。在对于实用类代币的判断上，MAS采用排除法的形式，主要先判断其是否为证券类代币或支付类代币，若都不是，则将其定性为实用类代币。

例如在指引的案例一中，MAS认为：数字代币A的持有人仅有权访问、使用A公司平台，并使用代币A支付其他用户提供算力的租金。除此之外，代币A不会为持有人带来任何附加权利或功能，因此数字代币A不会视为证券类代币。同时，由前述分析，数字代币A也并非支付类代币。最后MAS认为数字代币A为实用类代币。

2. MAS对实用类代币发行的监管措施

对于实用类代币的发行，并不受MAS的监管，但是其发行需满足新加坡关于反洗钱、反恐怖主义融资的规定。[19]

(三)证券类代币

1. MAS对证券类代币的认定标准

MAS并没有明确指出证券类代币的概念，而是说明了如果数字代币具备

---

[16] See 3.4, MAS, *A Guide to Digital Token Offerings*, November 2018.

[17] See Case study 11, MAS, *A Guide to Digital Token Offerings*, November 2018.

[18] See 3.4, MAS, *A Guide to Digital Token Offerings*, November 2018.

[19] See 3.3, MAS, *A Guide to Digital Token Offerings*, November 2018.

《证券期货法》(SFA)所规定的资本市场标的特征,则对于此类代币的发行需要接受MAS的监管,这些资本市场标的包括证券、商业信托中的某一单位、任何以证券为基础的衍生品合同、期货、期权合约、外汇合约、外汇期权或杠杆等。[20]

根据新指引,证券类代币可能是以下资本产品[21]:①股票,其赋予或代表代币持有者在某公司的所有者权益,代表代币持有者在该公司的责任,代表与公司其他代币持有者间的相互承诺;②债券,代表了数字代币持有者出借给数字代币发行人特定金额的债权凭证;③商业信托单位,代表了商业信托的信托财产给予或者表示所有者权益;④证券衍生品合约,包括以股份、债券或商业信托单位为基础的衍生品合约;⑤集合投资计划单位,持有者可以获得某种权利或收益的选择权。

为了使数字代币发行人有更明确的认识,MAS通过案例的方式阐述了MAS认定证券类代币的具体标准,归纳如下:

(1)MAS强调新加坡只会根据本国法律认定证券类代币。

在新指引的案例七[22]中,MAS着重强调了新加坡证券类代币的标准不同于美国。

案例七的具体情况如下:G公司主要营业地点位于美国,其打算在全球范围内发行数字代币G,包括新加坡。数字代币G受未来代币简单协议(Simple Agreement for Future Tokens,SAFT)管辖,并且构成Howey测试下[23]的投资合同,因此在美国法上,其构成证券。该数字代币可以在场外交易的二级市场或者

[20] See 2.1,MAS,*A Guide to Digital Token Offerings*, November 2018.

[21] See 2.3,MAS,*A Guide to Digital Token Offerings*,November 2018.

[22] See Case study 7,MAS,*A Guide to Digital Token Offerings*,November 2018.

[23] Howey测试是美国联邦法院在1946年的一个判决(SEC v. Howey)中使用的一种判断特定交易是否构成证券发行的标准。如果被认定为证券,则需要遵守美国1933年证券法和1934年证券交易法的规定,在此案例中,被告是两家佛罗里达的公司,他们拟定了一种房产合同,此合同向买家出售农场土地,并允许买家有向被告进行回售的权利,回售后被告则可以继续经营农场,买家则享有农场经营的收益。绝大多数买家并不是农民,所以选择了回售。随后美国证监会起诉了这两家公司,认为该回售协议构成了一项投资协议,该投资协议属于证券法定义的证券的范畴。随后法庭使用了具有里程碑意义的Howey测试标准来判断特定协议是否构成证券,该标准包含四大条件:(1)是金钱(money)的投资;(2)该投资期待利益(profits)的产生;(3)该投资是针对特定事业(common enterprise)的;(4)利益的产生源自发行人或第三人的努力,投资者并不参与其中。该定义中"金钱"的概念不断扩大,可延伸为资产的投资。特定事业的定义比较模糊,不同法官有不同的理解,大多数联邦法庭认为可以是对项目的投资。在适用该标准时,法院采用"实质重于形式"的原则,即法院看中投资行为的实质,而不论其表面称谓。

第三方加密货币交易所进行交易。

MAS 对案例进行如下分析：首先，MAS 认为数字代币 G 能在二级市场进行交易并不必然导致该数字代币被解释为 SFA 下的资本市场标的。其次，尽管数字代币 G 经过 Howey 测试构成美国法下的证券，但是在新加坡，Howay 测试并不是数字代币是否构成 SFA 中的资本市场标的的判断标准。Howay 测试在新加坡不适用，对新加坡没有约束力。无论美国法如何对某一代币进行定义，MAS 只会依据 SFA 对该数字代币进行评估，进而辨别代币的类型。

因此，某一代币在美国被定义为证券币，并不影响其在新加坡被定义为实用性代币的可能性，新加坡只会依据其本国法律对某一种代币是否构成新加坡证券和期货定义下的"资本市场产品"进行独立的判断。

(2)若数字代币显然具备指引中所列五种情形，则该数字代币会被直接认定为资本市场产品。

MAS 在新指引中分别列举案例二、三、五进行分析，以案例二为例。

案例二[24]的具体案情为：B 公司主要从事房地产业务，为开发新的购物中心，B 公司计划向全球(含新加坡)发行数字代币进行融资。数字代币代表持有人对 B 公司的所有权。此外，B 公司还想提供与该代币发行相关的财务建议。

MAS 指出：在这种情况下，MAS 界定 B 公司所发行的数字代币属于 SFA 规定的资本市场产品中的股票，需要遵循 SFA 的各项规定，包括提交招股说明书等(另有规定的除外)。

(3)若数字代币具有回购性质，则其具有证券属性，可能被认定为债券。

MAS 主要是在案例十、案例十一中对具有回购性质的数字代币进行分析。具体如下：

案例十[25]的案情为：J 公司计划建立一个平台，允许投资者通过钻石的代币化投资钻石。J 公司打算在新加坡提供数字代币 J 以筹集资金来开发该平台。数字代币 J 将赋予持有者使用该平台的权利，并且随时可将其持有的数字代币 J 出售给 J 公司。数字代币 J 并不具有代表持有实体钻石的权利或者除使用平台

---

[24] See Case study 2, MAS, *A Guide to Digital Token Offerings*, November 2018.

[25] See Case study 10, MAS, *A Guide to Digital Token Offerings*, November 2018.

之外的任何其他功能或权利。所有未售出的代币J都将被销毁。

MAS认为:由于J公司有义务向持有人回购数字代币J,如果数字代币J代表公司J向持有人支付一定金额的债务,则数字代币J可能构成债券。

案例十一主要涉及稳定币,[26]具体案情如下:K公司打算向全球任何人(包括新加坡公民)提供数字代币K,每个数字代币K为1美元。K公司旨在通过将其价值与美元挂钩来实现数字代币K的相对稳定的价格。为此,K公司仅接受以美元电子存款方式向其美元计价的银行账户支付数字代币K,这些存款将作为法定货币储备,以支持流通中每个数字代币K所谓的1美元的价值。数字代币K的持有人将有权以(每K)1美元价格与K公司交换代币K,K公司将无权从代币持有人处取消或兑换数字代币K,K公司在未来可能会考虑与零售商店合作,以使数字代币K能够用于支付购买费用。

MAS认为:由于K公司有义务向持有人回购数字代币K,如果数字代币K代表公司K对持有人的债务,即公司K需要对每个数字代币K负担1美元的债务,在这种情况下,数字代币K即可构成债券。

(4)若数字代币仅具有积分回馈性质,则其并不会被认定为资本市场产品。

MAS主要是在案例八中进行明确分析。

案例八[27]的具体案情为:H公司计划建设一个平台,收集各种电子商务网站上消费者支出的用户数据。为了发展该平台,H公司打算通过提供数字代币H从投资者那里筹集资金。数字代币H仅赋予投资者对平台功能进行投票的权利,并无其他功能。H公司还将分发数字代币H对参与消费者支出调查的投资者进行奖励,奖励给投资者的数字代币H的数量仅基于其在平台上的使用和活动,而不是通过对平台的进一步投资。

MAS的分析:①数字代币H并非股票,因为其并不代表对公司的所有者权益。由于奖励的分配与投资者在平台上的使用和活动成比例,因此并非索取股息或资本回报的行为。②数字代币H并非债券,因为其并不会增加H公司的债务。③数字代币H也不是集合投资计划单位,因为并无专门的经理人对其进行

---

[26] See Case study 11, MAS, *A Guide to Digital Token Offerings*, November 2018.

[27] See Case study 8, MAS, *A Guide to Digital Token Offerings*, November 2018.

财产的管理。根据投资者对平台的参与度,他们被奖励的数字代币 H 既不是利润,也不是其他根据集合投资计划所能获得的收益。因此,数字代币 H 并不构成 SFA 下的资本市场产品或 FAA 下的投资产品。

由此可见,在判断数字代币是否为证券类代币时,MAS 的思路是:核查数字代币的属性和构成要素,包括该数字代币所指向的权利,来确定该数字代币是否构成资本市场产品。

2. MAS 对证券类代币发行的监管措施

当数字代币构成资本市场产品(证券类代币)时,发行人只有在符合《证券期货法》第十三章规定的条件下,才可以发行数字代币用于融资,这其中包括此类发行必须按照 SFA 的要求编制或附有招股说明书,并在 MAS 进行登记,除非其符合豁免的情况。[28] 若没有按照上述要求即进行证券类 ICO,相关 ICO 项目会被叫停。实践中,已有证券类 ICO 项目因为违反了相关规定而被 MAS 叫停的案例,ICO 发行方也归还了从新加坡投资者所募集的相关资金。[29]

3. 证券类代币发行的豁免——STO

正如前文所述,在新加坡,发行人如果想要发行证券类代币,需要编制招股说明书披露相关信息并在 MAS 登记,这对初创企业来讲是非常沉重的负担。但 MAS 也列明了相关豁免的情况。目前在新加坡较为流行的便是以豁免的方式架构 STO。

STO(Security Token Offering)即证券化代币发行,指在确定的监管框架下,按照法律法规的要求,进行合法、合规的,并且具有传统证券性质的代币公开发行。STO 是现实中的某种金融资产或权益,比如公司股权、债权、知识产权、信托份额以及黄金珠宝等实务资产,转变为链上加密数字权益凭证,是现实世界各种资产、权益、服务的数字化。[30]

---

〔28〕 See 2.5, MAS, *A Guide to Digital Token Offerings*, November 2018.

〔29〕 See MAS, "MAS warns Digital Token Exchanges and ICO Issuer", Accessed July 15, 20. http://www.mas.gov.sg/News-and-Publications/Media-Releases/2018/MAS-warns-Digital-Token-Exchanges-and-ICO-Issuer.aspx.

〔30〕 参见李虹含、贺宁:《STO 大爆发是通证经济学的福音还是区块链的末日》,载 Rapidash 网:http://rapidash.io/news/2018/10/15/4a2f724228/,最后访问日期:2019 年 7 月 15 日。

在新加坡,发行人如果想以豁免的方式发行 STO,可以选择以下方案:[31]

(1)进行小额发行,在12个月内所募集金额不超过500万新币(或等值外币),但必须是对预先确定身份的人进行的个人发行,包括对与发行人有已存在的专业联系或其他关系的人进行发行。

(2)在12个月内对不超过50名投资者进行非公开私募发行。

(3)向银行和金融机构等机构投资者作出发行。

(4)仅向合格投资者发行。[32]

同时,对于小额发行、私募发行以及向合格投资者发行还需受制于特定条件,包括广告限制。实践中,2014年1月因一项目发行人的法律顾问在 LinkedIn 发贴说明公众可以关注该要约,MAS 认为其违反了广告的限制,认定其违规,取消其豁免资格,并要求其停止发行证券类代币。[33]

在满足上述条件的情况下,发起人还需准备的文件包括:①对发起人与代币持有者均有约束力的条款以及协议;②白皮书,解释相关计划、平台设计、平台经济、代币持有人的投票权以及其他权利;③由新加坡律师出具的法律意见书,说明 MAS 相关规定在发行人发行业务中的具体的遵守情况;④关于反洗钱、反恐怖主义融资的具体情况。[34]

### (四)小结

MAS 在指南中对各类代币的监管情况作出指引性的说明,在具体的实践中,MAS 会采用个案检测的方式,判断所发行的数字代币是证券类代币、支付类代币或者是实用类代币,进而按照指引的相关要求进行分类监管。

---

〔31〕 See 2.7, MAS, *A Guide to Digital Token Offerings*, November 2018.

〔32〕 根据 SFA 第4A(1)(c)条,合格投资者是指对于个人,需满足以下任何一个条件:(1)个人净资产超过200万新币(或等值外币);(2)其金融资产(扣除任何相关负债)超过100万新币(或等值外币),其中金融资产是指存款、投资产品等;(3)其前12个月的收入不少于30万新币。对于公司,需满足公司净资产超过1000万新币(或等值的外币)。

〔33〕 See MAS, "MAS halts Securities Token Offering for regulatory breach", Accessed July 15, 2019. http://www.mas.gov.sg/News-and-Publications/Media-Releases/2019/MAS-halts-Securities-Token-Offering-for-regulatory-breach.aspx.

〔34〕 See Appendix2, MAS, *A Guide to Digital Token Offerings*, November 2018.

## 四、为数字代币发行提供服务的中介机构须持牌经营

为数字代币发行提供服务的中介机构包括:(1)为一个或多个发行人提供数字代币发行服务的平台,即首次发行平台。(2)为数字代币提供财务建议的服务商。(3)为数字代币的交易提供服务的平台,即交易平台。[35]

### (一)首次发行平台

对于数字代币首次发行平台,如果所发行的数字代币构成《证券期货法》下的资本市场标的,那么该发行平台所从事的业务属于被监管的范围,则发行平台必须持有新加坡所批准的资本市场服务牌照,除非获得豁免持牌。[36] 而关于资本市场服务牌照的申请,主要参阅《授予资本市场服务牌照准则指南(第 SFA 04 - G01 号指南)》[37]及《牌照申请、代表须知以及费用支付指南(第 CMG-G01 号指南)》。[38]

### (二)提供财务建议的服务商

在新加坡就任何属于投资产品[39]提供任何财务建议的服务商,须根据 FAA 规定获得该类型财务咨询服务相关财务顾问牌照的授权,除非获得豁免持牌。[40] 关于财务顾问牌照的申请,主要参阅《财务顾问执照授予标准指南(第 FAA-G01)》[41]及《牌照申请、代表须知以及费用支付指南(第 CMG-G01 号指南)》。

### (三)数字代币交易平台

若数字代币交易平台进行证券类代币交易,会被视为其在运营交易市场,必

---

[35] See 2.8, MAS, *A Guide to Digital Token Offerings*, November 2018.

[36] See 2.9, MAS, *A Guide to Digital Token Offerings*, November 2018.

[37] See Guidelines on Criteria for the Grant of a Capital Markets Services Licence (Guideline No. SFA 04 - G01).

[38] See Guidelines on Licence Applications, Representative Notification and Payment of Fees (Guideline No. CMG-G01).

[39] 根据 FAA 第 2(1)条,"投资产品"指:(a)SFA 第 2(1)条中定义的任何资本市场产品;(b)任何人寿保单;或(c)规定的任何其他产品。

[40] See 2.10, MAS, *A Guide to Digital Token Offerings*, November 2018.

[41] See Guidelines on Criteria for the Grant of a Financial Adviser's Licence (Guideline No. FAA-G01).

须得到 MAS 的批准,取得交易所或交易市场运营商牌照,除非得到豁免持牌。[42] 实践中,MAS 曾向未经过批准即进行证券类代币的 8 个交易所发出警告,要求其停止此类交易直至获得 MAS 的相关授权。[43]

若数字代币交易平台进行支付类代币交易,MAS 将其纳入《支付服务法案》的框架内,而根据《支付服务法案》,此类交易所需取得支付牌照。根据《支付服务法案》,支付牌照有三种,包括:货币兑换牌照(money-changing licence)、标准支付机构牌照(standard payment institution licence)以及大型支付机构牌照(major payment institution licence)。[44] 交易所必须持有标准支付机构牌照或大型支付机构牌照才有权提供 7 类服务,[45]包括支付类代币相关服务。[46] 对于标准支付机构牌照,交易所需遵循支付或者转账额度的上限要求,即一年中平均每月任一支付服务涉及的金额不超过 300 万新币,或者任意 2 项以上支付服务涉及的金额不超过 600 万新币,[47]或者一年中平均每日涉及的电子支付流水不超过 500 万新币。[48] 大型支付机构牌照可监管标准支付机构牌照超过额度的所有业务。而数字代币交易所可根据自己的实际情况进行支付牌照的申请。

## 五、强调反洗钱、反恐怖主义监管

### (一)监管原因

数字代币由于发行、交易的匿名性,特别容易受到洗钱、恐怖融资活动风险的影响,因此,MAS 认为有必要对其进行反洗钱、反恐怖主义监管以满足反洗钱、反恐怖融资的相关规定。MAS 早在 2014 年还没对 ICO 等进行监管时便要

---

〔42〕 See 2.11, MAS, *A Guide to Digital Token Offerings*, November 2018.

〔43〕 See MAS, "MAS warns Digital Token Exchanges and ICO Issuer", Accessed July 15, 2019. http://www.mas.gov.sg/News-and-Publications/Media-Releases/2018/MAS-warns-Digital-Token-Exchanges-and-ICO-Issuer.aspx.

〔44〕 See 6(2), Siagapore Parliament, *Payment Services Act* 2019.

〔45〕 根据《支付服务法案》第 6(4)条,7 类服务包括:账户开立服务、国内汇款服务、跨境汇款服务、商业并购服务、电子货币发行服务、支付类代币服务以及货币兑换服务。

〔46〕 See 6(4), Siagapore Parliament, *Payment Services Act* 2019. February 2019.

〔47〕 See 6(5)(a)(ii), Siagapore Parliament, *Payment Services Act* 2019. February 2019.

〔48〕 See 6(5)(b)(ii), Siagapore Parliament, *Payment Services Act* 2019. February 2019.

求数字代币交易平台遵守相关反洗钱、反恐怖融资的相关规定。[49] 在新旧指引两份文件中,MAS 均强调了对 ICO 进行反洗钱、反恐怖主义监管的重要性,在新指引中,MAS 对此方面规定得更为具体。

(二)接受监管的主体

MAS 在旧指引中仅仅是强调了会对数字代币发行进行反洗钱、反恐怖主义的监管,但没有明确说明被监管的主体。在新指引中,MAS 明确任何数字代币发行(包括证券类代币、支付类代币、实用类代币)都需要遵守反洗钱和反恐怖融资通知的相关规定,[50] 同时指明需要接受反洗钱、反恐怖主义监管的主体包括:一级市场募资平台、二级市场交易平台以及就数字代币提供金融顾问服务建议的从业者。更具体说,只要其是:(1)资本市场服务牌照的持有者;(2)依法注册持牌的资管公司;(3)依据《证券期货法》豁免持有资本市场服务牌照的从业者;(4)持牌金融顾问;(5)注册保险经纪人(依法豁免持有金融顾问牌照);(6)提供金融顾问服务建议且依法豁免持有金融顾问牌照者,都需要接受 MAS 对其进行反洗钱反恐怖主义的监管。[51]

(三)需要遵守的措施

接受监管的主体需采取以下措施来满足 MAS 有关反洗钱、反恐怖主义融资的要求:(1)采取适当的步骤来识别、评估、了解项目中存在的关于洗钱和恐怖主义融资的风险(ML/TF)。(2)制定并实施相关方针、程序规则和管控措施,包括对客户进行尽职调查、监控交易、筛选、报告可疑情况并予以记录,以符合 MAS 的相关要求,从而使其能够进行有效管理和降低已识别的洗钱和恐怖主义融资的风险。(3)当更高的洗钱以及恐怖主义融资风险被识别时,平台须加强措施,有效地管控并降低相关风险。(4)确保相关方针、程序规则和管控措施的

[49] See MAS, "MAS to Regulate Virtual Currency Intermediaries for Money Laundering and Terrorist Financing Risks", Accessed July 15, 2019. http://www.mas.gov.sg/News-and-Publications/Media-Releases/2014/MAS-to-Regulate-Virtual-Currency-Intermediaries-for-Money-Laundering-and-Terrorist-Financing-Risks.aspx.

[50] See 3.3, MAS, *A Guide to Digital Token Offerings*, November 2018. 新加坡反洗钱、反恐怖主义融资所涉及的相关法律法规有:《贪污、毒品交易和其他严重犯罪(没收犯罪收益)法》(CDSA)、《打击恐怖融资法》(TSOFA)以及《金管局 626 号文及配套指引》。

[51] See 3.1, MAS, *A Guide to Digital Token Offerings*, November 2018.

有效实施并在必要时根据具体情况予以加强。[52]

由此可见,在ICO整个过程中,MAS高度强调了对反洗钱、反恐怖主义融资的监管,即使所发代币可能不在MAS监管范围内,相关参与主体仍需遵守反洗钱、反恐怖主义融资的相关要求。

## 六、SFA及FAA的域外管辖

在对域外管辖方面,MAS提供了一个面向海外投资者发行数字货币的案例:[53]

D公司在新加坡注册成立,并在新加坡开展业务。该公司拟面向大众发行数字代币D,但新加坡公民无法参与该数字代币发行。D公司将汇集发行所募资金,并使用这些资金投资于FinTech初创企业的股票投资组合。D公司将管理该股票投资组合。该投资组合产生的利润将汇集并分配给代币D的持有者。这种安排的目的是使代币持有者能够从股票投资组合中获利。

MAS认为:代币D的发行仅面向海外投资者,因此SFA第十三部分的规定不适用于该代币发行。但如果D公司在新加坡经营股票投资组合管理业务,则该公司仍有可能会在新加坡开展基金管理业务。如果是这样的话,根据SFA规定,D公司开展证券交易受监管的活动业务需要获得资本市场服务牌照,另有规定免获牌照的情况除外。

但对部分在新加坡境外,或全部在新加坡境外运营首次发行平台或交易平台的主体,若符合SFA关于域外管辖的规定(第339条)[54]的情况,SFA的相关规定仍会在境外适用于此类主体所开展的活动。[55]

此外,对于新加坡境外主体,如果其为新加坡的公众提供任何金融顾问服务或类似行为的,该主体就应被认定为新加坡的金融顾问服务商,应遵守新加坡相关法规。[56]

---

〔52〕 See 3.2, MAS, *A Guide to Digital Token Offerings*, November 2018.

〔53〕 See Case study 4, MAS, *A Guide to Digital Token Offerings*, November 2018.

〔54〕 SFA第339条主要为域外管辖的规定,更详细地可参阅Guidelines No. SFA15 – G。

〔55〕 See 2.12, MAS, *A Guide to Digital Token Offerings*, November 2018.

〔56〕 See 2.13, MAS, *A Guide to Digital Token Offerings*, November 2018.

因此,新加坡监管的基本思路是:以保护新加坡投资者为出发点,以证券类 ICO 是否向新加坡公民发起为判断的核心要素,采用“内紧外松”的监管政策。[57] 如果证券类 ICO 是向新加坡公民发起,则会受到 MAS 比较严格的监管,需按照指引的要求遵守新加坡相关法律法规;如果是向非新加坡公民发起,即使公司是在新加坡注册并运营,MAS 对其监管则比较宽松。

## 七、对新加坡 ICO 监管政策的反思及其对我国的启示

### (一)“个案检测 + 分类监管”的方式有利于鼓励技术发展与控制风险之间的平衡

区块链技术代表了现在与未来的重要技术发展潮流,ICO 作为区块链技术应用的一项融资手段,自其诞生之日起,相关风险如操纵市场、诈骗、圈钱、洗钱、恐怖主义融资也随之而至。新加坡立足于本国国情特点,采用“个案检测 + 分类监管”的政策,要求相关主体遵守反洗钱、反恐怖主义融资的规定,其在坚守底线的基础上最大限度地鼓励金融创新,取得了技术发展与控制风险的巧妙平衡。

在我国,ICO 曾风靡一时,只需要一份白皮书就可以进行融资,很多发币者并不如其白皮书所载有实际运营项目作为支撑,更多的只是在炒概念,试图借着 ICO 大捞一笔。面对诸多乱象,我国政府采取“一刀切”的形式,直接禁止 ICO。尽管在当时的情况下,此种做法可谓快刀斩乱麻,但也带来了一些实用类代币的项目被腰斩,融资方式受阻的问题。

随着区块链技术的不断发展,一味地禁止 ICO 并不是长久之计。我国可以借鉴新加坡“个案检测 + 分类监管”的方式,先将支付类代币以及实用类代币合法化,并允许这两类代币的发行人通过 ICO 进行融资。因为相比证券类代币,支付类代币以及实用类代币投机属性较低,而它们能否被投资者所接受更多取决于具体项目实施的情况。在鼓励创新的同时,我国也应要求相关主体坚守反洗钱、反恐怖主义融资的法律法规,防范风险。

### (二)紧密结合本国现行法律法规进行监管

新加坡面对 ICO 此项新生事物,并没有贸然地立法进行监管,而是结合现

---

〔57〕 参见邓建鹏、孙明磊:《区块链国际监管与合规应对》,机械工业出版社 2019 年版,第 175 页。

行法律,发布相关指引,对ICO是否适用现行法律有关规定、如何适用现行法律等作出了解释。同时,借助ICO这一新生事物,推动了新加坡《支付服务法案》的修改,与其他国家在ICO监管政策方面的极大反复不同,新加坡这一做法有利于创业者厘清新加坡相关法律体系,对规则进行预判。

而我国面对2017年如火如荼的ICO,仅通过一纸公告就将其全面禁止。一夜之间,所有中国ICO项目全部被叫停。公告中仅仅说明了ICO是一种未经批准非法公开融资的行为,涉嫌非法发售代币票券、非法发行证券以及非法集资、金融诈骗、传销等违法犯罪活动,但并未详细结合我国法律进行分析。在一定程度上,此种做法不利于创业者预判规则。

(三)将风险移至境外并非长久之计

新加坡ICO政策注重保护新加坡投资者的利益,MAS除了通过不断地发表声明提醒投资者注意相关风险之外,对新加坡公民购买数字货币也显得异常谨慎。实践中,当前入驻新加坡的虚拟货币交易所均未开通银行账户与支付服务。[58] 曾有一家交易所开通银行账户不久后账户被封。在这种情况下,新加坡投资者则没有办法在交易所充值法币来购买数字货币,[59] 而需要通过其他渠道,如新加坡本土的第三方转账软件Xfers。有测试表明,通过Xfers将比特币换成新币大概需要20天时间。[60] 相比较短时间波动幅度较大的换币比率,20天的兑换期尤其漫长,对于投资者而言,原本投资数字代币便颇具风险,其还不能及时套现。可想而知,在这样的情况下,新加坡投资者并无多少动力投资数字代币。

而实践中,新加坡很多ICO项目投资者恰恰也是非新加坡公众投资者。按照新加坡目前的监管政策,即使发行方在新加坡注册并运营,如果只是向非新加坡投资者发行证券类代币,则不需要遵守SFA第13章的规定提交招股说明书以及在MAS登记。这种情况下,新加坡关于证券类ICO的监管实际上形同虚

---

〔58〕 参见邓建鹏、孙明磊:《区块链国际监管与合规应对》,机械工业出版社2019年版,第170页。

〔59〕 参见耳朵财经:《Megan Lee:解密新加坡,数字货币合法合规化之路》,载guibi网:https://www.guibi.com/article/detail/4465,最后访问日期:2019年7月15日。

〔60〕 参见读币网:《重磅!新加坡央行宣布彻底放弃ICO监管,背后的目的到底是什么?》,载驱动网:https://www.qudong.com/2018/1017/523587.shtml,最后访问日期:2019年7月15日。

设。在目前各国对 ICO 监管趋严的情况下,新加坡用如此宽松的监管政策吸引发行方在其境内运营或注册,给本国带来了就业机会以及税收,刺激本国经济的发展。新加坡美其名曰鼓励创新,但却将相关的风险转移至境外投资者,此种做法颇为不妥,也非长久之计。

尽管新加坡明确将证券类代币发行纳入证券法监管框架,但是在实践中发挥的作用却非常有限。因此,是否借鉴新加坡发行证券类代币的监管政策,我国或可采取观望态度。

《清华金融法律评论》
第3卷第1辑
第60~74页

# 比特币交易债权效力的法律检视

## ——兼谈数字货币的监管路径*

戴璐遥**

目　次



**摘　要**：比特币作为"去中心化"数字货币代表，因其属性尚不明确，缺少法律及相关监管制度，造成大量比特币交易纠纷。目前在司法实践中，部分法院以违反法律及行政法规的强制性规定，认定涉及比特币交易的合同无效，该行为不受法律保护，买方需自行承担损失。从司法实践及法理角度分析，认为比特币交易债权效力应分类认定。从根本上解决比特币等数字货币交易问题，需要明确其属性，建立功能监管与行为监管相结合的监管路径。

**关键词**：比特币　合同效力　司法实践　监管

---

* 基金项目：国家重点研发计划"电子货币新算法与新原理研究"(2017YFB0802501)。

** 戴璐遥，南开大学法学硕士，清华大学金融科技研究院区块链研究中心研究专员。

比特币作为一种基于点对点的分布式电子现金系统,交易不需借助金融机构,通过节点间的验证即可完成,具有去中心化、匿名性及全球性的特征。[1] 伴随区块链技术及新型市场的不断发展,比特币交易越来越具有普遍性和典型性。司法实践中涉及比特币的纠纷数量也随之不断增多,双方争议焦点主要集中在比特币交易合同效力。因为合同效力也直接决定买受人的权利保护方式,虽然《合同法》第52条明确规定合同无效的情形,但由于现行法律法规对比特币交易规定尚且不明,导致实务界也尚无确定的判定标准,这个问题应如何看待,应进行审慎思考。

## 一、基于法院案例的样本分析

### (一)比特币交易相关案例

本文以"比特币"为关键词,在北大法宝以"全文"方式搜索全部的民事司法案例,并逐一阅读筛选。共有案例185例,去除涉及比特币矿机、民事借贷及举证责任等无关案例后,共有有效案例71例。可知比特币交易关系主要类型为:(1)一方与虚拟货币交易平台间因购买比特币或其他虚拟货币而形成的服务合同关系;(2)一方委托另一方代为购买比特币或使用比特币购买其他虚拟货币而形成的委托合同关系;(3)一方与另一方直接买卖比特币或使用比特币购买其他虚拟货币而形成的买卖合同关系;(4)以合同为掩盖形式,实质为传销或非法集资等犯罪行为的关系。比特币交易纠纷主要分为以下类型:(1)交易形式是否合法;(2)买卖标的是否合法;(3)因委托投资产生的纠纷;(4)因交易价格波动产生的纠纷;(5)交易中被盗转、多收或未收到应付比特币及相应法币的纠纷;(6)因交易平台无法交易(暂停营业)导致的比特币归属权纠纷。司法实践中对比特币交易债权效力的判定,具体见表1。

---

[1] 参见中本聪:《比特币白皮书:一种点对点的电子现金系统》,载比特币:https://bitcoin.org,最后访问日期:2019年7月17日。

**表1　比特币交易债权效力判定分类一览表**

| 判决结果 | 判决理由 | 案件数量(件) | 代表案例 |
| --- | --- | --- | --- |
| 合同有效 | 不违反现行法律和行政法规的规定 | 26 | 冯亦然与北京乐酷达网络科技有限公司合同纠纷二审民事判决书[(2018)京01民终9579号];张云琦与方少云民间借贷纠纷二审民事判决书[(2018)渝02民终2712号] |
| 合同无效 | 违反禁止性规定 | 28 | 沈荣华与时小洋抵押合同纠纷二审民事判决书[(2018)苏01民终10739号];丁建强与陈映光买卖合同纠纷上诉案[(2018)浙11民终263号] |
| | 涉及传销等行为 | 9 | 李荣芹与张永泉买卖合同纠纷二审民事裁定书[(2019)苏03民终835号];薛梦雪诉包丽红委托合同纠纷案[(2017)苏0115民初15868号] |
| 返还不当得利 | 构成不当得利之债 | 8 | 黄晓艳诉刘文起不当得利纠纷案[(2018)川1181民初488号];林晶晶诉桑田不当得利纠纷案[(2018)辽0202民初718号] |

比特币交易司法审判引用法律法规及规范性文件,请见表2。

**表2　比特币交易债权效力适用法律法规及规范性文件一览表**

| 法律法规及规范性文件 | 相关规定 |
| --- | --- |
| 《合同法》第52条 | 规定了合同无效的五种具体情形〔2〕 |
| 最高人民法院《关于适用〈中华人民共和国合同法〉若干问题的解释(一)》第4条 | 规定人民法院不得依据地方性法规和行政规章确认合同无效 |
| 《证券法》第2条 | 明确证券的范围:在中国境内,证券包括股票、公司债券和国务院依法认定的其他证券 |
| 《关于防范比特币风险的通知》 | 明确比特币虚拟商品属性,否定其货币的属性,同时要求各金融、支付机构,不能进行与比特币相关的业务,并加强对比特币互联网网站、洗钱风险的管理及对公众的教育提示 |

〔2〕《合同法》第52条规定:"有下列情形之一的,合同无效:(一)一方以欺诈、胁迫的手段订立合同,损害国家利益;(二)恶意串通,损害国家、集体或者第三人利益;(三)以合法形式掩盖非法目的;(四)损害社会公共利益;(五)违反法律、行政法规的强制性规定。"

续表

| 法律法规及规范性文件 | 相关规定 |
| --- | --- |
| 《关于防范代币发行融资风险的公告》 | 禁止代币发行融资活动。并再次强调对交易平台、金融机构及非银行支付机构的管理。同时教育公众注意融资与交易风险并充分发挥行业组织的作用 |
| 《关于防范以"虚拟货币""区块链"名义进行非法集资的风险提示》 | 提示以区块链技术为名,实质进行非法集资、传销、诈骗等违法犯罪行为的活动 |
| 《区块链信息服务管理规定》 | 明确区块链信息服务提供者及使用者的管理制度、标准及相关责任 |

(二)对比特币交易债权效力的分析

1. 法院援引法律位阶的分析

根据最高人民法院的司法解释,[3]人民法院不应以地方性法规及有关行政规章作为判定合同无效的依据,即确认合同无效应依据法律及行政法规。审视当前司法实践,很多法院将部委发布的规范性文件作为判定合同无效的依据。如在丁建强与陈映光买卖合同纠纷上诉案[(2018)浙11民终263号]中,当地法院通过援引《关于防范比特币风险的通知》[4]及《关于防范代币发行融资风险的公告》[5]两个部门规范性文件,判定合同无效,交易行为不受法律保护,由购买者自行承担全部或主要损失责任。虚拟货币相关立法漏洞及监管的不明,致使当前法院在审理过程中面临"援引无门"的窘境,如果不对此加以明确,则难以在今后的纠纷解决中维护社会秩序与保护公众的合法利益。

2. 法院判定合同效力的分析

超半数法院判定比特币交易合同无效,主要还是援引《合同法》第52条及

---

〔3〕 最高人民法院《关于适用〈中华人民共和国合同法〉若干问题的解释(一)》第4条规定:"合同法实施以后,人民法院确认合同无效,应当以全国人大及其常委会制定的法律和国务院制定的行政法规为依据,不得以地方性法规、行政规章为依据。"

〔4〕 2013年12月3日,中国人民银行、工业和信息化部、中国银行业监督管理委员会、中国证券监督管理委员会、中国保险监督管理委员会发布《关于防范比特币风险的通知》。

〔5〕 2017年9月4日,中国人民银行、中央网信办、工业和信息化部、工商总局、中国银行业监督管理委员会、中国证券监督管理委员会、中国保险监督管理委员会发布《关于防范代币发行融资风险的公告》。

《关于防范比特币风险的通知》《关于防范代币发行融资风险的公告》,认为比特币交易违反了法律、行政法规的强制性规定,属于非法债权关系,不受法律保护,需自行承担法律后果或投资风险。但是,这一做法从法理上无法自圆其说。

在陈建、陈龙杰委托合同纠纷二审民事判决书[(2018)闽09民终1819号]中,上诉者曾以这些理由提出过抗辩,他指出,“2013年《关于防范比特币风险的通知》以及2017年9月《关于防范代币发行融资风险的公告》,虽然否定了比特币的货币属性,对代币融资行为作出了负面的法律评价(涉嫌违法犯罪),但从未认定比特币等虚拟货币为非法物”。在张云琦与方少云民间借贷纠纷二审民事判决书[(2018)渝02民终2712号]中法院认定,“目前国家未认可以太币等所谓‘虚拟货币’的货币属性,禁止其作为货币进行流通使用等金融活动,但并未否认以太币可以作为一般法律意义上的财产受到法律的平等保护”。在冯亦然与北京乐酷达网络科技有限公司合同纠纷二审民事判决书[(2018)京01民终9579号]中法院认为,“任何人都可合法持有比特币等虚拟商品,但现行政策禁止其用于与法定货币之间的兑换”。一方面判决违反强制性规定必须区分规定的性质,只有违反强制规定的同时损害社会公共利益才会导致合同无效;另一方面法院引用的两个规范性文件从规范目的及文意内容分析,并非确认比特币及相关数字货币交易的合同无效,而是禁止以区块链概念为包装,通过ICO融资等方式进行非法经营、非法集资、传销及诈骗等扰乱金融秩序的违法行为并提示相关投资风险,不应据此否定比特币交易的债权效力。对强制性规定归类不明导致审判规则的不统一,易混淆公众对行为的预判。

3. 关于违法行为的认定

在71个涉及比特币交易的有效民事案例中,有9例被判定实质涉及非法传销,即以比特币等数字货币交易为形式,实质进行吸引公众投入资金并发展下线的行为,应当先行解决刑事案件。如史兆庆与付彪委托合同纠纷一审民事判决书[(2019)津0104民初1416号]中,法院认定其使用比特币投资的行为,实质是将“炒币”及发展其他会员获取收益作为诱饵,吸引公众投入资金,并发展下线人员继续加入,进一步扩充资金池,具有非法集资、传销、诈骗等犯罪行为特征。传销行为作为与比特币交易极易混淆的行为之一,主要应从追求的最终目的及行为方式主客观两方面进行分析。如果销售(或宣传)行为主要通过“发展下线”的方式,进而追求因“拉人头”而获得奖励并继续发展下线的最终目的,即“奖励并非依赖于真实销售”,可认定为传销而非进行比特币交易。

除传销行为外,仍有相当数量涉及比特币的刑事案例,其中涉及诈骗罪 50 例、非法集资罪 12 例、洗钱罪 1 例。主要通过区块链技术及交易、投资为包装,实质为违法犯罪行为,触及刑事法律红线。

通过以上比特币交易司法案例的类型化分析,法院作为司法审判机关,在保持与国家政策导向一致性的前提下,作为居中裁判者在遵守法律法规同时应考虑到判决的社会效果,适度顾及个体利益,基于比特币交易主体情况、比特币的根本属性、合同性质等要素综合评价,结合交易时法律及国家政策规定妥善平衡个体利益与社会公共利益间的关系作出判决。根据近日最高人民法院审判委员会刘贵祥在《全国法院民商事审判工作会议上的讲话》提到,应当在民商事审判中统一裁判尺度,在逻辑与价值相互考量下有机统一法律效果、社会效果及政治效果。但由于比特币交易案件的实质复杂性,导致现行判定标准不确定,那么针对比特币交易的债权效力应如何认定,亟待在法理上寻求答案。

## 二、现有法律规定的梳理与评价

### (一)现行法律规定中比特币交易的债权效力

“无效合同是指合同严重欠缺有效要件,不按当事人合意的内容而是依据法律的直接规定赋予法律效果。”[6]根据《合同法》第 52 条第 5 项的相关规定,“违反法律、行政法规的强制性规定”的合同无效。根据最高人民法院发布的《关于适用〈中华人民共和国合同法〉若干问题的解释(一)》第 4 条的规定:“合同法实施以后,人民法院确认合同无效,应当以全国人大及其常委会制定的法律和国务院制定的行政法规为依据,不得以地方性法规、行政规章为依据。”特别强调“不得以地方性法规、行政规章为依据”。综上可知,合同无效规定的法律规范位阶应限定在“法律”和“行政法规”之上,并无争议。

争议点主要集中在对强制性规定的判定,学界对强制性规定的研究早已开始,早在 2002 年王利明教授就已经撰文提出将强制性规定区分为效力性规定和

---

〔6〕 参见崔建远:《合同法》,法律出版社 2010 年版,第 100 页。

取缔性规定。[7] 此后在最高人民法院研究室编著的《最高人民法院关于合同法司法解释(二)理解与适用》一书中又提到,“仅为了行政管理和纪律管理需要的强制性规定不属于效力性规定”。[8] 2009 年 7 月 7 日,最高人民法院发布了《关于当前形势下审理民商事合同纠纷案件若干问题的指导意见》,其中第 16 条对强制性规定的判断标准,进一步明确:“如果强制性规范规制的是合同行为本身即只要该合同行为发生即绝对地损害国家利益或者社会公共利益的,人民法院应当认定合同无效。如果强制性规定规制的是当事人的‘市场准入’资格而非某种类型的合同行为,或者规制的是某种合同的履行行为而非某类合同行为,人民法院对于此类合同效力的认定,应当慎重把握。”2019 年 7 月 3 日,最高人民法院审判委员会刘贵祥的讲话中提出:“违反规章、监管政策等规范性文件的合同,不应认定无效,只有在违反规范性文件的同时导致违反社会公共秩序的才可认定,但应严格限制规定范围。”可以看出理论界和实务界已经对强制性规定分类有了统一的认识,但也尚未提出对分类认定的具体操作标准。

(二)规范性文件规定中的比特币交易债权效力

对违反规范性文件的合同效力判定,应当区分其属于“市场准入”资格的管理类合同还是在违反规定的同时会损害国家利益或社会公共利益的合同。对涉及比特币及数字货币的规范性文件进行分析,除共同规定要求各金融机构和支付机构不得开展与比特币相关的业务及加强比特币服务网站的管理外,2013 年 12 月 4 日,发布的《关于防范比特币风险的通知》中对比特币属性进行明确,认定其并非由货币当局发行的,具有法偿性与强制性的货币,而是一种特定的虚拟商品。在文件发布的第二天,中国人民银行在《比特币相关事宜答记者问》中指出,“比特币交易作为一种互联网上的商品买卖行为,普通民众在自担风险的前提下,拥有参与的自由”。2017 年 9 月 4 日由七部委联合发布的《关于防范代币发行融资风险的公告》,规范目的是禁止通过 ICO 进行融资,从事非法金融活动,严重扰乱金融秩序的行为。同时提示公众谨防卷入以比特币交易为形式,实质为非法经营、非法集资、传销及诈骗等违法行为的组织活动,并未认定比特币

---

[7] 参见王利明:《关于无效合同确认的若干问题》,载《法制与社会发展》2002 年第 5 期,第 61 页。

[8] 沈德咏:《最高人民法院关于合同法司法解释(二)理解与适用》,人民法院出版社 2009 年版,第 112 页。

交易为违法行为。2018 年,在《关于防范以“虚拟货币”“区块链”名义进行非法集资的风险提示》[9]中再次强调应注意防范通过区块链技术进行“包装”的非法集资、传销及诈骗行为。通过以上规范性文件可以看出相关监管部门的规范目的是明确比特币非货币性质,禁止数字货币以货币形式进行流通,同时重点防范以区块链技术为虚假包装,实质通过 ICO 融资或进行非法经营、非法集资、传销、诈骗的违法行为。

(三)判定比特币交易债权效力的类型化分析

从我国当前司法实践的现状来看,法院对于比特币交易合同的效力仍有争议,对于我国违反强制性规定的无效合同,法院在充分尊重监管机构有效行使其监管职能的前提下,应采取谨慎态度类型化分析,防止无效判定的误用。

对涉及传销、非法集资及洗钱等违法犯罪行为的 ICO 形式的融资活动应认定合同无效。借鉴对非法集资的监管规定,2019 年 1 月 30 日,根据最高人民法院、最高人民检察院、公安部联合发布的《关于办理非法集资刑事案件若干问题的意见》的规定:人民法院、人民检察院、公安机关认定非法集资“非法性”,应当以国家金融管理法律法规作为依据,对于仅作原则性规定的,可以参考央行、银保监会等行政主管部门依照法律法规制定的部门规章或者规范性文件的规定予以认定。综上所述,对此类合同性质,可根据相关的指导性规范文件,确定比特币交易的债权效力无效,如涉及刑事犯罪,应当先行移送公安机关等部门进行处理。

对于个人主体与交易所之间成立的服务合同关系,出于当事人真实意思表达,应认可其债权效力。对因合同产生的损失应由交易所承担主要过错责任,个人应根据其注意义务承担相应的投资风险。

对于委托进行比特币交易投资,应认定委托合同关系成立,但因委托投资行为产生的投资风险应由委托人自行承担。如存在因委托行为引发的诈骗及非法集资等行为,应遵循刑法相关规定予以判定。

对于买卖合同关系,根据《合同法》第 52 条的规定,不应认定合同无效。应

---

[9] 2018 年 8 月 24 日,中国银行业监督管理委员会、中央网信办、公安部、中国人民银行、市场监管总局发布《关于防范以“虚拟货币”“区块链”名义进行非法集资的风险提示》。

依据买卖双方订立交易合同时约定承担相应的责任。

## 三、数字货币未来监管进路

通过上文分析,比特币交易"乱象",由当前上位法缺失,比特币属性不明确导致。通过对比特币等数字货币交易过程中客体属性、监管规则、主体认知教育及交易纠纷的解决机制进一步完善,有助于规范比特币等数字货币交易市场秩序。

### (一)明确比特币的本质属性

根据《关于防范比特币风险的通知》的规定,比特币不具备货币的属性,应认定为特定的虚拟商品。比特币通过"矿工"的"挖矿"产生,凝结了持有人的抽象性劳动力及为"挖矿"消耗的电力,同时比特币可以进行交易流转并产生实际享有的金钱收益。作为一种同时具备价值及使用价值的可交换劳动产品,比特币符合商品属性。2017 年 10 月起实施的《民法总则》第 127 条明确法律保护数据及网络虚拟财产,参与起草《民法总则》的杨立新教授即认为,比特币等虚拟货币属于网络虚拟财产的虚拟动产。[10]

由于我国现行法律法规对比特币的属性尚无明确规定,故借鉴美国监管部门对比特币属性的通识观点。2018 年 6 月 14 日,美国的证券交易委员会(U. S. Securities and Exchange Commission, SEC)主席 Jay Clayton 表示比特币不是证券。[11] 美国商品期货交易委员会(U. S. Commodity Futures Trading Commission, CFTC)也认为比特币作为一种商品,归属其管辖范围。CFTC 通过对比特币的性质进行类比,认为其更像黄金,没有政府及债务支撑,通过社会的广泛认同获得价值。而在 2018 年 9 月 26 日,美国马萨诸塞州地方法院高级法官 Rya W. Zobel 也认可了 CFTC 有权对涉及数字货币的事宜提起诉讼并确定了比特币的

---

〔10〕 参见杨立新:《民法总则最大突破是规定基本规则》,载新京报:http://www.bjnews.com.cn/news/2017/03/16/436680.html,最后访问日期:2019 年 7 月 3 日。

〔11〕 See Molly Jane Zuckerman, "SEC Chairman Jay Clayton Says Bitcoin Not a Security, Most ICOs Likely Are", Accessed July 15, 2019. https://cointelegraph.com/news/sec-chairman-jay-clayton-says-bitcoin-not-a-security-most-icos-likely-are.

商品属性。[12] 实际上,2017 年 CFTC 已批准芝加哥期货交易所和芝加哥商品交易所(Chicago Mercantile Exchange,CME)推出现金结算比特币期货;2019 年 6 月,CFTC 又批准了 LedgerX 的实物结算比特币期货许可申请。美联储(The Federal Reserve System,FED)主席 Jerome Powell 在参加美国参议院听证会时亦表示,比特币作为一种投机性价值储存方式,在全球经济中正越来越多的取代黄金。[13] 综上所述,我们认为比特币以其类似黄金的价值存储性质,宜被认定为虚拟商品进行监管。

比特币作为一种虚拟商品,也享有一定的数据权利。目前针对数据权利,相关学者主要有以下几种观点:龙卫球教授认为应在将个人信息与数据资产区分的前提下,根据主体不同将数据权利分为:(1)用户因个人信息及数据享有的人格权及财产权;(2)数据经营者享有的数据经营权及相应的财产权。[14] 李爱君教授根据数据的独特属性,认为数据权利为兼具财产权、人格权与国家主权性质的民事权利。[15] 龙俊副教授认为从个人信息到数据产权,呈现出人格性逐渐减弱,财产性逐渐增加的趋势。[16] 本文认为,对比特币享有的数据权利应根据其性质及实际用途分类进行探讨。首先,比特币具有经济价值,可进行流转,其数据权利具有财产权的属性;其次,由于使用比特币的过程中会涉及姓名、证件号、电话号码等隐私数据信息,数据权利还具有姓名权、隐私权等人格权的属性。同时由于比特币区别于知识产权及商业秘密的特性,因此,其享有的数据权利可认定为一种兼具财产权及人格权多重属性的应受保护的民事权利。

比特币作为虚拟商品,具有财产属性。如果货币更多的受制于国家监管,那么对财产的流转,在不构成违法犯罪、不违反国家强制性规定的前提下,应当遵

〔12〕 See Jimmy Aki,"U. S. Court Grants CFTC Request to Sue $6 Million Crypto Fraud",Accessed July 15,2019. https://www.ccn.com/u-s-court-grants-cftc-request-to-sue-6-million-crypto-fraud.

〔13〕 See Julio Gil,"FED CHAIRMAN POWELL:BITCOIN IS A STORE OF VALUE LIKE GOLD", Accessed July 15, 2019. https://bitcoinist.com/federal-reserve-chairman-jerome-powell-bitcoin-a-store-of-value-like-gold.

〔14〕 参见龙卫球:《数据新型财产权构建及其体系研究》,载《政法论坛》2017 年第 4 期,第 63 ~ 77 页。

〔15〕 参见李爱君:《数据权利属性与法律特征》,载《东方法学》2018 年第 3 期,第 64 ~ 74 页。

〔16〕 参见韩旭:《大数据保护与司法裁判研讨会发言摘登》,载《人民法院报》2019 年 7 月 11 日,第 5 版,第 3 页。

循意思自治和契约自由原则。针对比特币此类新兴数字资产的特殊性及涉及比特币交易纠纷的典型性分析,买方与掌握更多信息的卖方相比本就处于较为弱势的地位,且比特币交易存在更多的不确定性及变动,甚至涉及诈骗、非法集资等违法犯罪行为。如果认定合同无效,会直接导致买方无法以合同为依托维护其利益损失,更不存在根据交易的具体情形及过错衡量判定双方应承担的责任。在目前法律制度尚不完善的情况下,我们应当在监管部门现行规范的引导下,秉持契约自由及诚信的民法精神,妥善处理制度与民事活动间的关系,"使制度成为公民权益的保护伞,而非绊脚石"。[17]

(二)建构现有法律法规体系下数字货币监管框架

法的产生过程乃是法学家对于在民族历史上发生过作用的法律因素的总结和研究。[18] 因此对处于变动中且可能存在较强影响的新型金融事物,除对较为稳定的要素进行制度规定外,可选取试点地结合监管沙盒[19]机制,兼顾法律的稳定性及对新技术规范的可操作性,在调整与创新的研究总结中逐步完善监管规定,并进一步制定相关法律法规。现阶段可主要通过以下方式:

1. 遵守现有法律法规相关规定

比特币等数字货币交易应首先遵循现有法律法规的强制性规定,现有涉及数字货币的法律法规主要有《刑法》《民法总则》《合同法》《证券法》《区块链信息服务管理规定》以及相关部委的规范性文件。[20] 首先,区块链相关服务提供者及使用者应根据网信办相关规定进行注册审核,并不得进行涉及非法集资、传销、诈骗、洗钱等违法犯罪行为,不可进行ICO融资等违反现有法律法规禁止性规定的活动。其次,在此前提下,针对比特币等数字货币的交易行为,应遵循自愿的民商事基本原则,保证合同主体基于意思自治进行交易。合同是市场化资

---

〔17〕 参见武长海:《深圳国际仲裁院:确认比特币具财产属性受法律保护》,载《法制日报》2018年11月5日。

〔18〕 参见张翔:《非法人团体的事实属性与规范属性》,法律出版社2016年版,第246页。

〔19〕 监管沙盒:监管沙盒(regulatory sandbox)是英国金融行为监管局(FCA)针对Fintech等新兴产业提出的项目。拟设立一个试点模拟环境,在遵照现有法律法规及监管制度的前提下,积极探索金融科技企业、产品以及服务在该环境内试运行,并通过试点建立完善适应金融科技发展的机制及政策。

〔20〕 详见:《关于防范比特币风险的通知》《关于防范代币发行融资风险的公告》《关于防范以"虚拟货币""区块链"名义进行非法集资的风险提示》。

源配置的主要表现形式,应尊重市场的主体创造性,以当事人的意思自治及真实表达为基础。但应注意遵守监管制度,避免以金融创新为名,通过区块链技术的"包装"或宣传传播形式的变化(如通过微信群形式宣传发展下线),实质进行规避监管政策的行为。同时应谨防通过个人取得外籍身份或将公司注册地改为监管政策较为宽松的海外等方式规避监管,我国除规定属地管辖外,还兼有属人管辖、保护性管辖及普遍性管辖原则规定。

2. 结合监管沙盒建构数字货币分类监管模式

针对比特币等数字货币交易的监管,既要看到其共通性,也应注意其区别性。首先在当前金融混业的情况下,应在既有的监管架构中,通过功能监管、行为监管相结合的方式进行完善。监管机构针对性质较为复杂的数字货币,应按照其本质属性及功能用途进行分类。数字货币可分为商品类(功能型)及证券类(投资型),根据我国《证券法》第2条规定目前数字货币并未被包含在监管范围内,而兜底条款"国务院依法认定的其他证券"范围又尚不明确。[21] 在上位法尚未进行修订将数字货币纳入证券范围内,可借鉴美国关于数字货币的相关监管制度,通过以下方式进行区分:(1)通过豪威测试的四个条件[22]区分,如果满足条件就应认定为证券。(2)通过美国SEC《数字资产"投资合同"的框架分析》,对豪威测试的具体适用方式进行阐释。(3)通过分析数字货币具有功能属性还是用于投资(期待依靠他人努力获利),是否已在完整的系统内流转并具有使用的实际用途亦或未成立真实项目仅通过代币融资溢价。如果具有功能属性且主要用于系统内部并非投资使用,则可认定为商品属性。目前对比特币、以太币已认定为具有虚拟商品性质的数字货币。

在对数字货币按照其实质功能进行分类监管的基础上,由监管部门针对金融活动中的牌照审批行为、反洗钱、欺诈行为、信息披露、消费者权益保护等进行

---

〔21〕《证券法》第2条规定:"在中华人民共和国境内,股票、公司债券和国务院依法认定的其他证券的发行和交易,适用本法;本法未规定的,适用《中华人民共和国公司法》和其他法律、行政法规的规定。政府债券、证券投资基金份额的上市交易,适用本法;其他法律、行政法规另有规定的,适用其规定。证券衍生品种发行、交易的管理办法,由国务院依照本法的原则规定。"

〔22〕豪威测试条件:(1)出资,即众多投资人用个人资金进行投资;(2)投入共同的项目,即众多投资人将资金投入同一个项目中;(3)期待获利,即众多投资人进行投资的目的是获得盈利;(4)获利来自他人的努力或经营,即投资人不直接参与经营,而是期待项目的发起人或经营者努力经营而使自己获利。

行为监管,以保证金融混业现状下对数字货币的有效监管。同时在现有监管体系下,应考虑设立部分试点地区以监管沙盒的形式,允许部分企业在“较为宽松”的监管环境下进行创新探索,既缩小了市场监管范围、降低了风险又提供了切实的可操作性,有效协调创新与监管之间的平衡问题,最终结合趋于完善的机制修订相关立法规定,兼顾立法的稳定性与新技术规范的可操作性。

(三)加强金融消费者认知教育和保护

比特币等数字货币交易市场的秩序维护,除明确交易客体性质及交易规则外,针对一方主体——金融消费者的认知教育有待进一步加强。一方面,比特币等数字货币作为一种新型的数字资产,兼具金融的投资性及密码学的隐蔽性,结合其跨境化、网络化特征及诱惑性、欺骗性风险,应加强对消费者的普及教育,通过官方部门教育、媒体宣传等公开渠道提高消费者对数字货币的认知水平,树立正确的货币及投资观念。金融消费者也应主动提升对金融风险的防范意识,理性分析卖方作出的高收益、高回报承诺。另一方面,金融消费者作为比特币交易主体中的一方,本身就属于弱势群体,针对其交易关系中的信息不对称性,应将政策向其倾斜,从而维护交易主体间实质意义上的平等。另外,应为消费者提供便捷的维权通道,通过诉讼及多元化纠纷解决机制保障消费者权益。

(四)明确法院统一的裁判规则

针对目前比特币交易案件的同案不同判现象,造成比特币交易纠纷解决的判定规则不统一,主要由以比特币为代表的数字货币的复杂性导致,裁判亦具有一定的地域性、特殊性及时间性的特点。例如,北京、杭州及深圳等互联网行业较发达地区的法院一般认定比特币交易有效,如杭州互联网法院针对 2018 年 10 月 10 日的首例“比特币挖矿机侵权案”[(2018)浙 0192 民初 2641 号]及 2019 年 7 月 18 日网上公开宣判的“首例比特币财产侵权纠纷案”均认定比特币具有商品属性,我国并未禁止比特币的生产、持有和合法流转。北京市海淀区人民法院也在其发布的“8 个涉互联网商事的典型案例”中将冯亦然与北京乐酷达网络科技有限公司合同纠纷[(2018)京 0108 民初 24805 号]列入其中,为类似比特币交易纠纷案件提供一定的参考。而在湖南、贵州等地,由于当地多发一些以区块链技术为包装的传销、非法集资案件,且案件通常具有组织性及规模性,涉案人员范围广、涉案金额大,具有较为恶劣的社会影响,通常认定比特币交易不合法。对福建、苏州等多发金融纠纷地区,对不同情况的案件会产生不同的判决。同时我们也认识到,伴随监管态度的变化及司法案例的丰富,裁判规则也会产生一定的变化。

在当前情况下,应通过对案件不断的归纳分析进而总结其普遍性及规律性要素,结合不同地域法院间的裁判特征及技术与监管规则的变化性,辅以社会对新型数字资产的了解接纳程度,进一步形成较为统一的裁判规则。在不同地域的法院之间,可进一步完善法官的挂职锻炼及交流任职机制,针对数字货币的复杂性及变化性,加强不同地域间的法官流动及对专业性较强案例的学习,有助于促进对裁判规则的深入理解,并结合不同的地域背景及案件情况,进一步形成较为完备、统一的裁判规则。同时可参照最高人民法院审判委员会刘贵祥讲话中提到建立健全纠纷的多元化解机制及诉讼服务机制,建立地域的金融审判中心,进一步化解新型金融资产纠纷中的裁判矛盾,允许其在法律的框架内针对相同类型的案件进行有益探索。

## 四、结语

2019 年 6 月 18 日,Facebook 的 Libra 项目吸引了来自世界各地学者、行业专家及监管机构的关注,数字货币进一步走向更为开放的世界。在 7 月 8 日、9 日,中国人民银行接连发声,面对数字货币对现有货币体系及金融市场的影响,“中国应做好准备。”[23]虽然在监管空白领域开发新的金融服务及资产类别存在极大风险,但因初期的部分影响金融稳定性的乱象,就对其“一刀管制”会对金融科技的创新发展造成严重阻碍。监管机构宜在当前监管体系下采取一种更为包容的态度,通过监管沙盒方式,使一部分企业先行先试,在对数字货币的属性及相关行为的探索中进一步健全适应我国本土的数字货币监管路径。同时,通过建立针对数字货币的司法审判及消费者保护制度,进一步加强对各方主体间利益协调,维护市场交易的秩序。

数字货币快速发展的背后,是区块链技术的进步。作为底层基础设施之一,

---

〔23〕 参见周小川:《Libra 的出现会对外汇研究提出新的挑战和新的议题》,载中国外汇:https://mp.weixin.qq.com/s/mFEjBePXNZDKoiylzFUiLIQ,最后访问日期:2019 年 7 月 10 日。

区块链建构起虚拟世界与现实世界间交互的桥梁。区块链并非孤岛,在制度引导下,通过与人工智能、大数据等其他技术不断结合匹配,逐步迎来一个以真实想法为基准的分布式架构,进一步促进数据开放分享。迈向进化的过程中所受限制,将由技术的进步打破,并继续走向进一步迭代。

《清华金融法律评论》
第 3 卷第 1 辑
第 75 ~96 页

# 数字货币交易所监管的国际经验与制度构建

李俊琪*

目　次



**摘　要:**数字货币交易所是数字货币得以流通的必要渠道,其业务范围包括传统的数字货币与法定货币、不同类型间数字货币的兑换以及新兴的数字货币期货交易。众所周知,以比特币为代表的数字货币具有匿名性、去中心化的特点,这使数字货币本身的监管难度升高,自然地中心化建构的数字货币交易所变成了监管当局的关注重点。我国于 2017 年全面叫停数字货币交易所业务,至此数字货币交易所的发展告一段落。而美国、日本以及中国香港特别行政区、台湾地区纷纷出台相应监管办法,从准入门槛、用户权利保护、反洗钱等方面规制数字货币交易所,可为我国立法提供框架性参考。本文认为我国的数字货币立法应采取另设新法的立法路径,明确监管主管监管机构为中国人民银行,同时考虑

* 李俊琪,清华大学法学院 2018 级硕士研究生。

行业自律监管和国有数字货币交易所的监管手段。

**关键词**：数字货币交易所　监管方法构建

## 一、数字货币与数字货币交易所

金融科技(fintech)是近年来金融领域内最火热的话题之一，这得益于区块链技术(blockchain)的发展。区块链技术具有多项应用，[1]数字货币(digital currency)作为区块链技术应用的初代产物，也体现出巨大的能量。据统计，目前市场上数字货币种类共计2223种，数字货币交易所的数量达19,263家，数字货币总市值接近3180亿美元。[2]但随着以比特币为首的数字货币的蓬勃发展，问题亦接踵而至。数字货币交易所对投资者的欺诈，数字货币交易所被黑客攻击导致数字货币被盗，以及数字货币被用来洗钱及恐怖主义融资，投资者的权益受到严重威胁，数字货币交易所亟需得到规范和监管。2013年12月3日，人民银行、工信部、银监会、证监会、保监会共同发布了《关于防范比特币风险的通知》[3]，规定从事数字货币交易的网站需要依据《电信条例》和《互联网信息服务管理办法》向电信登记机构备案，强调金融机构不得展开与比特币相关的业务，并向社会公众提示风险。2017年9月4日前述五部门和中央网信办、工商总局共同发布《关于防范代币发行融资风险的公告》，对首次代币发行(Initial Coin Offering，ICO)采取否定态度，宣布数字货币交易所不得提供兑换、买卖、定价、信息中介等服务，实际上宣告数字货币交易所在国内无合法地位。自此我国数字货币的发展中止。

### (一)缘起

关于数字货币的萌芽最早来自诺贝尔经济学奖获得者弗里德里希·冯·哈耶克(Friedrich August von Hayek，1899～1992年)。他在《货币的非国家化》中提出希望废除中央银行制度，改为由私人发行货币，在竞争性市场中优

---

〔1〕参见徐忠、邹传伟：《区块链能做什么、不能做什么？》，中国人民银行研究局工作论文2018年第4号，第7～13页。

〔2〕数据来源：www. coinmarketcap. com，最后访问日期：2019年7月12日。

〔3〕中国人民银行，银发〔2013〕289号，载http://www. pbc. gov. cn/tiaofasi/144941/3581332/3587306/index. html，最后访问日期：2019年7月12日。

胜劣汰。[4] 受到哈耶克反凯恩斯主义思维的影响,货币主义学派代表人物米尔顿·弗里德曼(Milton Friedmain 1912 ~ 2006 年)提出用计算机技术构建货币体系的想法以防止央行总通过加印货币来解决货币供给问题。[5]

真正将数字货币从理论转为现实的奠基性人物是"中本聪"(Satoshi Nakamoto)。他于 2008 年发表论文《比特币:一种点对点式的电子现金系统》(*Bitcoin:A Peer-to-Peer Electronic Cash System*),提出比特币的框架,并在 2009 年得到第一个比特币,数字货币自此开始蓬勃发展。

(二)数字货币概念界定及其特性

目前关于数字货币的描述不一,存在虚拟货币、加密货币等诸多表述。虚拟货币强调"虚拟性",与"现实性"相对立;数字货币强调其"数字化"特征,由数据生产,以数字形式而非实体形式存在;加密货币强调"密码性",相对于"非加密"而言,是基于某种加密算法(如区块链技术)的产物,因此加密货币实际上即为加密数字货币。[6] 虽然虚拟货币、数字货币、加密货币对这类产品描述的侧重点不同,但所描述均为同一概念。本文采取"数字货币"这一概念进行统一阐述。

数字货币具有去中心化、匿名性、技术性的特点。数字货币诞生之初意在解决国际货币问题,但由于其匿名性的特征容易被用于洗钱、恐怖主义融资、毒品交易等,2013 年被美国联邦调查局(Federal Bureau of Investigation,FBI)关停的"丝绸之路"网站(Silk Road)即为此证。数字货币本身的去中心化可能会导致其变为影子货币体系,[7]引发全球性的金融风险,对现有的金融体系造成负面冲击,这也进一步表明数字货币行业需要得到各国的监管和规范。正是由于其前述特征导致数字货币本身难以被监管,当然地,基于中心化构建的数字货币交易所进入了监管部门的视线。

---

〔4〕 参见[英]弗里德里希·冯·哈耶克:《货币的非国家化》,姚中秋译,新星出版社 2007 年版,第 20 ~ 23 页。

〔5〕 参见[美]米尔顿·弗里德曼等:《美国货币史(1867 ~ 1960)》,巴曙松、王劲松译,北京大学出版社 2009 年版,第 497 ~ 500 页。

〔6〕 参见姚前:《数字货币的前世与今生》,载《中国法律评论》2018 年第 6 期,第 169 ~ 176 页。

〔7〕 参见范方志:《影子货币及其影响货币政策传导的理论探讨》,载《中央财经大学学报》2016 年第 11 期,第 40 ~ 41 页。

### (三)数字货币交易所的内涵与外延

2019年6月,国际组织金融行动特别工作组(Financial Action Task Force,FATF)发布了最新的关于数字货币及数字货币交易所的风险指引报告,[8]其中将数字货币交易所(Virtual Asset Service Provider)定义为“从事特定有关数字货币业务的自然人或法人”包括:(1)数字货币与法定货币的交换;(2)不同类型数字货币之间的交换;(3)数字货币的移转;(4)保存、管理数字货币或通过工具控制数字货币;(5)参与并提供与销售数字货币有关的金融服务。香港证券及期货事务监察委员会(以下简称香港证监会)则将数字货币交易所定义为与传统的证券经纪商、股票交易所及私人交易场所(场外交易)相类似的平台。与数字货币去中心化特征相反的是,数字货币交易所往往体现为中心化模式。[9]

1. 内涵

交易所(exchange)的内涵是买卖双方进行商品交换的场所。[10] 数字货币交易所的内涵即数字货币交易匹配买方和卖方的交易场所。由于数字货币的数字化特性,数字货币交易所多基于互联网,也被称为数字货币交易平台。数字货币交易所拥有其特殊性,可能承担的与数字货币相关的业务不仅包括数字货币与法定货币的交换,亦包括不同类型间数字货币的交换。数字货币的持有者或欲持有者通过这类网上平台进行交易,因此交易所对数字货币市场流通与价格起着重要作用。

2. 外延

与传统的交易所相比,数字货币交易所除了基本的交易撮合功能外,还具有经纪商、做市商和投资银行的功能。

(1)做市商

证券法意义上的做市商(market maker)制度是一种市场交易制度,核心是通过做市商报价形成交易价格并驱动交易发展的证券交易方式。[11] 而数字货

---

〔8〕 See FATF, "Guidance for a Risk-Based Approach: Virtual Assets and Virtual Asset Service Providers", www. fatf-gafi. org/publications/? hf = 10&b = 0&s = desc(fatf_releasedate), Accessed June 21, 2019.

〔9〕 采取去中心化的数字货币交易所数量较少,知名的有EtherDelta、BitShare等。

〔10〕 参见朱锦清:《证券法学》,北京大学出版社2011年版,第53页。

〔11〕 参见朱锦清:《证券法学》,北京大学出版社2011年版,第52页。

币交易所的做市商职能则体现于一些交易所以自由的资金和数字货币与投资者进行交易,通过不断买卖维持数字货币市场的流动性。

(2)经纪商

证券法意义上的经纪商(brokerage house)指代理客户买卖证券的机构或个人。[12] 在证券市场交易中,一般投资者不直接参与证券交易所之交易,而是由具有一定资质的经纪商代为行使操作指令。数字货币交易所的经纪商职能体现在一些交易所规定用户不能直接进行交易,需要交易所代理其完成交易。

(3)投资银行

自2017年ICO的大量出现,数字货币交易所还承担了投资银行的角色。证券法上的投资银行的意义是为替发行人销售证券,即证券的承销。[13] 数字货币交易所的投资银行业务指为数字货币发行前进行尽职调查,提供发行、承销的服务,从而获得“上币费”。

(四)数字货币交易所业务规制的必要性

根据前述分析,数字货币交易所在数字货币业务领域起着极为关键的作用。在扮演着众多角色的同时,其风险亦不可忽视。

1. 信用风险

大多数数字货币交易所为公司制交易所而非会员制交易所,[14] 大部分数字货币交易所均由民间资本投资组建,营利性为其首要目标。由此引发的投资人撤资、“跑路”所带来的信用风险显著。2015年2月7日香港数字货币交易所MyCoin. HK突然倒闭,投资者无法取回存在交易所中的数字货币和现金,超过50名受害人报案,损失金额达7400万港元。[15]

数字货币交易所由于没有信用或资金背书,其信用风险极高。投资人将资金投入数字货币交易所时,如若平台信用无法得到保障,则对于投资者的保护更无从谈起。

---

〔12〕 参见朱锦清:《证券法学》,北京大学出版社2011年版,第61页。

〔13〕 参见朱锦清:《证券法学》,北京大学出版社2011年版,第40页。

〔14〕 参见朱锦清:《证券法学》,北京大学出版社2011年版,第55页。

〔15〕 参见巴比特网:www. 8btc. com/article/47772,最后访问日期:2019年7月12日。

2. 安全风险

数字货币的产生是基于大量的计算所产生的一串数据片段,存在于区块之中,持有者均为去中心化的个体。[16] 但数字货币交易所却多为中心化结构,相对于追索不同的数字货币,数字货币交易所更容易成为黑客的目标,被黑客攻击的风险很高,从而导致大量的数字货币失窃。日本、韩国的数字货币交易所接连被黑客攻击,2018 年 1 月日本数字货币交易所 CoinCheck 失窃,是迄今为止最大数字货币失窃案,造成的客户损失约 580 亿日元。另外由于数字货币的交易通常具有一次性的特质,数字货币的转移完全依靠当事人的意思表示,并无传统支付系统中银行作为中介机构进行监督,这为数字货币的交易带来不可逆性,因此在数字货币交易中,很难适用现有的法律制度(如合同法)来保障数字货币持有人的利益。

3. 洗钱犯罪风险

数字货币的匿名性质容易使其被用于作为犯罪工具。由于其去中心化、不受国家地域的限制,很容易被用于洗钱及黑市交易,前述的“丝绸之路”网站即为例证。“丝绸之路”的交易物品包括毒品、违法的枪支弹药、个人信息等诸多产品,对国家的安全冲击极大。这也是数字货币交易所本身需要解决的问题——如何通过交易所平台对洗钱进行控制?对于数字货币与法定货币的交易,关于法定货币的反洗钱监督可以受到银行等金融服务机构的监管。但自 ICO 出现后,一些数字货币交易所的交易重点从数字货币与法定货币之间的交易转变为不同类型的数字货币之间的交易。后者占数字货币业务的体量迅速增加,主要原因为数字货币之间的买卖交易不涉及法定货币的对换即与其他金融机构的业务交互,在监管层面上不受反洗钱机制的约束,导致数字货币交易业务更加难以被监控,其被用于洗钱和恐怖主义融资的风险就越高。

当然,在承认基于数字货币本身之特性导致数字货币具有较大风险的同时,应当认识到作为区块链技术的产物,数字货币拥有很大的创新能量。应对其采取合理的监管手段而不是完全禁止其发展。

---

〔16〕 参见姚前:《数字货币的前世与今生》,载《中国法律评论》2018 年第 6 期,第 173 ~ 174 页。

## 二、数字货币交易所监管的比较研究

对数字货币交易所的监管是全球各国及地区均需面对的问题。从监管方法来看，各国监管机构的态度、政策、法律制度都不尽相同，一些国家及地区在承认数字货币合法性的基础上对数字货币交易所采取主动监管或被动监管的模式，一些国家及地区则基于自身法律体系及国情等因素的考量对此问题并未表态或态度模糊。笔者整理了以下国家或地区的监管制度。

### (一)美国

美国是最早开始对数字货币及交易所进行监管的国家，于 2013 年 3 月 28 日由美国金融犯罪执法网络(Department of the Treasury's Financial Crimes Enforcement Network, FinCEN)提出虚拟货币[17]的概念，将数字货币纳入监管范畴。而基于美国的联邦制，美国对数字货币交易所的监管亦呈现出联邦层面与州层面并存的情况，美国的数字货币交易所既要符合联邦层次的法律监管，也需符合各州的法律规范。在联邦层面，美国国家税务局(Internal Revenue Service, IRS)、美国商品期货交易委员会(Commodity Futures Trading Commission, CFTC)、美国证券交易委员会(Securities and Exchange Commission, SEC)等不同机构对数字货币的认识和监管手段均不同，详见表 1。在州层面，纽约州和得克萨斯州率先颁布监管办法：得克萨斯州于 2014 年 4 月 3 日颁布指导方针论述如何将虚拟货币适用到现有的规范中；[18]纽约州于 2015 年 8 月 8 日于州法典第 1 章"金融服务"增加第 200 编"Virtual Currency"(以下称纽约数字货币法案)。[19] 全国统一法律委员会(National Conference of Commissioners on Uniform State Laws, ULC)制定的《虚拟货币业务统一监管法》(Uniform Regulation of Virtual Currency Businesses Act, URVCBA)亦对各州的数字货币立法产生框架性影响，目前已有加利福尼亚、俄克拉何马、罗得岛、内华达、夏威夷

---

〔17〕 早期美国多将比特币等表述为虚拟货币，与本文"数字货币"内涵一致。

〔18〕 See Texas Department of Banking, Supervisory Memorandum.

〔19〕 See New York Code, Rule and Regulations (NYCRR), TITLE. 23, Chapter. I, Part. 200, Virtual Curreníes.

五州宣布引用或部分适用 URVCBA。[20]

**表1 美国各机构对数字货币的认定**

| 机构 | 对数字货币的定义 |
|---|---|
| FinCEN | 类似货币的交换物[21] |
| IRS | 财产[22] |
| CFTC | 商品[23] |
| SEC | 证券[24] |

1. 数字货币交易所的定义

美国对狭义上的数字货币交易所、数字货币支付中介等与数字货币交易相关的参与者认定为资金传递者(money transmitter),[25]将"资金传递者"作为监管对象进行统一监管。

2. 牌照登记制度

ULC 制定的 URVCBA 对牌照的核发进行了规定:任何主体在未获得数字货币交易牌照之前不得与居民开展数字货币业务活动,亦不能向居民呈现开展数字货币业务的外观,[26]并禁止牌照的转让。[27] 在接受申请主体的申请后,实践部门应当调查申请主体的财务状况、债务状况、相关业务经验、高管及董事的

---

〔20〕 See CA-AB1489,OK-HB1954,RI-HB5776,NV-SB195,HI-SB250/HB70,www. uniformlaws. org/committees/community-home? CommunityKey = e104aaa8 - c10f - 45a7 - a34a - 0423c2106778,最后访问日期:2019 年 7 月 12 日。

〔21〕 See FinCEN,[FIN - 2013 - G001] Application of FinCEN's Regulations to Persons Administering, Exchanging, or Using Virtual Currencies, Guidance.

〔22〕 See IRS,"Virtual Currency Guidance: Virtual Currency Is Treated as Property for U. S. Federal Tax Purposes",Accessed March 25,2014. www. irs. gov/newsroom/irs-virtual-currency-guidance,最后访问日期:2019 年 7 月 12 日。

〔23〕 See CFTC,"Customer Advisory: Understand the Risks of Virtual Currency Trading", Accessed December 15,2017. https://www. cftc. gov/Bitcoin/index. htm,最后访问日期:2019 年 7 月 12 日

〔24〕 See SEC,"Investor Alert: Bitcoin and Other Virtual Currency-related Investments", Accessed May 7,2014. www. sec. gov/oiea/investor-alerts-bulletins/investoralertsia_bitcoin. html.

〔25〕 参见张继红、牛佩佩:《美国数字货币监管考量对我国的启示》,载《金融法苑》2018 年第 1 辑,第 137 页。

〔26〕 See URVCBA, Section 201.

〔27〕 See URVCBA, Section 202.

资格适当性等内容。[28] 除上述限制之外，申请主体需要满足最低资本净值25,000美元的门槛，[29] 并提供向所在州缴纳存款保证金。[30]

SEC则规定从事可能被认定为“证券”的数字货币交易服务的数字货币交易所需要向SEC注册。任何构成“证券”的数字货币投资都应当预先向SEC登记完成注册程序，并接受《证券法》和《证券交易法》的监管。

在州法律层面，纽约数字货币法案规定纽约州金融服务局（New York State Department of Financial Services，NYSDFS）是纽约州监管数字货币的主管机构，负责对数字货币业务进行监管。NYSDFS将监管对象设定为数字货币商业活动（virtual currency business activity），包括数字货币的接收、转换、存储、控制、买卖、管理、发行等业务。[31] 纽约数字货币法案规定数字货币交易所从事上述业务均需获得BitLicense牌照，应当于牌照申请时向NYSDFS提交注册主体、关联方、主要股东及高管的详细报告及财务状况，并按照纽约州犯罪司法服务部门的规定收录从业人员的指纹，提供公司组织架构、经营计划、历史沿革、从事相关数字货币交易业务与银行签订的合同等书面材料。除上述要求外，纽约数字货币法案亦规定注册主体需要达到并维持特定资本，具体资本数额由NYSDFS根据注册主体的风险等其他状况进行个案规定。[32]

得克萨斯州认为数字货币交易可能构成“资金传输”而非“货币兑换”，因此得克萨斯州法律通过“资金传输”的相关法律对数字货币交易所的执照要求、最低资本额等进行监管。[33]

3. 客户利益保护

联邦层面，美国金融消费者保护局（CFBP）于2014年公布关于消费者正确认识数字货币的指导性文件，提示消费者数字货币的运行原理及其风险。SEC亦提示警惕符合证券属性的数字货币，对未按SEC规则进行披露的数字货币交

---

〔28〕 See URVCBA, Section 207.

〔29〕 另外，从事数字货币交易的业务主体可使用数字货币加入净资产计算数额，但不包括其管理的客户所拥有的数字货币。See URVCBA, Section 209.

〔30〕 See URVCBA, Section 206.

〔31〕 See NYCRR, TITLE. 23, Chapter. I, Part. 200.2 Definitions.

〔32〕 See NYCRR, TITLE. 23, Chapter. I, Part. 200.9.

〔33〕 See Texas Finance Code, Title 3, Section 151.302.

易所进行起诉。

州法律层面,纽约数字货币法案从财产权与信息披露两方面作出规定。当数字货币交易所持有客户的数字货币时,应当将同等类型和数量的数字货币存放于美国银行或信托账户,并履行禁止出售、转移、出借、抵押、保证等可能妨碍用户对数字货币权利的义务。[34] 在向客户信息披露方面,除交易的一般条款外,[35]纽约数字货币法案规定数字货币交易所应当向客户披露与数字货币相关的实质风险[36]:(1)数字货币没有法定给付性,没有联邦存款保险公司的保险保障,并可能受到法律、法规变更带来的冲击;(2)利用数字货币进行支付不可撤销;(3)没有任何机构保证接收数字货币。数字货币交易所还需承担有效的网络安全程序、可持续经营计划、风险防范等义务,并作出不参加欺诈活动的保证。[37]

4. 反洗钱及恐怖融资

美国联邦法规没有针对数字货币的反洗钱和恐怖融资进行特别立法,而是通过《银行保密法》[38]得以实现。《银行保密法》对货币服务提供者进行规制,防止其业务被用于洗钱及恐怖活动融资,要求从事数字货币交易服务的机构须履行登记、报告、记录的义务,并向 FinCEN 登记注册,报告可疑交易,建立反洗钱机制及对账户所有者进行识别与认证。[39]

纽约数字货币法案则直接将反洗钱机制作为申请牌照的必要事项,而非数字货币交易所在运营中所需履行的义务,具体包括反洗钱计划应当包含的内容、反洗钱计划的审核、维持以及数字货币交易所注册执照者应当履行的翔实报告义务和忠实义务。[40] 得克萨斯州则适用德州刑事法典中关于财产犯罪的洗钱

---

〔34〕 See NYCRR, TITLE. 23, Chapter. I, Part. 200.9.

〔35〕 See NYCRR, TITLE. 23, Chapter. I, Part. 200.9.

〔36〕 在美国,通常只有对客户负有忠实义务的服务商才须向客户披露实质风险,如经纪商或投资顾问,且披露内容多为产品特色、费用规定及产品责任。

〔37〕 See NYCRR, TITLE. 23, Chapter. I, Part. 200.9.

〔38〕 《银行保密法》亦称《反洗钱法》(Anti-laundering Money Law, AML)。

〔39〕 参见美国联邦金融机构检查委员会:《银行保密法》,中国人民银行译,中国金融出版社 2009 年版,第 52～67 页。

〔40〕 See NYCRR, TITLE. 23, Chapter. I, Part. 200.15.

犯罪予以监管。[41]

综上,美国对数字货币的监管呈现出多部门多层级的特征。既有联邦法律、部门法规,也有州法律;多个监管机构同时对数字货币进行监管,无指定的统一监管机构,以数字货币业务目的和功能进行分别性监管,具有一定的灵活性。

(二)日本

日本对于数字货币交易所的监管政策经历了由最初的无监管变为鼓励性质的宽松型监管,最后转变为监管趋严的态度。

由于2014年发生的最大规模的数字货币交易所Mt. Gox被盗事件,[42]日本对于数字货币的监管开始重视并对数字货币的安全性产生警觉,态度由放任其自由发展转为国家监管。日本金融厅(Financial Services Agency,FSA)亦于2016年3月宣布制定全国框架性法律保证日本的金融机构能够应对数字货币对金融业务的风险。[43] 2016年5月25日,日本通过了《资金结算法》(Payment Services Act,PSA)与《犯罪收益转移防止法》(Act on Prevention of Transfer of Criminal Proceeds,APTCP)的修正案(统称日本数字货币[44]法案),并于2017年4月1日起施行。PSA是日本关于规范资金结算的法律,在修正案中将比特币等数字货币视为支付方式进行监管,并确立了数字货币及其交易所的概念,肯定数字货币的支付手段属性和数字货币交易所的合法地位,并对数字货币交易所的业务范围、市场准入制度及其应当具有的内部制度进行了详细的规定。APTCP是日本关于反洗钱、打击恐怖主义融资方面相关的法律。

1. PSA关于数字货币交易所的定义

PSA将数字货币定义为:(1)可以在与不特定对象进行购买、出售、出借等交易行为或兑换货币时,作为支付手段;(2)具有财产价值;(3)表现为数字化形

〔41〕 See Texas Penal Code, Title 7, Section 34.

〔42〕 See Reuters, "Japan Authorities Looking into losure of Mt. Gox bitcoin exchange", Accessed April 26, 2014. www.reuters.com/article/us-bitcoin-mtgox-japan-idUSBREA1P0D820140226.

〔43〕 FSA,"麻生副総理兼財務大臣兼内閣府特命担当大臣閣議後記者会見の概要", www.fsa.go.jp/common/conference/minister/2016a/20160304-1.html., Accessed July 12, 2019。

〔44〕 2016年,日本法律界和实务界多将数字货币表述为"虚拟货币"。2019年5月31日,日本通过了新PSA修正案,将"虚拟货币"改为"加密资产",预计于2020年4月生效。为保持本文的一致性,采用"数字货币"的名称。

式;(4)不包括日本的法定货币、外国法定货币以及基于法定货币标价的财产;(5)通过数字化方式进行转移。[45] PSA 将提供数字货币交易服务的服务商定义为数字货币交易服务商。其中数字货币交易服务指(1)出售、购买或交易虚拟货币;(2)与前行为相关的中介或委托服务;(3)管理前两项相关资金的法定货币及数字货币。[46] 由此可见,日本并未单独为狭义上的数字货币交易所设定规则,而是对统一的数字货币交易服务商设置规则,除交易所外还包括投资管理公司及经纪服务公司。

2. 牌照登记制度(准入监管)

PSA 规定数字货币交易服务商需要向首相登记注册,[47] 由内阁颁布牌照进行市场准入机制管理。并且该规则同样适用于设立在日本之外的数字货币交易服务商,未获 FSA 许可的外国数字货币交易服务商不得向日本境内人员提供虚拟货币交易服务。同时还规定除一般公司注册所提供的信息外,牌照申请中应当包括预交易的数字货币种类、数字货币交易的方式等内容。[48]

除 PSA 外,2016 年 12 月 28 日日本内阁发布了《关于虚拟货币交易服务商之内阁令》(Cabinet Office Order Concerning Virtual Currency Exchange Service Providers, Order),对数字货币交易服务商的监管规则进行了细化。Order 规定,向内阁申请登记的数字货币交易服务商应当为在日本注册的股份有限公司或在日本有分公司的外国股份有限公司,并设定数字货币交易服务商的注册资本门槛为 1000 万日元。[49]

3. 客户利益保护

PSA 规定数字货币交易服务商应当设置适当的内部制度以保障客户的利益,需要履行下述两项义务。

第一,区分保管客户资产。为了客户的资金安全性,PSA 规定数字货币交易服务商区分保管客户资产既包括区分客户的法定货币与数字货币,也包括区分

〔45〕 See PSA, Article 2(5).
〔46〕 See PSA, Article 2(7).
〔47〕 See PSA, Article 63 – 2.
〔48〕 See PSA, Article 63 – 3.
〔49〕 See Cabinet Office Order Concerning Virtual Currency Exchange Service Providers, Article 9.

保管客户的数字货币与数字货币交易服务商自身的数字货币。由于日本法律对数字货币交易服务商之间的法律关系未作明确,无法明确其为信托、委托代理关系等传统民法关系,无法采用现有的民法体系对用户的财产权利予以保护,便采取此种区分方式保护客户的财产权。因此,前者通过客户资金存放于银行或其他金融机构的存款账户并声明存款账户属于客户的方式进行区分,后者则通过要求数字货币交易服务商每年聘请有资质的外部审计机构进行审计的方式得以实现。[50]

第二,向客户进行信息披露。为了让客户能够足够了解数字货币交易服务商所提供的服务,PSA 要求服务商以书面文件、电子邮件或其他的适当方式使客户知晓相关信息。根据 Order 的规定,数字货币交易服务商需要提供以下信息:(1)在提供服务前提醒客户数字货币不是日本或外国的法定货币;(2)在客户与服务商进行交易之前由服务商提供交易费用的信息;(3)服务商在收到客户的资金或数字货币后为客户开具凭证;(4)如果服务商与客户长期交易,应当将客户的交易记录、存放于服务商的资金及数字货币向客户报告,最低频率为一季度一次。[51]

4. 反洗钱及恐怖主义融资

总体而言,针对数字货币交易服务商在进行交易时应当实施客户识别(Know Your Customers,KYC)程序,记录消费者的交易并拥有向 FSA 报告可疑交易的义务。具体而言,APTCP 规定出现以下情况时,数字货币交易服务商应当履行 KYC 程序:(1)交易所与客户达成服务协议,约定向客户提供长期数字货币交易服务或为客户管理数字货币和/或("and/or")法定货币(以投资数字货币);(2)交易所提供的数字货币交易单次金额超过 200 万日元;(3)交易所根据客户的指令将由其管理的超过 10 万日元的数字货币转移至第三方。

5. 最新政策

日本数字货币交易服务研究组在 2018 年 12 月 21 日发布研究报告[52]声

〔50〕 See PSA, Article 63 - 11.

〔51〕 See Cabinet Office Order Concerning Virtual Currency Exchange Service Providers, Article 16 - 17.

〔52〕 日本 FSA,「仮想通貨交換業等に関する研究会」報告書の公表について,2018, www.fsa.go.jp/en/refer/councils/virtual-currency/20181228.html, Accessed July 12, 2019。

称，数字货币交易服务商需要面对黑客事件进行预防和处理并提出“在发生黑客行为后，服务商应当拥有不少于数字货币等值的净资产”，此举是日本为了保护客户利益的重大举措。2019年5月31日，日本正式颁布PSA和《金融工具与交易法》（Financial Instruments and Exchange Act，FIEA）的修正案，将数字货币纳入FIEA的监管对象，将数字货币的监管等同于“金融商品”的监管，也可看出日本在鼓励支持数字货币交易所发展的同时，对数字货币交易所的监管变得更加严格。

（三）中国香港

香港证监会于2018年11月1日发布《有关针对数字资产投资组合的管理公司、基金分销商及交易平台营运者的监管框架的声明》（以下简称《声明》），正式对投资数字货币的投资管理公司、基金分销商以及数字货币交易所采取监管措施。《声明》介绍了香港数字货币发展状况、数字货币的自有风险及现有的监管制度，对香港的数字货币交易所是否拥有稳健的企业治理框架、合理的内部控制以及面对黑客入侵的防御能力提出质疑。香港证监会认为合理的监管不仅是出于确保金融市场的开放和公平考虑，亦为投资者免遭不受监管的数字货币交易所欺诈、不公平对待的风险提供保障。

香港证监会按照对金融机构的传统监管方式，将与数字货币业务相关的交易所、经纪商以及投资管理公司进行区分，并赋予不同的业务权限。在《声明》中，香港证监会提出了运用“监管沙盒”[53]（regulatory sandbox）对数字货币交易所进行监管的概念。在“监管沙盒”阶段，香港证监会和拟进入“监管沙盒”的数字货币交易所合作，观察数字货币交易所的真实运营情况，最终决定是否由香港证监会根据现有的权力对数字货币交易所进行牌照的批准和后续的监管。如若香港证监会认为有必要对数字货币交易所进行规范管理，将公布颁发牌照的条件。

根据《证券及期货条例》第571章的规定，证监会获赋权就进行该条例所界

---

〔53〕“监管沙盒”一词最早起源于科技业，指企业在获得监管部门的临时批准后对待测试产品进行研发的模式。而针对Fintech领域的“监管沙盒”则最早源起于英国，由英国金融行为监管局（Financial Conduct Authority，FCA）创造。“监管沙盒”通过提供限制的真实市场和较宽松的监管环境，鼓励Fintech公司进行创新，发现可能的监管漏洞及时对相关问题进行研讨从而获得更完善有效的监管规则。

定的“受规管活动”向有关人士批给牌照。平台营运者若有意获证监会发牌,便应在香港经营网上交易平台,并在其平台上提供符合“证券”定义的一项或多项数字货币的交易服务,该平台营运者便会归入证监会的管辖范围,并须领有第1类(证券交易)及第7类(提供自动化交易服务)受规管活动的牌照。

相应地,香港证监会将未来可能的数字货币交易所的监管框架分为核心原则和建议的条款。其中核心原则为所有数字货币交易所均应当遵守的条件,具体为:(1)数字货币交易活动全部在单一法律实体下进行;(2)全部数字货币交易业务均需遵守所有适用的监管规定;(3)仅向“专业投资者”提供数字货币交易服务;(4)限制ICO的代币在最初12个月的交易;(5)数字货币交易所应仅在客户于其交易所的账户中有足够的法定货币或数字货币时才能为客户执行相关的交易。而建议的条款[54]则因各数字货币交易所的经营模式、规模、业务性质及其在“监管沙盒”的表现的不同而有所差异。

(四)中国台湾地区

我国台湾地区对于数字货币总体上持友好态度。2013年12月台湾地区“金融监督管理委员会”(Financial Supervisory Commission, FSA,以下简称台湾“金管会”)和台湾“中央银行”(以下简称“台湾央行”)共同发布声明提醒投资者注意比特币等数字通货[55]属于高度投机的数字商品。2016年5月台湾地区“金管会”发布《金融科技发展策略白皮书》,提出“为虚拟通货创立友好的法律制度环境,以促进其蓬勃发展”。[56]台湾地区“立法院”推动区块链连线,并成立台湾加密区块链自治组织(Taiwan Crypto Blockchain Self-Regulatory Organization, TCBSRO),期待台湾成为“区块链岛”。

2018年11月7日,台湾地区修改“洗钱防制法”,将数字货币交易所类比融资性租赁平台列入“类金融机构”,从而纳入反洗钱机制。2018年11月14日,

---

〔54〕 香港证监会提出的可能施加的主要条款和条件:(1)数字货币交易所自身的财务稳健性和准备金制度;(2)关于为用户投购保险的安排;(3)对用户的专业知识评估;(4)对洗钱及恐怖分子资金筹集风险的管理;(5)对用户进行充分信息披露的义务;(6)在数字货币进入交易之前对数字货币进行合理的尽职调查的义务;(7)详细的交易规则;(8)预防操纵市场及其他违规活动;(9)员工交易的限制;(10)自营买卖的规定;(11)分割和保管客户的款项及数字货币;(12)向香港证监会持续回报的责任。

〔55〕 我国台湾地区多将“数字货币”表述为“虚拟通货”。

〔56〕 参见台湾“金管会”:《金融科技发展策略白皮书》,第101页。

台湾地区“金管会”相应修正“金融机构防制洗钱办法”,修改关于金融机构的分类表述,将数字货币交易所列入监管范围。

而针对反洗钱方面之外的监管,台湾地区“金管会”和“央行”则立场不同。“台湾央行”认为数字货币的价值属性使得其被用于诈骗的概率较高、相较于黄金大宗商品等传统期货的价值聚集力较低,行政机关对其认可核准度较低,并且投资者被数字货币交易所诈骗导致难以求偿,数字货币价格波动大且容易受到人为的操控。因此,台湾地区“央行”倾向于将数字货币认定为“非货币的数字加密资产”,将数字货币的交易视为商品交易。台湾地区“金管会”则从发行和交易两方面对数字货币交易所进行监管:针对数字货币的发行即 ICO 采取规范制度,该项已通过 2019 年 7 月 3 日由台湾“金管会”发布法令得以实现;[57] 针对数字货币的交易则是针对数字货币交易所设置前述的反洗钱机制,纳入台湾“行政院”下设的“反洗钱办公室”监管。

综合上述来看,我国台湾地区针对数字货币交易所建立了反洗钱机制来控制通过数字货币交易所进行洗钱的手段,但对数字货币交易所设立的门槛条件、监管手段方面仍是空白。

综上,以上各国对数字货币及其交易所的监管体系总结,见表 2。

**表 2 国际上主要国家或地区对数字货币交易所的监管模式比较**

<table>
<tr><th colspan="2">国家(地区)</th><th>法律安排</th><th>市场准入</th><th>业务监管</th><th>反洗钱监管</th></tr>
<tr><td rowspan="3">美国</td><td>联邦</td><td>解释适用<br>现行法规</td><td>—</td><td>SEC、IRS、<br>FinCEN、CFTC</td><td>FinCEN<br>《银行保密法》</td></tr>
<tr><td>纽约州</td><td>提出新法</td><td>许可制</td><td>纽约州金融服务局<br>(NYSDFS)</td><td>纽约州金融服务局<br>(NYSDFS)</td></tr>
<tr><td>得克萨斯州</td><td>解释适用<br>现行法规</td><td>许可制</td><td>—</td><td>《得克萨斯州刑法》</td></tr>
<tr><td colspan="2">日本</td><td>修改<br>现行法规</td><td>许可制</td><td>FSA</td><td>APTCP</td></tr>
</table>

〔57〕 参见台湾地区“金管会”:“发布核定具证券性质之虚拟通货为证券交易法所称之有价证券之令”,载台湾地区“金融监督管理委员会”网:https://www.fsc.gov.tw/ch.,最后访问日期:2019 年 7 月 9 日。

续表

| 国家(地区) | 法律安排 | 市场准入 | 业务监管 | 反洗钱监管 |
| --- | --- | --- | --- | --- |
| 中国香港 | 适用<br>现行法规 | 拟采用<br>许可制 | 香港证监会 | — |
| 中国台湾 | 修改<br>现行“法规” | — | “金管会” | “行政院反洗钱<br>办公室” |

## 三、我国数字货币交易所的制度选择

我国的数字货币交易业务自2017年9月4日央行等七部委联合发布声明后，境内的数字货币交易所全部关停。全球的数字货币种类、市值快速发展，我国采取保守的监管政策不利于适应全球化的监管政策和发展趋势。对此，笔者基于国际经验对我国未来的数字货币交易所的监管政策提出如下建议。

### （一）宏观层面——法律制度路径选择

1. 立法路径的经验参考

根据第二部分对其他国家和地区数字货币交易所监管制度的梳理，目前世界上主流的监管手段大致可分为以下三种：

第一，提出新法案，对数字货币及交易所适用专法监管。纽约州即采取本方法，通过纽约数字货币法案，为数字货币创设一部专门的金融法规范，将数字货币可能涉及的各种业务全部纳入。提出新法案的优点在于对数字货币交易所的监管机构及规则明晰，从事数字货币交易所的公司仅需遵守数字货币法案这一规范，无须考虑其他法规、监管规则对其的影响，有利于数字货币交易所的发展；同时数字货币法案也有专门法的缺点：单一的法案存在一定的滞后性，尤其是随着业务的发展可能出现专法与部门法之间的冲突。

第二，对现有法案进行修正。日本和我国台湾地区采取此法。日本通过修改PSA将数字货币视为结算手段并给予数字货币及其交易所完整的定义，我国台湾地区则修改“洗钱防制法”将数字货币交易所纳入监管范围。对现有的法律法规进行解释是立法成本最小的监管方式，不仅节约立法资源，还可通过归入现有的法律体系使得对数字货币及数字货币交易所的定义更加清晰；但数字货币交易所的职能繁多（如前文所述的交易所、做市商、经纪商、投资银行等），完全归于现有的监管体系似乎都不完全恰当且不符合监管逻辑。

第三,解释适用现行法规。美国联邦层面、得克萨斯州和我国香港地区采取对现行法律进行解释从而适用现行法规。美国 SEC 对具备证券属性的数字货币进行监管,得克萨斯州认为数字货币可能构成“金钱传输”从而适用得克萨斯州金融法典中关于“金钱传输”的规定,我国香港地区因数字货币交易所活动可能归属于香港证监会的规范管理活动从而将其纳入香港证监会的监管范围。[58]对现有法规进行修改是目的性较强的手段,是主观监管的结果,可以兼顾数字货币交易所的特殊属性。但如果采用修改现有法规的方法对数字货币交易所进行监管则必须对所涉及的法律全部进行修改从而得到适用。

2. 我国现有法律法规的审视及路径选择

我国现有的与数字货币相关的法律种类繁多,且错综复杂,从《中国人民银行法》《证券法》《刑法》等法律到《人民币管理条例》《非金融机构支付服务管理办法》等行政法规、部门规章等。但没有一部法律完全涉及数字货币。如果我国今后立法承认数字货币及其交易所的合法地位,不仅需要对《中国人民银行法》《人民币管理条例》等作出修改;对 ICO 行为的“证券发行”性质认定也需要对《证券法》作出修订;对数字货币的支付功能的实现则需要修改《非金融机构支付服务管理办法》等。如本文第一部分所陈述,数字货币交易所的职能多样性导致单独的某一部门法的修改对整个数字货币业务的监管难以实现。

2018 年我国通过《电子商务法》对电子商务平台经营者、电子商务合同、电子商务争议解决等全流程作出规定。《电子商务法》在作为特别法存在的同时,既存在与《消费者权益保护法》《合同法》《网络安全法》《商标法》等相似的交叉内容,又有针对电子商务这一特殊活动进行专门的责任规定,可以说《电子商务法》是我国在专项立法方面取得的重大突破。

因此,我国关于数字货币交易所监管的立法路径可以考虑类似《电子商务法》的形式,通过新的法案实现全过程监管。数字货币是科技迅速发展的结果,未来的数字货币业务基于区块链技术的影响力会继续扩大。立法者需视具体情况,制定数字货币业务方面的法律规范,实现数字货币的全过程监管。

---

〔58〕 参见前文“二、数字货币交易所监管的比较研究”。

(二)微观层面

基于上文论述的立法路径,我国可以考虑将以下方面纳入数字货币专法以规制数字货币及其交易所。

1. 主管机构

应当先明确数字货币交易所的定位及主理机构。美国联邦层面没有主理机构,纽约州的主管部门是NYSDFS;日本的主理机构是FSA;我国香港地区的主理机构为香港证监会;我国台湾地区的主理机构是"金管会"。上述的主理机构的共同特点是均为其金融监管的总领部门,具备颁发金融业务牌照的职能。2017年中国人民银行等七部委发布的《关于防范代币发行融资风险的公告》明确了数字货币在我国定义为"货币",应当由金融监管部门进行监管。我国目前指导金融工作的最高机构为国务院金融稳定发展委员会(以下简称金融委),但职能倾向于协调机构而非实体部委。金融委指导的中国人民银行、证券监督管理委员会、银行业保险业监督管理委员会是实体权利部门,负责各类牌照的核发及业务办理。中国人民银行是我国法定货币的监管机构,在人才储备、管理经验上均成熟于证监会和银保监会,中国人民银行也是最先成立数字货币研究所的机构并设有反洗钱局。[59] 据此,笔者认为我国最适合的监管主管部门机关是中国人民银行。

2. 信用风险的规制:牌照制度与市场出入机制

(1)数字货币交易所的范围厘定

规范数字货币的市场准入制度首先应当明确数字货币交易所的定义。在我国语境下,数字货币交易所一般为提供"数字货币与法定货币""不同种类之间数字货币"交易的平台,故传统的场内交易的交易所应归于此。除此之外,做市商通过自身的资产与客户进行交易,经纪商则通过委托代理关系为客户提供服务,是数字货币的潜在持有者,故具备做市商职能和经纪商的数字货币交易所亦应纳入数字货币交易所的牌照中。

而数字货币交易所的投资银行属性则存在质疑。如前文陈述,投资银行

---

〔59〕 参见金融科技时代编辑部:《央行正式成立数字货币研究所》,载《金融科技时代》2017年第3期,第90页。

职能源于ICO的活跃，一种观点认为当数字货币交易所替公司承销“数字货币”时，其角色类似于证券法中的承销商而非交易所，故应当与证券公司监管规则相类似，采取证券业协会主导的证券公司监管；另一种观点则认为即使数字货币交易所承担的为投资银行职能，其在特定环节依然代持有数字货币，故出于客户的财产安全性考量应当受到与做市商、经纪商相同的监管。对此，笔者认为应当将此种职能类型下的数字货币交易所纳入监管，同时在ICO的具体规定中再次规定交易所的义务和责任，从而对此类数字货币交易所做到完整的监管。

(2)牌照的准入条件

美国纽约州、日本及我国香港地区都(拟)对数字货币交易所设立市场准入制度，规定从事数字货币交易需向事前监管机构申请牌照。准入条件从最低资本额、机构设置到申请人信用、背景和经营状况，股东和董事的信用和背景等方面对数字货币交易所运营人的准入门槛作出了规定。我国在进行准入条件设置时可以参考上述指标，考虑到我国的现实情况，可以适当加入“数据保护措施”等指标作为评价标准。同时根据适度原则和必要原则以保证市场的活力。

(3)市场的准出机制

对于数字货币交易所的解散和注销，其他国家或地区的监管规则中没有过多的提及。而事实上规定数字货币交易所在市场上得以合理的退出是保护用户权利的重要途径。数字货币交易所的“跑路”现象严重的背后说明了其违法成本低、无人监管的特点，如果仅仅适用《企业破产法》的一般条款并不能给予交易所用户以适当的保护。笔者认为应当考虑在未来我国数字货币立法中加入：①数字货币交易所应当在银行中开设账户，并保证账户中具有与交易所持有之数字货币等价值的法定货币金额，以此保护用户的资金安全；②在交易所主动解散和注销时，制定特别的破产程序，可参考美国等国家或地区采取的存款保险退出制度及商业银行的退出机制。[60]

---

〔60〕 See Robert R. Bliss and George G. Kaufman, “U. S. Corporate and Bank Insolvency Regimes: An Economic Comparison and Evaluation”, *Virginia Law & Business Review*, Spring 2007, pp. 159 – 160.

3. 安全风险的规制:用户权利保障机制及救济途径

(1)数字货币交易所需完善用户权利机制

在用户与数字货币交易所的财产关系中,应当先明确数字货币的财产属性。针对数字货币的财产权属性问题我国学者众说纷纭,有“债权说”“物权说”“知识产权说”“新型权利说”等。[61] 我国2017年通过的《民法总则》确认了“网络数字财产”的合法地位,但也未能赋予数字货币明确的法律地位。[62] 笔者认为,对数字货币法律性质的认定的出发点在于和现有法规的对接,基于前文分析数字货币应当以全新的法律实现规制,故现阶段可将数字货币简单理解为“财产权”即可。关于数字货币交易所保障用户权利的问题,纽约州法律规定当交易所持有客户的数字货币时,需要将同等类型和数量的数字货币存放于美国银行或信托账户;日本数字货币法案则规定数字货币交易所应当将用户资产和交易所资产进行分别保管,且能够分辨每个用户各自的财产;香港证监会在框架性条款中规定数字货币交易所应当对数字货币购买保险,为用户线上的数字货币提供全面保障、为线下的数字货币提供绝大部分保障。上述规定亦规避数字货币的法律性质问题,将其认定为财产权利以实现对用户的权利保护。

我国未来的数字货币法案在考虑此问题时,应做好与《民法总则》的衔接,给予数字货币合理的法律定位。除财产权保护之外,数字货币交易所还应承担用户信息保护、系统安全等义务,向用户进行足够的风险提示及信息披露义务。

(2)用户权利救济途径

数字货币交易所的失窃及“跑路”均会给数字货币持有者造成侵害。对于前者可以通过民法上返还原物请求权得以实现,而后往往伴随着交易所主观恶意地侵占财产,应当在刑事责任层面规范交易所的责任。

4. 犯罪风险的规制:反洗钱规制

数字货币虽然具有匿名性的特点,但在数字货币交易所进行交易时,便削弱

---

〔61〕 关于比特币法律性质的争论,具体可参见(1)赵磊:《论比特币的法律属性——从HashFast管理人诉Marc Lowe案谈起》,载《法学》2018年第4期,第150~161页;(2)李威:《论网络虚拟货币的财产属性》,载《河北法学》2015年第8期,第161~170页;(3)娄耀雄等:《比特币法律问题分析》,载《北京邮电大学学报》(社会科学版)2013年第4期,第25~31页;(4)谢杰等:《“去中心化”数字支付时代经济刑法的选择——基于比特币的法律与经济分析》,载《法学》2014年第8期,第87~97页。

〔62〕 《民法总则》第127条规定:法律对数据、网络虚拟财产的保护有规定的,依照其规定。

了数字货币的去中心化特征。通过数字货币交易所进行监管为实现反洗钱的目标提供了可操作性。应当在数字货币交易所设置KYC规则,用户在交易所进行交易时进行实名认证,确认用户的真实身份,降低潜在的洗钱活动发生的可能性。美国纽约州在数字货币法案中将AML制度列入牌照的获取条件之一,规定申请从事数字货币交易所的运营人必须设置相当的AML制度并作出配合打击洗钱活动的承诺。此举也可为我国之后的立法提供借鉴思路。

对于已发生的洗钱活动,可适当增加数字货币交易所运营者未参与洗钱活动的证明责任,以此激励数字货币交易所自身形成完善的反洗钱机制,不主动为洗钱活动提供帮助。

## 四、未来数字货币交易所监管展望(代结语)

数字货币的发展超出大多数人的想象,其去中心化、匿名性的出发点最终要面对实现中心化交易和实名制的现实。数字货币对传统货币金融行业的冲击体现的是科技对法律的冲击。法律监管的滞后性既为科技的发展带来可能性,科技的发展也不断促进法律的完善和进步。对数字货币交易所的监管是一个庞杂的问题,以下也是未来可以考虑的监管方向。

第一,数字货币交易所的行业自律监管。除国家监管机构出台相关监管制度外,数字货币交易所的行业自律亦为重要的规范手段。行业自律监管的出发点是维护行业的良性发展,日本、韩国及我国台湾地区均成立了相关协会,通过规范对数字货币交易所会员管理、正当竞争、定期检查、信息统计等,将各交易所面临的难题共同解决,提高整体竞争力。第二,国家权力的介入。现有的数字货币交易所多由民间资本设立,为商业化驱动,仅有交易所的净资本和信用作为背书。由国家机构如央行建立数字货币交易所,可消除一般数字货币交易所的道德风险,使数字货币交易更加安全,提高用户对交易所的信赖度。

《清华金融法律评论》
第3卷第1辑
第97～114页

# 外部性、物理连接与国家强制力

## ——为何基于区块链的自发秩序不可期*

林　玮　王羚捷　路　彤**

目　　次



**摘　要**：分布式记账技术具有去中心化、去信任化和匿名自治的特点，并可自动执行智能合约。无政府主义的密码朋克号称区块链可以替代传统中心化权威并实现自发秩序。但是，区块链网络内部同样需要公共治理与权力分配，治理不当将造成严重的风险外溢；数字代币没有绑定实体价值，也缺乏权威保障链上

---

* 基金项目：国家社会科学基金重大项目"基于市场导向的创新体系中政府作用边界、机制及优化"(18ZDA115)。

** 林玮，清华大学公共管理学院博士候选人；王羚捷，理学硕士，泰德资本(Tide Capital)投资经理；路彤，法律硕士，满帮集团法务经理。

信息与物理世界的一致性,中介平台仍然必要;链上争议与线下执行仍然需要国家的裁判与强制执行做后盾,对证券事务进行事前准入与事中事后的行为监管也是必要的。因此,区块链完全自发秩序不可期,彻底去中心的开源公链难以应用。应与国家治理体系结合,由权威节点设立实名化、中心化与信任化的联盟链,方能发挥区块链不可篡改存证等技术优势。

**关键词:**分布式记账　区块链　自发秩序　外部性　国家强制力

## 一、引言

基于哈希加密算法验证机制的分布式账本技术(Distributed Ledger Technology,DLT),支撑了一个号称去中心化(decentralized)、去信任化(trustless)、去中介化、自我运行、不可篡改的区块链世界。区块链世界可以运行基于密码学的数字代币(token)和智能合约,区块链网络上的信息由各个节点进行相互确认、分布保存、互为备份,没有中心化的信息储存与管理当局。网络初始设定的机制一旦开始自动运行,除非全网多数算力支持否则便难以修改。交易可以由区块链网络上的节点两方自行达成,然后广播给各个节点确认后封存记录,无须通过中心化的平台担保交易。区块链最早由一群计算机极客开发,他们中的典型代表是发明比特币原理的中本聪,随后区块链作为世界性数字代币与证券通证的功能被无政府主义倾向的早期使用者挖掘出来,他们对传统中心化的权威(如政府、中央银行、居间平台等)有着一种"敢叫日月换新天"的优越感,声称可以以有着哈耶克意义上"自发秩序"[1]的区块链来代替中心化权威,以避免中心化权威滥发货币、篡改数据或增加交易成本等。著名的以太坊应用分布式自治组织(Decentralized Autonomous Organization,DAO)的名字就是这种思想的政治化表达,他们是父爱主义国家的坚定反对者、社会"自发秩序"的坚定倡导者。这种对于区块链革命性的乐观观点在国内外创业者中都颇有市场,例如Facebook推动的数字货币Libra(天秤币)号称将"建立一套简单的、无国界的数字货币和为数十亿人服务的金融基础设施",不受主权国家监管并且使得金融基础设施薄弱地区的民众也能享受到普惠金融服务;某首次代币发行(Initial

---

〔1〕 See Fredrich A. Dr Hayek, *The Road to Serfdom*, Institute of Economic Affairs, 2005.

Coin Offering,ICO)项目号称以推动互联网去中心化为己任,可不受监管上传内容,以此抵制中心化的审查制度。但这些说法一方面在可行性上存在很大的疑问:现实世界真如极客设想的那般简化、基于区块链的自发秩序真的可期吗?另一方面其与现实法律的冲突也颇为巨大:主权国家的货币管理、内容审查等社会控制制度难道一无是处吗?

本文的目的是考察当前数字代币等区块链应用场景所面临的问题,对比其与传统国家在场治理方式的异同,以回答区块链社区号称的去中心化自发秩序是否可期。研究发现,由于:(1)区块链网络存在内部治理难题很强的潜在负外部性;(2)链上信息未必与物理世界一致,数字代币也缺乏价值绑定;(3)合约裁判与执行仍然需要国家强制力保障,事前事后也需要国家监管。所以区块链网络的自发秩序不可期,社区权力分布也并不均等。

## 二、文献回顾

学界现有研究肯定了区块链具有防止篡改与防止双重支付的技术优势,〔2〕分布式账本技术有可能降低成本,从而提高各种交易后流程的效率,具体包括降低协调和数据管理成本、灵活的结算时间、自动清算、直接所有权、可追踪性和透明性和加强的安全与恢复力〔3〕其机制是智能合约、多签名交易和嵌入区块链里的数字所有权,且智能合约自动执行使得用户可以免受欺诈。〔4〕除了交易成本,数字货币也消解了对金融中介或可信第三方的需求,这是数字货币与传统电子货币(如Q币)的最大不同。〔5〕在商业应用上,乐观的观点指出区块链真正的创新之处在于它的开放性和技术驱动能力,能够渗透到数字生态系统基础设

〔2〕 See Catherine Martin Christopher, "The Bridging Model: Exploring the Roles of Trust and Enforcement in Banking, Bitcoin, and the Blockchain", *Nevada Law Journal*, Winter, 2016, Vol. 17(1), pp. 139–180.

〔3〕 See Benos, Evangelos, Rodney Garratt and Pedro Gurrola-Perez, "The Economics of Distributed Ledger Technology for Securities Settlement", *IDEAS Working Paper Series from RePEc*, 2017.

〔4〕 See Marcella Atzori, "Blockchain Technology and Decentralized Governance: Is the State Still Necessary?", *Journal of Governance and Regulation* 6.1(2017), pp. 45–62.

〔5〕 See Gareth W. Peters et al., "Trends in Crypto-Currencies and Blockchain Technologies: A Monetary Theory and Regulation Perspective", SSRN 电子出版:DOI:10.2139/ssrn.2646618, 2015。

施的多个垂直层,甚至认为能替代众筹、爱彼迎和优步等多边平台。[6] 链上数据可以被各合同相关方及监管、审计机构方便读取并且确认未受篡改,节约了传统纸质文件验证所需的环境资源、烦琐程序等成本。[7]

目前推进DLT技术的论文有很多,但有关如何监管、治理区块链并创造价值的讨论较少,更多的文献冷静地指出了区块链并不如极客们畅想的那般无所不能,要求认真评估分散决策是否确实会为个人带来更多权力。[8] 技术角度来说工作量证明机制(Praf of Work,PoW)中的挖矿工作除了维护链条的安全性之外没有任何其他用途,因此经常被称为是浪费证明;公有链上的完全透明流向与背后用户身份的匿名对隐私保护与了解你的客户(Know Your Customer,KYC)原则都相背离。[9] 由于PoW和全网共识机制容易受限于个别节点的性能"瓶颈",造成网络拥塞,只能服务于低并发场景;且不同区块链网络之间的互通又涉及目前尚缺的标准与规范。[10] 区块链缺乏过程控制且难以推翻,普通人对编程语言缺乏理解,而且在比特币外的具体场景应用缺乏社会意义,因而需要改进。[11]

我们无法采用现有货币的价值理论给代币定价的终极原因是缺乏价值绑定。由于白皮书的披露方式信息不透明、投票权设置未必以项目利益出发等,ICO虽然能够快速地吸收资金,但会给创业者和投资者带来种种风险。[12] ICO

---

[6] See Glaser, Florian, "Pervasive Decentralisation of Digital Infrastructures: A Framework for Blockchain Enabled System and Use Case Analysis.", *Proceedings of the 50th Hawaii International Conference on System Sciences*, 2017, pp. 1543 – 1552.

[7] See Nikolakis, William, L. John and H. Krishnan, "How Blockchain Can Shape Sustainable Global Value Chains: An Evidence, Verifiability, and Enforceability (EVE) Framework", *Sustainability* Vol. 10 (11), p. 3926.

[8] See Risius M., Kai S. A., "Blockchain Research Framework", *Business & Information Systems Engineering*, 2017, 59(6), pp. 385 – 409.

[9] See MLAEyal and Ittay, "Blockchain Technology: Transforming Libertarian Cryptocurrency Dreams to Finance and Banking Realities", *Computer* 50(9), 2017, pp. 38 – 49.

[10] 参见姚前、汤莹玮:《关于央行法定数字货币的若干思考》,载《金融研究》2017年第7期,第78~85页。

[11] See Munindar P. Singh and Amit K. Chopra, "Violable Contracts and Governance for Blockchain Applications", *arXiv*: 1801.02672 [*cs. CY*], 2018.

[12] See John P. Conley, "Blockchain and the Economics of Crypto-tokens and Initial Coin Offerings", *Vanderbilt University Department of Economics Working Papers*, *VUECON* – 17 – 00008, 2017.

如果成立,需包含如下信任假设:假设公司成立、假设不是骗局、假设项目推动人没有抽屉协议进行利益交换。这些信任都不能被区块链的不可更改性解决。[13] 徐忠指出区块链内的去信任环境不能简单外推到区块链外,一旦脱离原生场景而要解决现实中的信任问题,往往需要引入区块链外的可信中心机制予以辅助——包括信息如何验证后写入区块链、智能合约程序未必能保证履约以及缺乏预见所带来的不完全契约问题。[14]

针对区块链可以作为一种工具,在治理不稳定的国家建立新的产权体系,并促进汇款、发展普惠金融和形成合作结构的说法,联合国社会发展研究院指出,这是用技术进行的"政治逃避",上述问题的症结往往在于薄弱的国家能力,光凭信息确认意义并不大,强大有力的索赔和执法程序才是核心。理论上认为区块链可以大显身手的国家往往也处于有效实施 DLT 技术的最弱势地位。[15] 区块链一味强调去中心化和民主化,但一小部分核心玩家和区块链中介事实上拥有更大权威和控制力,形成另一种隐秘的高压。[16] 区块链世界的第三方中介(钱包或交易所)可以盗窃或"跑路",它们位于世界各地的司法管辖区,这种情况下执行合同索赔很困难;而在传统国家执法支撑的美元等体制下,强制执法促成了大部分合约以致较少的陌生人信任就可以达成交易。[17]

分布式账本节点的分散性给归责及司法管辖的确定造成困难,跨国、匿名导致无论对人还是对物都缺乏物理性的管辖连接点,这些物理因素实际遍布全球;法院无法实际更改或解释根据其参数执行的给定智能合约的条款,并将其添加

---

〔13〕 See Rebecca M. Bratspies, "Cryptocurrency and the Myth of the Trustless Transaction", *SSRN Electronic Journal*, 2018.

〔14〕 参见徐忠、邹传伟:《区块链能做什么、不能做什么?》,载《金融研究》2018 年第 11 期,第 1 ~ 16 页。

〔15〕 See Brett Scott, "How Can Cryptocurrency And Blockchain Technology Play a Role In Building Social And Solidarity Finance", *United Nations Research Institute for Social Development Working Paper*, 2016 (1).

〔16〕 See Marcella Atzori, "Blockchain Technology and Decentralized Governance: Is the State Still Necessary?", *Journal of Governance and Regulation*, 6.1, 2017, pp. 45 – 62.

〔17〕 See Catherine Martin Christopher, "The Bridging Model: Exploring the Roles of Trust and Enforcement in Banking, Bitcoin, and the Blockchain", *Nevada Law Journal*, 17.1, 2016, p. 180.

到不可篡改的区块链中。[18] 区块链世界中风险不会消失,使用DLT将导致以前集中在集中式分类账中的数据和风险分布在所有节点中,无论是用违约、侵权抑或合伙责任进行追责都很难在无政府主义的程序员中确定责任方,更遑论实现索偿。[19] 个别文献乐观地认为将法律写入代码即可解决上述风险,[20] 但事实上不同管辖区的法律查明与适用本来就是一项技术难度极高的工作,遑论程序员能够完整理解各项法律并预计未来所有情境的裁判应对。

总体来看,目前的研究更多是从区块链的不同弱点和其结合具体情境应用(特别是金融应用)遇到的困难出发,指出其遇到的问题。但尚少结合政治学、法理学与公共政策的理论视角,回应区块链社区所提出的去中心化自发秩序理念是否本身就不可期,以及在此基础上,国家治理体系与区块链社区的关系与边界是怎样的。

## 三、区块链网络的公共治理与外部性

区块链技术最早由一群密码朋克开发,他们的想法是能够在社区内部通过无政府主义的自发共识达成交易,还能因为程序设定的数量上限防止自己的财富"毛了",有效抵抗通货膨胀。他们不断赖以伸张的信念,是由权威中央银行发行的法定货币总是被不断超发形成铸币税,尽管经济发展事实上本来就需要温和通胀提供适当充沛的流动性。如同蒸汽朋克和赛博朋克抗争大公司与大政府组成的极权体系,密码朋克的哲学是反权威、反建制、反宏大叙事与主流价值的,他们倡导一种草根、边缘、个体至上,甚至玩世不恭、嘲弄主流的文化。

但是,正如2019年7月10日美联储主席鲍威尔在美国众议院的听证会上所指出的,Libra面临反洗钱、隐私、国家安全和数据保护等问题,而且其数十亿用户的庞大规模会对金融稳定及消费者保护产生严重风险——基于分布式账本

---

[18] See Wulf Kaal and Craig Calcaterra, "Crypto Transaction Dispute Resolution", *The Business Lawyer* 73.1, 2017, pp. 109 – 152.

[19] See Dirk A. Zetsche, Ross P. Buckley and Douglas W. Arner, "The Distributed Liability of Distributed Ledgers: Legal Risks of Blockchain", *University of Illinois Law Review*, 2018.4, p. 1406.

[20] See Carla Reyes, "Moving Beyond Bitcoin to an Endogenous Theory of Decentralized Ledger Technology Regulation: An Initial Proposal", *Villanova Law Review*, Vol. 61, No. 1, 2016, pp. 191 – 234.

技术的数字代币具有极强的外部性。[21] 所谓区块链网络社区"内部治理"所面对的难题，实际上与人类经济社会一贯面临的权力分配、反欺诈等无异，哈耶克设想的美好"自发秩序"不仅不可能，而且可能导致倒退回丛林社会。[22] 更关键的是，由于区块链的数字世界与现实社会的物理世界错综交织，且网络天然带有脆弱性、网络外部性与规模外部性，治理失败将带来极大的风险外溢并由全社会埋单。所以，区块链治理必然是一项公法问题而非私法自治问题。

1. 区块链网络内部治理中的权力

区块链的分布式记账要求网络的各个节点认同其所记录的信息，经过多个节点确认后方可认为交易完成或信息已被妥善记录。共识本身并非理所当然地给定，如何形成共识的政治学经典问题仍然存在。如果各方试图在网络上记录不同的信息，那么分布式账本需要面对分歧，这就有两种选择：一种是技术的，即通过算力竞争看各个节点先认可哪条链上记录的数据，如果一方所获得节点认可较少，其所在的支链就会被抛弃，并不会被打包在区块中，此谓"算力即权力"；一种是人为的，即算力与节点背后是控制它们的现实的人或组织，共识的形成需要复杂的过程，否则分歧并不会收敛。形成共识需要传统的媒体权力、信息宣传等以达成充分交流并争取支持，可能也需要利益交换或收买等以换取妥协，这本身就是政治治理问题，也逃脱不了中心化的协同与组织。

如果一个区块链网络是由草根化的密码朋克开源发起，而非某个传统权威，那么发起者会具有很强的先发优势与非正式权威，除了创始团队自持了大量代币、主持招募了大量算力节点外，以太坊社区尊称维塔利克·布特林（Vitalik Buterin）为"V 神"并将比特币创始人中本聪进行神秘化也体现了这一点。知识优势、信息优势与非正式权威会形成后来的核心群体和强势节点，他们拥有算力支撑，在形成规模经济后，后续的普通参与者很难参与治理只能被动接受规则，小众群体的权利很可能受损。同时，区块链网络设计的初始代码很可能充满各

---

[21] See Zachary Warmbrodt, Jerome Powell, "Facebook's Libra Poses Potential Risk to Financial System", Accessed July 13, 2019, https://www.politico.com/story/2019/07/10/jerome-powell-facebook-libra-1578306.

[22] 从政治哲学的角度看，哈耶克的自由主义理论是非经验、非历史的，缺乏证据支撑，甚至比观察到人类历史中无政府主义状态下血腥与残暴的洛克都显属倒退。自发演化的秩序大概率将陷入国家能力弱、治理水平低、经济欠发达的低水平均衡陷阱，而非"好的秩序"，显然知识也不可能是均衡分散的。

种编程缺陷并缺乏系统测试，由此造成的潜在风险与损失并没有明确的担责方。直接参与区块链运作的行为人数量众多，在时间和空间上均具有极大的分散性，且其利益、机遇以及参与网络的形式和动机迥异。若要对区块链网络进行干预，就需要以整个网络作为对象，而无法像以往一样追究单一的组织或个人的责任，核心团队可以以“分布式”来卸责，甚至区块链网络可能受到51%算力攻击，脱离核心团队原先的意图而失控发展。

核心群体和强势节点可以主导共识来应对包括国家在内的外部组织；面对分歧，可以主导分叉，也可以脱离组织终止项目，另立山头。除了“比特币区块太小、是否需要修改协议”的争议，典型例子还有在DAO项目遭到黑客攻击后由布特林主导的ETC和ETH的硬分叉。2016年5月，DAO众筹了超过1200万个以太坊，当时价值超1.5亿美元（现时价值约33亿美元），这是当时最大的ICO项目，随着众筹结束项目上线，DAO代币也上线交易，就在此时，黑客通过其代码中的漏洞对其资产进行分离转移。为了解决这一问题，V神、以太坊基金会和Slock.it公司联合创始人兼CTO克里斯托夫·詹茨（Christoph Jentzsch）都倡议推动以太坊的硬分叉，如此相当于通过这些具有重大影响的核心团队的宣传及主流节点的推动，实施事实上的“回滚”——用倡议的新共识使得资金记账被“退回”到原来的账户中。这种操作引发了以太坊社区和公众舆论的强烈争议，认为这违背了区块链社区号称并坚信的去中心化与不可篡改原则，未选择主流分叉的原链形成了ETC的较短支链单独发展，不认可旧协议的新节点则在ETH链上继续发展。这一案例表明，区块链网络中有着媒体、技术、知识和非正式权威等形成的权力主导共识或共识规则，绝非平等自决基础上的自发秩序；共识也并非天然存在，分歧在分布式账本中体现为不同算力和节点数量形成的分叉，需要通过公关大战争夺“真正的”某某链（币）的地位。

2. 区块链网络对现实社会的风险溢出

根据乔治·吉尔德（George Gilder）提出的网络价值与节点数的平方成正比的梅特卡夫法则（Metcalfe's Law），随着一个区块链网络越发庞大，每个节点的价值也越高，网络所承载的任务也就越繁重；同时，早期参与者在这种网络成长的过程中也获益匪浅，比特币价格与交易量增长曲线的高度拟合说明了这一点。

但是，正如传统选拔官员所说的“德不配位”问题，若承载了大量重要经济社会事务的分布式记账网络出现问题，则可能造成整个体系“太大而不能倒”的风险外溢。这种风险外溢可能包括网络的容量限制与拥塞，“羊群效应”与趋同交易，编程漏洞与黑客攻击，以及由于网络外部性与规模经济本身所造成的垄断、权力中心化与缺乏制衡的风险。

区块链网络还可能为刑事犯罪提供温床，或者给第三人造成个案损害。例如，加密货币资产的匿名性给财产追查、反洗钱、反恐怖融资造成障碍；以 ICO 名义非法发行证券进行欺诈，进而造成家破人亡、经济发展与社会稳定受损；以数字代币交易所名义吸纳代币“存款”，在缺乏行为监管的情况下便面临监守自盗或者拉高出货骗术的道德风险。此外，智能合约自动处置财产可能给其他有权主张的债权人造成损失，第三人缺乏提出异议的救济渠道可能导致社会经济秩序的不稳定。

在传统模式下，法院等中心化权威可以要求中介平台冻结存款，也可以要求平台履行 KYC 原则基础上的反洗钱要求；如果投行等中介在首发上市中尽调失责，也需要承担连带赔偿责任。而针对上面种种后果，开发区块链网络的密码朋克们往往缺乏足够的财产赔偿实力或者国家执法能力进行补救，风险难以内部化于区块链社区之内。

## 四、区块链网络的数字——物理连接点

密码朋克试图通过纯技术、去人为干预的方式保障区块链的自发秩序，试图通过代码的纯粹性与自明性来确保不可篡改。不幸的是，一旦涉及现实世界的应用，区块链的纯代码性质反而成为掣肘，对物理世界的监管力不从心，进而无法确保区块链世界与物理世界的一致。本部分将通过货币的价值绑定、链上链下的智能合约认定，以及讨论 ICO 和 IPO 的差别，来论述现有的区块链应用机制在解决涉及物理实体上的不足。

### 1. 数字代币缺乏实体价值绑定

比特币一直被吹捧为基于区块链的支付系统，使用密码学和机制设计代替了普通货币所需要的信任体系。各类数字货币都面临同样一个问题：价格波动

大,而作为价值尺度和支付手段的货币,其价值稳定性至关重要。[23] 最初作为通用货币的是贵金属,马克思早有论述“货币天然是金银”;后来演化出便于携带的纸币,可直接对应贵金属价格;目前金融体系中货币价值的稳定,是通过国家公信力维系的。1933 年前的美元钞票背后都印有说明其是支付公共或私人债务的法定货币,可在财政部或联储兑换成合法货币(如金银、纸钞与国债)。[24] 即使 1973 年布雷顿森林体系崩溃、美元与黄金脱钩后,美国国家信用保证兑换以及美元的全球储备货币及贸易通货地位,仍是美元价值的保证。至于央行数字货币,更只是法定货币发行技术的数字化而已,不对其背后的价值绑定与国家强制力支撑产生影响。数字货币价格高波动性的根本原因,是因为目前的数字货币均是纯代码的产物,除了传销手段塑造的精神认同外,缺乏与物理世界的内在价值绑定,只具有投机价值,因此大量交易者会因羊群效应而趋同交易,助涨助跌。

基于数字货币的投资潜力,区块链社区有人致力于开发稳定币,原理之一就是通过设立储备金,让数字货币和法定货币的价格直接绑定。根据目前广泛接受的稳定币 USDT 的发行方泰达公司(Tether)承诺,其将严格遵守 1:1 的准备金保证,即每一枚区块链网络的 USDT 代币背后都对应物理世界的 1 美元储备。由于市场参与者对这种实体价值绑定的认可,USDT 的价格是相对稳定的,尽管有种种迹象显示泰达公司并未完全履行承诺,只有 74% 的流通 USDT 有美元储备支持,一部分储备被他们挪用以投资比特币。[25]

2016 年开始,ICO 已经成为区块链初创企业募资的主要手段。对项目方来说,ICO 相对于其他融资手段的比较优势在于:(1)门槛与成本更低:ICO 避免创始团队牺牲股权;投资者门槛更低;增加初创企业的融资多样性。(2)效率更高:ICO 使发起人能够绕过现存的合规尽调、司法管辖和商业障碍,向全球投资

---

〔23〕 参见姚前、汤莹玮:《关于央行法定数字货币的若干思考》,载《金融研究》2017 年第 7 期,第 78 ~ 85 页。

〔24〕 这一法偿性表述为:“This note is legal tender for all debts, public and private, and is redeemable in lawful money at the United States Treasury or at any Federal Reserve Bank”。

〔25〕 See Larry Cermak, “Tether admits in court to investing some of its reserves in bitcoin”, Accessed July 13, 2019. https://www.theblockcrypto.com/2019/05/21/tether-admits-in-court-to-investing-some-of-its-reserves-in-bitcoin/.

者群体进行营销。(3)流动性:全球加密货币交易所允许交易 ICO 代币为创业早期提供了流动性,也为投资者提供了快速变现通道。

从融资功能和二级市场交易的特点来看,代币和股票的性质更为类似,因此 ICO 往往被类比于 IPO。事实上,经过严密的 IPO 尽调审计流程,首发投资者所购得的新股代表投资者向物理世界真实持续运营的、高速成长或稳定盈利的公司注入资本,并持有公司部分所有权的凭证。在现行证券法之下,IPO 流程能够保证相对充足的信息披露和可以预期的股东权益。反之,ICO 市场则无法保证数字代币能与物理世界中的实体价值挂钩:(1)ICO 前唯一的信息披露材料是自制“白皮书”,投资者既不确定标的公司或管理团队的真实身份是否存在,亦没有办法确定公司的技术业务与财务状况。(2)“白皮书”所提出的愿景往往要在三年后才能够实现,而对于该阶段公司的发展,投资者无法做出准确判断。这种缺乏监督的跨期合约蕴含着极大的道德风险,“空气币”的称呼就来源于此,指代没有实际项目支撑或实际项目进展仅阐述未来愿景的数字代币,比一般 VC 投资风险更大、普通人也无法识别。(3)投资者无法通过召开“持币人大会”投票来参加公司治理、任命或罢免董事经理影响公司的运营,也难以主张足够的信息披露。(4)在很多“白皮书”中,代币的价值并不和公司未来的价值挂钩,甚至为了比附于区块链社区自发秩序的乌托邦理念,将项目描述为非盈利、为用户减少摩擦的公益性平台。投资者所买到的数字代币,仅可未来用于项目自身,一旦经营不善、披露虚假消息甚至恶意“跑路”,投资者所持有的代币将没有流通场景,最终一文不值。

总体来看,ICO 和 IPO 的相似点仅在于同属公司公众融资的渠道,但标的公司的成长性、营利性、合规性、信息披露和分红要求等都完全不同,实属游离于现行公司法体系之外并涉嫌非法发行证券、非法吸储甚至集资诈骗。部分投资者也认识到这样的差异,对他们来说,数字代币的投机价值要远高于和物理实体未来经营现金流绑定的价值——新上市的代币处于价格洼地,更早获知上市消息的投资者,可以以更低的价格拿到代币。后续投资者的大量涌入使得代币价格上涨,散户投资者可以在合适的价位抛售来获得收益。然而由于在 ICO 之前还有私募阶段,私募投资者能够以低于发行价的价格拿到相对大的流通份额。一旦私募投资者甚至发行方开始抛售代币,币价会迅速下跌,大量散户投资者随之抛售,导致币价崩盘。因此,许多“空气币”价格曲线都典型地展现为“上市初期快速上涨、之后暴跌、慢慢归零”。

2. 链上信息与物理世界未必验证一致

分布式记账具有节点广播、多重验证带来的不可篡改性,因此各类确权型和信息溯源型的应用被广泛看好,例如保险、不动产登记、供应链溯源、知识产权登记等。理论上看,该模式的优势似乎顺畅直白,但实际依然存在可行性问题,即如何保证上链的信息真实准确,且能够真实一致地反映物理世界状态?一个反面案例是,盒马鲜生的“日日鲜”系列强调售卖当日蔬菜,消费者往往通过包装上的标签和对于盒马品牌的信任来验证这一承诺。然而,上海的盒马鲜生频频被发现工作人员更改贴标日期。[26] 在区块链网络中,这种链上登记日期和物理世界的实际日期不符合的现象更容易发生、也更难被察觉,区块链溯源类应用都逃脱不了上链前的信任拷问。同样,资产登记类的区块链应用也逃脱不了所有权信息上链前谁来确权、数据与实物是否一致的问题。这需要传统的中心化权威以及声誉机制。

区块链中所指的共识,包含了“机器共识”和“人的共识”两个层面。机器共识属于分布式计算领域的问题,是希望在没有中心化调控的情况下,确保分布式账本在不同网络节点上的备份文本是一致的。这就需要引入“51%确认”机制,即只要大多数的节点是“善意的”,则既有的设定规则可以保证整个系统是稳定、安全的。这仅限于链上的信息准确,区块链内的去信任环境,不能简单外推到区块链外。现有的白皮书在试图解决信息上链的质量问题时,均提出了验证机制。在部分案例中,这一验证机制会由几个“有公信力”的节点/机构完成,在另外一部分案例中,验证作为一项投票权力与所持代币数量直接挂钩。无论是哪种验证机制,都与“完全去中心化”的自我主张相矛盾。

(1)如何保证参与的节点是可以有验证能力的?在区块链应用中,节点只负责记录和同步最新的账簿,不需要做出判断;在验证的步骤中,例如判断所提交的专利申请是否真的具有创新性且与现有通过申请的专利均不相同,这样的

---

〔26〕 参见杨鑫倢、姚晓岚:《盒马标签门风波复盘:从胡萝卜改包装日期到溯源页面无法显示》,载澎湃新闻:https://www.thepaper.cn/newsDetail_forward_2656043,最后访问日期:2019年7月13日。

判断需要一定的专业知识背景和科学素养，并非所有个体都能达成，即并非所有节点都拥有判断的能力。

（2）关于“公信力”的节点评选是否有公信力。具有物理世界实际监管能力和权力的往往是政府相关的组织，和这些组织机构合作与大部分白皮书中倡导的无政府主义相违背，意图以经济利益的牵制来形成更“自治”的方案。而关键的验证任务汇聚到公信力节点本身也与平等透明、去中心化的理念相矛盾。

（3）除了特定场景下需要的专业技能之外，掌握区块链技术本身就需要技术和资金的支持，而非任何人都可以轻松参与编程。这种隐形的不平等慢慢会发展出隐形的霸权，在选择“权威节点”时更为明显。交易所作为法币、数字货币兑换和数字货币之间兑换的平台，依然担当着传统中介的职责，而流量的大量集中也正导致话语权的扩大。如火币 HADAX 超级节点评选结果出来后就有人质疑，火币将很多合作伙伴而非运营体量更大的竞品选为超级节点，意图在更大程度上牵制这一生态，维持自身的影响力。

（4）验证对于代币持有者来说，究竟是权力还是义务？如是前者，如何保证权力不被滥用，尤其创始团队（往往也持有 20% 首发代币）更容易对投票结果产生较大的影响，难以保证验证结果的公平；如是后者，此类义务是否会相应限缩代币的内在价值？

在互联网与实体经济的融合过程中，类似的问题也曾出现，诸如在线上购物时，如何确定货品确实按照显示的物流发货？通过互联网平台看房的过程中，如何确保所见即所得？历史经验表明，互联网企业通过自营的客户体验体系和客户服务制度，以重复博弈下的品牌声誉来建立用户信任；与此同时，政府监管与立法介入，规范市场行为、保障消费者权益。这些手段，都是通过中心化权威来解决的，没有证据证明区块链网络能避开这一模式。

3. 中介平台连接数字与物理世界仍然必要

区块链在物理世界的场景应用，需要先建立可靠一致的连接链上与链下的机制，该机制要具备执行能力、技术能力与足够的公信力。这样的特性也正是传统中介平台诞生的原因，因此区块链社区声称的去中介化是一项伪命题。事实上我们可以在区块链社区观察到很多传统中间商将链上信息与线下用户连接起来，如 ICO 代币的发行代理扮演了承销角色，承担数字代币与法定货币兑换职能的交易所则扮演了银行及证券交易所的角色。

按照互联网行业的经验,更有能力的中介会吸引到更多的其他节点,进一步增强自己的影响力,最终细分行业内会出现比较大的领头企业。这样的机制显然在运作效率上更高,但也与去中心化的理念相矛盾,甚至当单一中介的影响力足够大时,可能再次出现51%攻击的情形。通过彻底去中心化的链上自治来解决物理世界问题,在理论上并不可行。目前,较新的团体正在将区块链去信任化的愿景扩展为一种“分权合作社”或“分布式协作组织”(联盟链)。Facebook发行Libra的初拟安排中,引入Paypal、Visa与MasterCard等传统清算组织作为可靠节点来保障Libra可靠流通,也正是借鉴了联盟链的概念。

## 五、区块链网络的国家强制力保障

### 1. 争议解决与合约执行中的国家强制力

去中心化是分布式记账的重要特点之一,也体现了社区参与者对国家或垄断大公司权力的恐惧与对自发秩序的信任。但去中心化不仅不意味着没有争议,反倒意味着争议的裁决与执行困难重重:(1)不同司法管辖区、不同个体的正义观乃至利益立场不同。(2)区块链技术本身面临不完全契约(incomplete contract)、[27]共识缺失及预期不明等内生性问题,密码朋克不可能在编程时准确预见所有场景。(3)区块链与物理世界建立联系的应用场景越来越广,产生争议纠纷的可能性越来越大,但执行此类合约很可能需要线下执法。

为了解决区块链执行和争议,有很多使用技术手段、沿袭开源自治的治理尝试,DAO通过将相关程序用计算机编码等方式写入区块链程序中,当所有程序规则设定成功后,即按照该规则运作。基于以太坊架构上的智能合约,声称不再需要传统制度经济学指出的监督合约执行和裁决争端所需要的国家强制力,也似乎节省了诸多交易成本。但类似DAO这样的尝试都面临以下问题:

(1)如何在去中心化的题中之义即所有参与主体地位平等这一前提下,建立一套具有效率且稳定性的争议解决机制?民主是效率最强大的敌人,完全的平等可能导致分歧无法收敛,陷入“公说公有理、婆说婆有理”的悬而不决的泥

---

〔27〕 See Oliver Hart, *Firms, Contracts, and Financial Structure*, Clarendon Press, 1995.

沼中,造成效率损失。从实践来看,开发人员和后续加入的普通用户之间信息和权力的强烈不对称,导致各参与方实际上未达成经过充分商讨与决策流程而形成的共识。再则,可预期性是包括法律在内的社会治理体系所必需的特点,在不完全契约的情况下,可能产生的争议纠纷难以通过事先的技术手段写入区块链中,原因一个是时易世变,另一个是合同拟定是一项具有高技术与艺术难度的任务。这样便使得智能合约并不智能,仍然需要后续裁判,但缺乏国家强制力的背书可能使得当事方不会息诉服判,各方权利义务也一直处于不稳定的状态。

(2)合约执行的强制力来源于何处?区块链并没有存在于特定管辖区内的实体,难以与物理世界建立联系以确定其具体的管辖连接点,查明其适用的法律。在既有的国际法体系下,无论是属人管辖、属地管辖或其他理论都是各国对于其自身权益保护的博弈结果,在具体实施中仍面临着不同理论之间的斗争,常常需要基于强权博弈进行一事一议。[28] 如长臂管辖与美国法的域外适用,美国的霸权往往让其他各国一定程度上缺乏有效应对手段。[29] 证券法的域外适用同样是监管权力的分配问题,引入国际私法的冲突法规范,可能是话语权尚不强大的我国当前可选的最优策略。[30] 可以预见,区块链网络中的参与方来自不同法域,受不同国内法约束,各个主权国家让渡权力形成一个凌驾于国家之上的权威的可能性微乎其微。再则,传统链下场景的违约成本是很高的,包括法律制裁与道德声誉机制,故而可以基于较少的信任就达成交易;而链上场景中上述机制并不发挥作用,诱发道德风险,因此需要极高的信任才可达成交易,徒增交易成本。最后,智能合约的自动执行并不是真的自动执行,往往还涉及线下执行,例如实物的给付、破产的实施,国家强制力反而成为主要动力。

(3)区块链强权政治会不会比国家更为危险?虽然分布式记账最初是为了消除交易中的权威,但矛盾的是现在参与区块链构建和治理的利益相关者可能通过其先发优势和技术优势取得中心地位,取代国家、大公司、大平台等传统权

---

〔28〕 参见肖河:《美国的长臂管辖:概念、实践及其应对》,载光明网理论频道:http://theory.gmw.cn/2019-06/21/content_32937145.htm,最后访问日期:2019 年 7 月 13 日。

〔29〕 参见李庆明:《论美国域外管辖:概念、实践及中国因应》,载《国际法研究》2019 年第 3 期,第 3~23 页。

〔30〕 参见张彩萍:《中美跨境证券监管机制比较研究》,外交学院外交专业 2018 年博士学位论文,第 127 页。

威的职能,以谋取其自身利益,破坏传统的民主秩序,改变现有的权力平衡并在社会中占据主导地位。[31] 而相较于国家权威和强制力来源的合法性和较为成熟的权力制约和平衡实践,区块链的发起者和治理者们是丛林法则中的强者和受益者。法定货币的发行和流通是国家主权的体现,更是宏观调控的重要手段,Libra不仅拥有全球性规模巨大的海量Facebook用户信息,还获得了Paypal、Visa等在全球范围拥有庞大用户群体的支付金融机构支持,这样的用户基础叠加渠道资源是跨越国界的,其造成的影响也凌驾于主权国家之上,国家自主性(state autonomy)将被大大削弱。这些巨头如何制定和实际操作游戏规则已非单一国家或权威可控制,扎克伯格这样的资本巨头可能获得超越美国总统的权力地位,保护弱势个体甚至主权国家权益只能寄希望于玄虚的"企业社会责任"概念。

2. 前置审批和事中事后监管中的行政干预

无论是ICO得来的证券型代币还是纯粹数字货币,因其具有一定的权益属性,在美国、加拿大、英国、新加坡等国,具有证券特征的加密资产受制于证券法律监管。[32] 虽然不同法域中对于何为证券具有不同的定义,对于证券市场的监管也具有不同特点和手段,但国家强制力都通过体系建设、标准制定、事后惩戒等方式起到重要作用,人们绝不会天真地以为国家不在场的自由市场是最有效的——金融危机及由此产生的《多德—弗兰克法案》都意味着新自由主义反监管迷思的破产。[33] 在英国,金融危机后成立专门的行为监管局以补充审慎监管,有效保护金融消费者权益;美国则早有各州的蓝天法打击证券欺诈,州层面的注册可以公平公正为标杆进行实质审核,[34] SEC注册的信息披露"挑刺诘问"

---

〔31〕 See Marcella Atzori, "Blockchain Technology and Decentralized Governance: Is the State Still Necessary?", *Journal of Governance and Regulation* 6.1(2017), pp. 45 – 62.

〔32〕 See Wulf A. Kaal, "Initial Coin Offerings: The Top 25 Jurisdictions and Their Comparative Regulatory Responses", *CodeX Stanford Journal of Blockchain Law & Policy* February 2018, pp. 109 – 152.

〔33〕 参见罗培新:《美国新自由主义金融监管路径失败的背后——以美国证券监管失利的法律与政治成因分析为视角》,载《法学评论》2011年第2期,第85~97页。

〔34〕 参见沈朝晖:《流行的误解:"注册制"与"核准制"辨析》,载《证券市场导报》2011年第9期,第14~23页。

过程也部分嵌入了实质判断。[35] 美国市场已形成了以《证券法》《证券交易法》《萨班斯法案》等为强制力来源的监管和披露体系，对上市公司的欺诈行为，可以通过巨额罚款和监禁等国家强制力手段予以惩戒，还可以通过联邦检察官提起民事诉讼使得欺诈行为人承担巨额民事赔偿，[36] 最大限度弱化道德风险。

我国证券法传统上属于强监管，且金融基本制度由《立法法》规定属于中央事权。《证券法》规定公开发行证券必须符合法律法规规定的条件，未经证监会核准不得非法发行证券。现行 IPO 制度对公司发行证券应满足的条件如资产独立性、盈利能力及募集资金的用途都进行了规定，不仅要求公司本身进行具体、翔实、准确、真实的披露，而且要求具有相应资质的独立第三方中介机构对公司进行核查尽调，且需要在发行各个阶段都持续进行动态更新和披露，以便投资人基于充分信息进行决策。国家强制力不仅体现在对发行人进行信息披露行为的核准与监督上，也体现在进行尽职调查的第三方中介机构也需符合标准，获得律师、会计师、保荐代表人等法定资质。而在注册制探索中，监管尝试增强了交易所的实质审核职能，加重了中介机构的责任，对信息披露材料质量不高乃至虚假披露、误导或者遗漏规定了较为严厉的处罚，这是监管重心的后移和制度的升级，目的是强化并完善投资人保护。没有证据证明区块链网络自身有能力取代行政干预且有效预防欺诈。

除了证券型代币，在其他区块链应用场景中，也需要国家强制力参与全流程审批与监管。这里一方面是为了预防区块链网络权力集中导致漠视弱势群体的权利、侵犯隐私或滥用垄断地位，故而通过国家权威这一有形的手进行修正，保护少数弱者的利益，把算力关进制度的笼子里；另一方面也是因为“区块链 + 物理世界”的具体应用场景已有相关法律规范，需注重统一适用，应取得相应资质，满足其条件、受其监管，还应注意打击利用区块链网络曲线实现无证机构从事需资质牌照的业务。例如，在我国未取得支付牌照，假借提供区块链技术服务提供结算清算资金划转；有证机构协助无证机构从事其自身应获得资质牌照的业务等。

---

〔35〕 参见李燕、杨淦：《美国法上的 IPO“注册制”：起源、构造与论争——兼论我国注册制改革的移植与创生》，载《比较法研究》2014 年第 6 期，第 31 ~ 42 页。

〔36〕 参见焦津洪、高旭：《美国证券欺诈赔偿检诉制度对我国的启示》，载《法学论坛》2015 年第 3 期，第 154 ~ 160 页。

## 六、结论与讨论

针对区块链社区自称的去中心化自发秩序是否可期的问题,本文从三个角度指出答案应是否定的:第一,区块链网络内部需要公共治理和权力再平衡,不存在一以贯之的自发秩序,同时由于网络外部性,区块链网络的治理失败将给外部社会与物理世界带来极大的风险溢出。第二,数字代币缺乏价值绑定,链上信息也往往与物理世界的实体并不一致,其间仍然需要中介平台或中心化权威。第三,区块链的争议解决与线下执行仍然需要国家强制力裁判与保障,同时对证券事务进行事前准入与事中事后的行为监管也是必要的。综上,完全匿名化、去中心化且匿名自治的开源公链网络很难去和具体业务场景结合,或者实现所谓"民主治理"的理想。

不可篡改性与存证功能是分布式记账最大的优势。区块链技术难以解决争议的判断和执行,在争议解决中其更大的应用场景是作为辅助手段,利用技术实现证据的不可篡改性,特别是交易场景逐渐由线下转移到线上,传统通过纸质合约展示合意已越来越少出现,如何解决线上共识的判定、证据的固定和效力实现,是区块链技术可以发挥作用的。同时,物联网技术的应用可以使得链上信息与物理世界更好地同步一致,有利于扩大区块链应用的广度。

由于基于区块链的自发秩序不可得,我们必然需要传统权威作为中心节点,以其自身的政治合法性和公信力来确保线上线下信息认证一致,通过国家强制力作为最终保障以确保争议可诉并拥有既判力与可执行性。在这一框架下发挥分布式记账的技术优势,可以采用私有链和联盟链的方式,其间各个节点是实名化、中心化与信任化的,区块链网络是传统中心化模式的技术加持,同时增加了开放度与透明度。目前北京互联网法院推行以法院为发起者与核心节点的"天平链"用于在线存证,就是一个很好的案例。我们有理由相信未来我国若发行法定数字货币,也必然由央行担任发起人与核心节点,与商业银行及银联、蚂蚁金服等清算巨头一起组成联盟链。

《清华金融法律评论》
第 3 卷第 1 辑
第 115 ~133 页

# 央行数字货币模式比较分析

刘　爽*

目　次



**摘　要**:当下社会的数字化发展给传统支付方式、货币政策和中央银行职能带来了新的机遇和挑战,为更好地适应数字化时代对于金融、经济等社会各领域的考验,世界各国中央银行纷纷加快针对如何发行央行数字货币这一问题的研究步伐。本文参考国外央行和学者有关数字货币的报告,结合具体试点发行案例整理央行数字货币的定义、发展,并根据央行数字货币的三个主要特征——是否限制用户范围、是否匿名和是否计息——设计可行的框架和发行模式,结合不同的侧重目的逐个分析不同模式的优劣势。综合考虑发行目的、政策基础、社会

* 刘爽,清华大学法学院 2016 级本科生,五道口金融学院创辅 7 学员。

稳定等不同因素,选择模式的侧重也不尽相同。如何平衡潜在风险和未来收益间的关系,及如何处理现有货币和数字货币间的潜在冲突,始终是决定未来数字货币框架设计和模式选择过程中需要反复斟酌的重要环节。

**关键词**:央行数字货币　数字货币　制度设计

## 一、导言

中央银行的核心职能主要包括四方面,即向公众提供现金、运行重要支付系统、制定货币政策及维持金融稳定。过去十年内,区块链技术创新加速了数字货币的发展,为中央银行履行职能带来了新的机遇和挑战。一方面,发行数字货币可以降低传统纸币发行、流通的高昂成本,从而有助于推动经济增效升级;〔1〕另一方面,央行数字货币发行模式设计、政策选择过程中面临的安全性、稳定性等关键问题仍有待研究,如何在最大化发挥数字货币功效的同时减少对金融体系的负面冲击,仍然是中央银行密切关注的话题。

中国一直密切关注法定数字货币的发展。中国人民银行自2014年起组织成立研究团队,针对人民银行发行数字货币进行研发工作,〔2〕并于2016年1月举办了数字货币研讨会。结合海外经验,从比较法视角探讨央行数字货币可能的模式选择与制度设计,对于中国的数字货币发展具有重要意义。

## 二、央行数字货币:概念与发展

### (一)定义

央行数字货币(Central Bank Digital Currency,CBDC)一词近年来虽被广泛提及,但其概念并不明确。实践中,其内涵十分宽泛,不同国家对于央行数字货币的定义方式仍存在较大差异。

英格兰银行(Bank of England)将CBDC描述为电子中央银行资金,并认为其具备如下特点:(1)便于广泛应用和获取;(2)在零售交易支付领域具备比现

---

〔1〕　参见王永利:《央行数字货币的意义》,载《中国金融》2016年第8期,第19页。

〔2〕　参见范一飞:《中国法定数字货币的理论依据和架构选择》,载《中国金融》2016年第17期,第12页。

金更大的发展潜力;(3)具备单独的业务结构,使其可服务于不同的核心目的;(4)可计息。[3] 日本银行(Bank of Japan)则认为央行数字货币通常表现为"中央银行发行的支付和结算的数字化工具";[4] 国际清算银行(Bank for International Settlements)在报告中定义央行数字货币为,"一种与传统储备金或结算账户的余额不同的"中央银行货币的数字形式。[5] 邱勋认为,央行数字货币是"基于中央银行信用,由中央银行发行,具有主权性和法偿性的纯数字化货币";刘向民指出,狭义的数字货币指"纯数字化"、不需要物理载体的货币,而广义的数字货币等同于电子货币,泛指一切以电子形式存在的货币。[6]

尽管上述定义在表达方式、侧重点上各有不同,但均包含央行发行、数字形式和货币三个核心关键词,并提及其在结算、支付等方面的潜在发展空间。

(二)世界各国央行数字货币研究、发行进展

根据清华大学金融科技研究院区块链研究中心和 John Kiff 所整理的数据统计,[7]全球多家中央银行对发行数字货币展开了研究,具体见表 1。

**表 1 各国或地区发行 CBDC 情况汇总**

| 国家或地区 | CBDC 状态 | 理由/备注 |
| --- | --- | --- |
| 厄瓜多尔(Ecuador) | 已发行 | 去美元化 |
| 乌拉圭(Uruguay) | 试点发行 | 钞票的印刷、分销、运输和交易的不透明带来了高昂费用 |
| 突尼斯(Tunisia) | 已发行 | 推动国内金融制度改革 |
| 马绍尔群岛(Marshal Island) | 已发行(完成试点) | 取代美元的货币流通体系,实现国家经济独立地位 |
| 委内瑞拉(Venezuela) | 已发行 | 国家陷入恶性通货膨胀,原有的法定货币体系崩溃 |

---

[3] See Michael Kumhof and Clare Noone, "Central bank digital currencies — design principles and balance sheet Implications", Staff Working Paper No. 725, Bank of England, May 2018, p. 4.

[4] Noriyuki Yanagawa and Hiromi Yamaoka, "Digital Innovation, Data Revolution and Central Bank Digital Currency", Bank of Japan, February 2019, p. 2

[5] See Committee on Payments and Market Infrastructures, "Central bank digital currencies", https://www. bis. org/cpmi/publ/d174. pdf.

[6] 参见刘向民:《央行发行数字货币的法律问题》,载《中国金融》2016 年第 8 期。

[7] 参见清华大学金融科技研究院区块链研究中心:《一文了解各国央行数字货币现状》,载未央网:https://www. weiyangx. com/323866. html,最后访问日期:2019 年 7 月 18 日。

续表

| 国家或地区 | CBDC 状态 | 理由/备注 |
|---|---|---|
| 塞内加尔(Senegal) | 已发行 | 金融普惠 |
| 乌克兰(Ukraine) | 已发行（完成试点） | 更好地保护财产权，大幅度降低现金交易的成本和时间、加速货币周转效率 |
| 立陶宛(Lithuania) | 计划推出 | 旨在测试加密货币和分布式账本技术 |
| 巴哈马(Bahamas) | 计划推出 | 提高巴哈马社区运营效率，促进金融普惠，减少现金交易并降低服务成本 |
| 加拿大(Canada) | 计划推出 | 现金的竞争力在下降，其他支付途径兴起，良好的 CBDC 有助于促进在线支付供应商的竞争 |
| 中国(China) | 计划推出 | 降低纸币发行和流通成本，提升交易的便利性和透明度，减少监管成本，提升央行对货币供给和流通的控制力 |
| 东加勒比(Eastern Caribbean) | 计划推出 | 将国内流通现金减少 50%，并为金融部门带来更多稳定性，促进东加勒比货币联盟(ECCU)成员国的发展 |
| 南非(South Africa) | 计划推出 | 将对“适当的政策框架和监管机制”进行调查研讨、南非市场监管机构目前还未对虚拟货币或数字资产交易进行监管 |
| 瑞典(Sweden) | 计划推出 | 作为现金的补充，减少国民对于私人支付系统的依赖，防止危机时期私人支付系统产生故障 |
| 泰国(Thailand) | 计划推出 | 减少银行间交易中介过程，加速交易速度并降低成本 |
| 俄罗斯(Russia) | 计划推出 | 在金砖国家内部以加密货币取代成员国之间使用的美元和其他货币 |
| 巴西(Brazil) | 研究中 | 减少现金周期中的费用；增加支付系统的效率和弹性；可追溯并产生数据；金融普惠并提高数字社会进程 |
| 挪威(Norway) | 研究中 | 作为现金的补充，以“确保人们对货币和货币体系的信心” |
| 英国(United Kingdom) | 研究中 | 跟上经济变化的步伐；数字支付未来具有发展空间，但仍有待研究 |
| 菲律宾(Philippine) | 研究中 | 调查其他国家发行央行数字货币的状况及其对当地金融体系的潜在影响，并对此问题进行全面考虑 |

See Linda, “CBCD: 19 Countries Creating or Researching the Issuance of a Digital Decentralized Currency”, https://hackernoon.com/cbcd-19-countries-creating-or-researching-the-issuance-of-a-digital-decentralized-currency-b57a609e695b. Accessed July 9, 2019.

## 三、可行模式选择分析

### (一)基本方案选择

CBDC 的发行基本上针对四个目标:改善批发支付系统的运作,更有效的现金替代品,加强货币政策,以及降低银行业危机的发生频率和危害程度。为实现上述目标,CBDC 相较于现金可以引入以下三个功能的变化:

其一,限定发行范围或面向全社会普遍发行。根据发行范围和参与者范围,CBDC 可区分为普遍通用和限定参与者两类。其中最具有代表性的为仅限于商业银行和部分其他金融机构的批发支付系统(wholesale payment system)以及普通民众普遍参与的零售支付系统(retail payment system)。

其二,匿名交易或可识别用户身份。匿名、不可追溯是现金流通交易的主要特点之一,但数字货币却可通过特定技术模式选择识别用户身份的功能或保持匿名。基于令牌(token)的 CBDC 能够更好地实现匿名性特征,基于账户(account)的 CBDC 则可做到非匿名化。

其三,是否计息。数字货币的发行带来了计息的可能性,无论在基于账户或基于令牌的 CBDC 模式中都有实现计息的可能性。

西班牙外换银行(Banco Bilbao Vizcaya Argentaria,BBVA)研究员 Santiago Fernández de Lis 指出,结合不同的发行目的,可从是否通用、是否匿名、是否计息三个维度进行央行数字货币模式设计,组合产生不同的 CBDC 模式,[8] 具体如下。

1. 方案一

(1)基本目的与方案

若以完善批发支付系统功能为 CBDC 发行核心目的,假设分布式账本技术(distributed ledger technologies,DLTs)未来将更为高效,[9] 可将 CBDC 发行范

---

〔8〕 Santiago Fernández de Lis and Olga Gouveia,"Central Bank digital currencies: features, options, pros and cons",BBVA Bank,Economic Research Department,2019,pp. 4 – 8. 以下制度设计模式均参考、翻译自此文章。

〔9〕 参见范一飞:《中国法定数字货币的理论依据和架构选择》,载《中国金融》2016 年第 17 期,第 11 页。

围限于参与批发支付系统的商业银行与部分其他金融机构。该 CBDC 并不向普通公众发行,具备限制性特点;参与者可被辨认出而非匿名进入,具备非匿名特征;由于支付系统依附于固定名义金额账户,该 CBDC 不计息。

(2)优劣势

在此方案下,支付系统的成本降低,可预期批发支付系统的效率将大幅度提高。该类数字货币的引入有利于改善跨境结算业务的成本、速度和弹性,跨境支付系统也可能因此发掘新的交易潜力。但由于该类数字货币仅在特定系统内交易结算,对整体社会的辐射力相对较弱,尤其对于提高社会整体经济效率的作用空间相对较小。

2. 方案二

(1)基本目的与方案

若以作为更高效的支付方式取代现金为目的,则可设定普遍发行、匿名、并不计息的 CBDC。该类 CBDC 将像传统现金一样向社会大众普遍发行,任何人均可拥有并使用该数字货币,并使该数字货币的使用同样具有匿名、不计息等类似现金的重要基本特征。[10]

(2)优劣势

此类方案下的央行数字货币作为比现金更高效的替代品,可解决当今现金流通所遇到的问题,例如现金的发放、流通均需要昂贵的基础设施,使现金发行成本居高不下;随着时间推移,现金容易出现磨损、变脏,易传播疾病,或发生盗窃、假冒等犯罪行为。与此相比,数字形式的通用货币具有更加高效、清洁、安全的特性。此外,如果私人加密货币在支付领域对现金的竞争有可能造成政治威胁和国防安全信息威胁,那么央行发行法定数字货币则更有助于维护政治稳定。

但该方案的主要缺点在于匿名所带来的监管难题。与本身就具有匿名属性的纸质货币相比,如若故意把央行数字货币设定为对交易双方和对第三方均匿名,则在欠缺切实有效的犯罪防范体系的初期阶段,更容易滋生非法犯罪行为。

---

〔10〕 相关研究指出,现金的需求在很大程度上由其匿名性和相关的犯罪活动驱动。Rogoff 提到,在某些国家,这种需求甚至高达40%。See Rogoff, *The curse of cash*, Ed. Princeton University Press, 2016.

这对央行风险控制和有关部门监管均会带来更大的挑战。

3. 方案三

(1)基本目的与方案

若作为加强货币政策的工具,则可引入普遍发行、匿名且产生利息的CBDC。普遍发行可以使得该数字货币在社会公众中流通,甚至最终可能取代纸质钞票;由于央行需要利用数字货币的利率调节经济活动,因此该CBDC应当计息,但利率为正或为负可依据所面临的问题酌情而定;匿名性则与现金相似。

(2)优劣势

这一方案给货币政策注入了新的可能性。考虑到中央银行易因应对激进货币宽松政策而面临零利率下限问题,由Rogoff等人提出引入CBDC以扩大负利率范围,可以增强货币政策的效力。〔11〕这一举措可能对现有货币体系产生深远影响,例如为避免套利,纸币现金数量会大大减少或面额降至较低水平。

该方案同样对传统的货币政策带来了新的挑战。从法律监管角度出发,通过技术手段实现法定货币数字化,将革新已有法律对信息储存、信息安全的定义和规范。同时,考虑到央行负有市场监管和维护金融稳定的职责,如何合理界定央行的管理权力范围,使得在不违反强制性规定的情况下更好地履行监管职责,这一问题给相关法律问题的处理带来了新的挑战。从技术风险角度出发,相较于关注法定数字货币的支付结算等基础功能的方案一和方案二,方案三聚焦其作为货币政策工具的经济调控属性,更容易引发新的风险。〔12〕

4. 方案四

(1)基本目的与方案

若希望降低银行业危机爆发造成的危害或将数字货币作为可大规模使用的零售支付工具,〔13〕则可设计普遍发行、非匿名、不计息的CBDC。向公众普遍发

〔11〕 See Rogoff, *The curse of cash*, Ed. Princeton University Press, 2016.

〔12〕 参见王璐:《构建适合法定数字货币的金融制度》,载金融时报－中国金融新闻网:http://www.financialnews.com.cn/ll/xs/201810/t20181022_147961.html,最后访问日期:2018年10月22日。

〔13〕 参见《深度丨零售还是批发?从技术角度简析央行数字货币CBDC》,载共享财经:http://www.sohu.com/a/312091450_379963,最后访问日期:2019年7月10日。

行可确保为央行的用户普遍开设账户，且交易账户可像传统银行存款一般被识别。[14]

(2)优劣势

方案四给予了普通公众开设数字货币账户的可能性，降低了法定数字货币的推广门槛，并进一步提高了法定数字货币在不同使用场景中的便捷性和灵活性。[15] 并将数字货币对社会的影响程度发挥得更充分。但这一方案的潜在问题在于，在现有银行的设施和运作体系下，处理数字货币发行流通过程中中央银行与商业银行的关系将变得更为复杂。由于中央银行的职能被加强，若在账户体系中个人账户直接接入中央银行，将会引发存款流向中央银行，削弱了整个银行体系的稳定性。此外，中央银行的职能被再次加强后，如何在现有法律体系下保证中央银行的独立性和专业性，同样会迎来新的挑战。

上述四种类型的CBDC设计的可行性、影响力均不相同。方案一带来的改变主要集中在大规模支付系统的运作变化，而方案二则对现金提出了替代方案，方案三增强了央行数字货币的调控力度，方案四甚至有可能改变整个金融系统。综合看来，更激进、更有野心的政策可能带来更大的改变和更高的价值，同样也易对现有货币体系和经济体系引发更大的风险和挑战。

(二)运行模式

基于上述四种方案，可大致将CBDC的运行机制分为基于令牌和基于账户两类不同的运行模式，可根据不同方案的特点选择具体运行方案。

1. 基于令牌的CBDC运行机制[16]

使用基于令牌的CBDC进行交易可能比现金交易涉及更多步骤，但是不需当面交付即可完成交易。与纸质现金不同，使用基于令牌的CBDC来解决交易需要外部验证令牌。因此，CBDC交易可能并非是完全匿名的，匿名程度取决于

---

〔14〕 此处原著作者(Santiago Fernaindez de Lis and Olga Gouveia, "Central Bauk digital carrencies: features options, pros and cons", BBVA Bauk, Economic Research Pepartment, 2019)指出，是否计息在此模型下理论上均可。

〔15〕 参见姚前、汤莹玮：《关于央行法定数字货币的若干思考》，载《金融研究》2017年第7期，第75～85页。

〔16〕 See Mancini-Griffoli, T., et al., "Casting Light on Central Bank Digital Currency", IMF Staff Discussion Note, November 2018, pp. 7－8.

钱包注册情况与交易信息记录程度。

根据所使用的技术不同，可以集中或分散进行令牌验证与结算。借助可在由中央银行管理的封闭网络上使用的分布式分类帐技术（DLT），可以实现分散结算。尽管该技术正在快速发展，但其目前在可扩展性、效率等方面仍存在较为明显的不足，[17]其他类型的集中式结算技术可能效率更高。上述技术将检查令牌的序列号的有效性，并在令牌更换钱包后重新分配号码以避免重复付费的风险。（见图1）

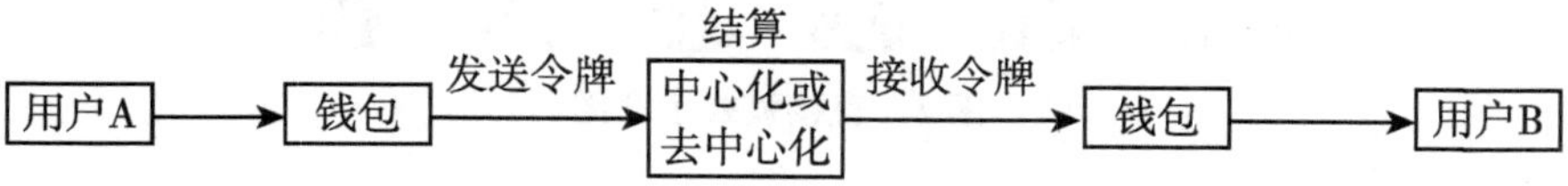


**图1　基于令牌的 CBDC 示意图**[18]

2. 基于账户的 CBDC 运行机制

Ben Dyson 和 Graham Hodgson 提出，基于账户的 CBDC 的运行模式可分为如下三种：直接（一元）模式、间接（二元）模式与混合模式。[19]

直接（一元）模式下，中央银行直接向每个公民直接提供账户及支付服务；间接（二员）模式下，中央银行持有数字现金，但将管理账户和支付服务的工作留给私营部门（如商业银行等机构）；混合模式下，中央银行直接向商业机构开放账户及相应服务，而个人用户则由商业银行提供服务。

（1）直接模式/一元模式（direct access via digital cash accounts）

在直接模式中，中央银行向公民直接提供中央银行的账户、分类代码，账号等服务，以便将账户中的资金用于交易结算和支付。此外，客户需要互联网或移动手机银行来核对他们的余额和账单信息，因此中央银行同样需要与相应服务提供商取得连接。尽管代理分支（如邮局分支网络）在某些情况下可用，但从财务费用角度出发，专门使用分支网络可行性较低，中央银行需提供相应网络建设

〔17〕 See He, D., et al., "Fintech and Financial Services: Initial Considerations.", IMF Staff Discussion Note 17/05, International Monetary Fund, Washington, DC.

〔18〕 资料来源：Mancini-Griffoli, T., et al., "Casting Light on Central Bank Digital Currency", IMF Staff Discussion Note, November 2018, p. 8。

〔19〕 See Ben Dyson and Graham Hodgson, "Digital Cash: Why Central Banks Should Start Issuing Electronic Money", Positive Money, January 2016, pp. 15 – 19.

并对所有账户实施防欺诈和反洗钱等行为监管和约束。(见图2)

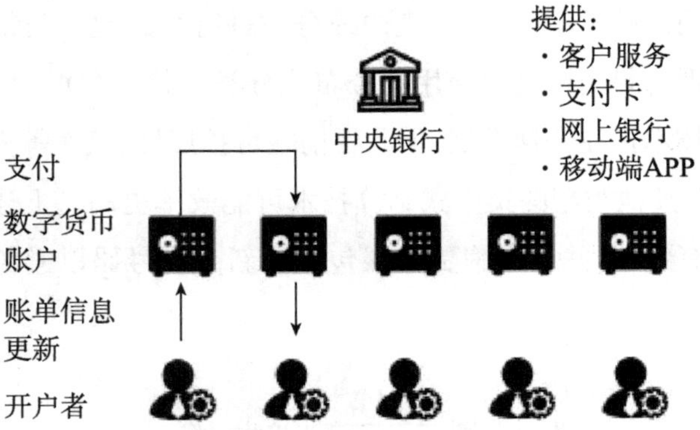


**图2　直接模式示意图**

该直接模型尽管具有层级简单、直接明了的优点,在发行范围相对较小、参与者数量有限时可凸显价值和优势。但倘若潜在账户持有人数量庞大,央行的工作量将直接大幅增加。部分学者担心中央银行承担如此大的行政负担后,可能会分散其在监管银行和管理货币政策方面的其他职能。此外,在此模型下,中央银行将与商业银行直接竞争提供支付服务,甚至可能大幅挤占商业银行的业务,但由于中央银行欠缺商业激励来围绕数字货币支付机制进行服务创新,因此可能倾向于提供低于竞争市场水准的服务,不利于提升服务质量。

(2)间接模式/二元模式(indirect access via digital cash accounts)

在这种间接模式下,中央银行仍然会创建发行数字货币,但所有支付和客户服务都将由私营部门提供(或由其管理)。

Ben Dyson 和 Graham Hodgson 对此模型进行了详细描述。[20] 在此模式中,商业银行或金融科技公司将提供一种特殊类型的"数字现金账户"(digital cash accounts,DCA)。提供这些帐户的公司统称"DCA 提供商",负责通过电话或电子邮件提供账户对账单、支付卡、余额检查、分类代码、网上银行及手机银行等客户支持服务。供应商还将负责允许 DCA 持有人通过正常的支付网络(BACS,FasterPayments,Visa,MasterCard 等)进行支付,以便使得 DCA 持有人能够以消费银行存款的方式使用数字货币。(见图3)

---

〔20〕 See Ben Dyson and Graham Hodgson,"Increasing Competition in Payment Services".

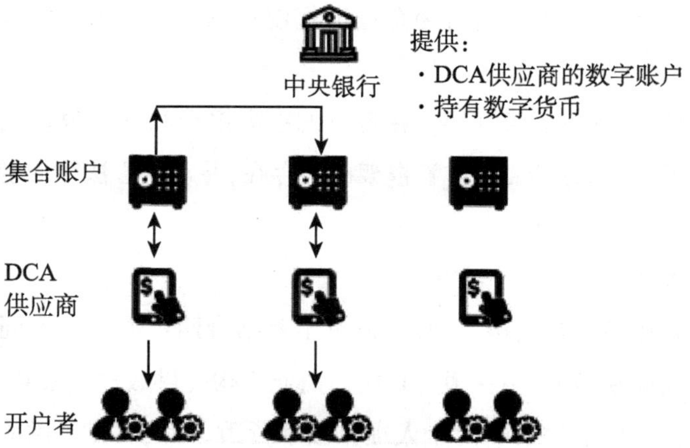

**图 3 间接模式示意图**

与传统商业银行相比,DCA 供应商有着独特的优势。

首先,任何支付给 DCA 的资金都将在中央银行以电子方式持有,这意味着 DCA 提供商将始终“完全流动”,可以随时向其所有客户偿还账户中的全部余额。这与只能在任一时间点偿还一小部分存款人的传统银行形成鲜明对比。其次,DCA 中的数字货币在法律上属于账户持有人,而非 DCA 提供商。DCA 提供商仅负责管理数字现金,但永远不会持有该部分现金。与之相反,当客户将实物现金存入传统商业银行时,现金即成为银行的资产,而客户获得类似于负债的银行存款。正因为上述两个特点,DCA 供应商永远无法借出客户的数字现金或将其暴露给任何人,无法提供贷款或透支,从而降低了自身固有风险。

因此,DCA 在实际操作过程中可能面临的风险主要来自另外两方面:所有银行账户均可能面临的支付欺诈;DCA 提供商本身管理不善,无法支付其运营费用并最终破产。但即使在这种情况下,由于资金将全额由中央银行持有而非成为 DCA 资产的一部分,DCA 持有人也并不会遭受金钱损失。

由于间接模式消除了直接模式下中央银行的负担,中央银行、政府,以及金融服务方均更认可间接模式。概括而言,其优势主要集中在以下三方面:

第一,最大限度地减轻了中央银行的负担。通过与现有商业银行或技术公司合作提供账户服务,中央银行将能够专注于基础设施,即发行数字现金并为其提供支付系统而非向账户持有人提供烦琐的客户服务。

第二,更加市场化,有助于激励创新。DCA 服务将由竞争客户和市场份额的公司而非中央银行提供,这将为企业进行创新以改善和扩展服务提供更多的竞争激励。

第三,更符合现有监管框架。在现有的中央银行和商业银行或第三方平台的合作模式下,大部分必要的监管框架已经存在,并对核心法律问题进行了规定和监管。

3. 混合模式

除上述直接模型与间接模型外,还有学者结合两种方式的不同优势提出了混合模型。在此模型下,中央银行直接向商业机构提供账户和服务,再通过商业银行和技术公司(间接模式)对个人提供数字货币。由于DCA供应商不持有数字货币,货币实际储存都在中央银行中,因此直接模式和间接模式可以并存于同一体系之下。[21]

根据上述讨论可知,结合不同类型的CBDC和适用的模式设计,可将相应方案概括整理为表2。

**表2 方案信息汇总**

| 方案 | 侧重目的 | 特征 | 优劣势 | 可行模式设计 |
|---|---|---|---|---|
| 方案一 | 完善大规模支付系统功能 | 限制性、可识别用户身份、不计息 | 大幅提高批发支付系统效率;<br>影响覆盖面较小 | 基于账户的CBDC:直接模型 |
| 方案二 | 取代现金的高效支付手段 | 通用性、匿名、不计息 | 纸质现金的高效替代品;<br>匿名化带来监管难题 | 基于令牌的CBDC |
| 方案三 | 加强货币政策实施力度 | 通用性、匿名、计息 | 加强货币政策的调控作用;对法律关系平衡带来挑战 | 基于令牌的CBDC |
| 方案四 | 降低银行金融危机影响 | 通用性、可识别用户身份、计/不计息 | 有利于中央银行数字货币广泛普及;<br>对服务提供和制度建设要求高 | 基于账户的CBDC:间接模型或混合模型 |

〔21〕 参见蔡维德等:《熊猫CBDC央行数字货币模型》,载https://www.jianshu.com/p/fd076d3eef87。

## 四、试点案例:乌拉圭 e-Peso 案例分析[22]

由乌拉圭中央银行(Banco Central del Uruguay, BCU)发行的数字货币 e-Peso 于 2017 年 11 月至 2018 年 4 月在乌拉圭试运行流通。[23] 为测试 e-Peso 系统的技术成熟度和进一步了解中央银行数字货币发行中的潜在问题,该法定数字货币的首次发行在试点计划的受控框架内完成。本文重点关注 e-Peso 试点发行背景、e-Peso 系统的主要特征、经验教训和未来发展四个方面。

1. e-Peso 概述

为降低发行实体货币比索(Peso)的高昂成本,提高交易效率。乌拉圭中央银行一直大力研究法定数字货币的潜在发展空间。由乌拉圭中央银行基于数字平台发行的法定数字货币 e-Peso 的试点发行,是其迈向数字经济新时代的重要一步。

2014 年,乌拉圭中央银行开始与从事货币安全的 Roberto Giori 公司接洽商谈如何创建安全可靠的法定数字货币,并在随后几年内分别从法律、信息安全与技术角度对数字货币发行合法化、风险控制等问题进行评估。从法律授权方面,《乌拉圭中央银行章程》(Banco Central del Uruguay Organic Charter)第 7 条规定,“中央银行应当按照其法定职责在全国范围内发行货币、铸造硬币”。即法律并未明文规定或禁止特定的货币形式,只要二者能够保持类似的安全标准,乌拉圭中央银行便被允许发行实物或数字货币,无须额外获得进一步授权。在风险控制方面,乌拉圭采取若干措施来来减轻网络风险,以确保系统设立充足的信息安全标准,并通过在与参与方订立的合同文件中约定处罚和担保条款等措施合理控制财务和声誉风险。在技术方面,数字货币发行系统内包括 e-Peso 生产、数字保险库、数字钱包、交易系统、基础设施等在内的所有组成部分均成功通过技术检测。上述前期准备为数字货币的评估和风险控制奠定了坚实的基础,进一步加速了乌拉圭法定数字货币的试点发行。

---

〔22〕 乌拉圭 e-Peso 案例介绍译自 Mario Bergara and Jorge Ponce,“Central Bank Digital Currency: the Uruguayan e-Peso Case”, https://positivemoney. org/wp-content/uploads/2014/12/Competition-in-Payment-Services. pdf, Accessed July 5, 2019。

〔23〕 See Uruguayan e-Peso on the context of financial inclusion.

2. 模式介绍

(1)主要参与方

除乌拉圭中央银行发行数字货币,Roberto Giori 公司提供核心系统外,在此次试点发行中仍包括其他多家参与者。国有电信公司 Antel(同为乌拉圭最大的电信公司),为 e-Peso 发行提供电信网络;IBM 提供数据存储服务、管理和流通控制,并通过呼叫中心为客户提供支持;INSwitch Solutions 是一家专门从事移动金融服务的乌拉圭公司,为用户管理、转账和交易提供界面;RedPagos 是一家在全国各地设有分支机构的支付服务商,可为用户提供现金和现金支付服务。除这些参与服务提供的机构外,e-Peso 的最终用户包括个人客户和零售商。具体如表 3 所示。

**表 3 乌拉圭 e-Peso 服务提供参与者**

| 名称 | 图标 | 功能 |
|---|---|---|
| 乌拉圭中央银行 | 50 Aniversario BANCO CENTRAL DEL URUGUAY 1967-2017 | 发行电子货币 |
| RGC | RGC | 负责主要系统、提供管理和技术支持 |
| Antel | antel | 提供电信网络 |
| IBM | IBM | 数据储存、管理、流通控制 |
| INSwitch Solutions | IN Switch Solutions | 提供用户管理、转账、交易界面 |
| RedPagos | redpagos | 现金支付服务 |

(2)试点方案

为便于风险管控,e-Peso 试点发行过程中引入了时长限制、参与范围限制、发行上限等一系列控制措施。该试点发行于 2017 年 11 月 3 日开始,历经 6 个月后于 2018 年 4 月底停止;发行总限额被控制在 2000 万乌拉圭比索;用户仅限于 Antel 的 10,000 个手机用户;[24] 终端个人用户 e-Peso 钱包的最高余额为 30,000 乌拉圭比索,[25] 注册商业余额最高为 200,000 乌拉圭比索。在上述限制措施下,整个 e-Peso 系统可进行两类数字交易:终端个人用户之间的点对点交易和最终个人用户与注册商业业务之间的交易支付。

整个试点计划的流程包括三个阶段:央行筹备发行、用户注册与进行交易、交易停止与余额兑换。

第一阶段,乌拉圭中央银行经过初步评估后以数字货币形式发行 2000 万乌拉圭比索,即 e-Peso。为启动现金兑换,例如将纸币兑换成 e-Peso,中央银行将 700 万 e-Peso 转移至 RedPagos 中。

第二阶段始于 2017 年 11 月 3 日,持续 6 个月。在此期间,Antel 的移动电话用户下载并安装 e-Peso 应用程序——InSwitch 提供的数字钱包,并通过简单的注册流程使其手机号码与数字钱包相关联。有意接受 e-Peso 作为支付手段的商业、零售商也可注册安装此程序。注册完成后,用户通过 RedPagos 兑换 e-Peso 并进行交易。

为促进 6 个月试点期内 e-Peso 的使用,Roberto Giori 公司承担了向前 1000 位客户钱包中存入 500e-Peso 余额的费用,此外,该公司每月均提供 100 份价值 2000 乌拉圭比索的奖励用于随机分配给上一月份累计交易超过十笔的个人用户和 25 份价值 2000 乌拉圭比索的奖励用于随机分配给上一月份累计使用 e-Peso 收费超过三次的商业用户。

第三阶段始于 2018 年 5 月 1 日,即试点交易结束当天。e-Peso 交易终止后,用户无法继续直接交易,只能通过 RedPagps 将 e-Peso 兑换成现金。在 2017 年 7 月之前没有将剩余 e-Peso 兑换为现金的用户可在 Antel 公司的手机账户中

---

〔24〕 更准确地说,应该是安装 e-Peso 应用程序并注册的前 10,000 个用户被获准进行交易。

〔25〕 约等于 1000 美元。

计入余额用于支付电信公司账单。

如今试点发行结束后，e-Peso 的存量为零，乌拉圭正从技术成熟度以及数字货币发行对经济、支付系统、金融系统和货币政策的影响等不同角度对本次试点进行评估。

（3）E-Peso 发行系统模式概述

如图 4 所示，e-Peso 系统的核心 Global Solutions for Money Technology（GSMT）由 Roberto Giori 公司提供，其由两部分组件构成。首先，Giori Digital Money（GDM）负责发行电子比索并提供 e-Pesos 背后的安全加密技术。鉴于乌拉圭中央银行拥有在乌拉圭发行法定货币的专有权，该部分需要由银行管理。其次，Global E-note Manager（GEM）提供虚拟保险库和数字钱包。该组件负责所有交易的存储、安全性、验证和认证问题。尽管它也可由乌拉圭中央银行管理，但在试点期间，GEM 组件由 IBM 管理。

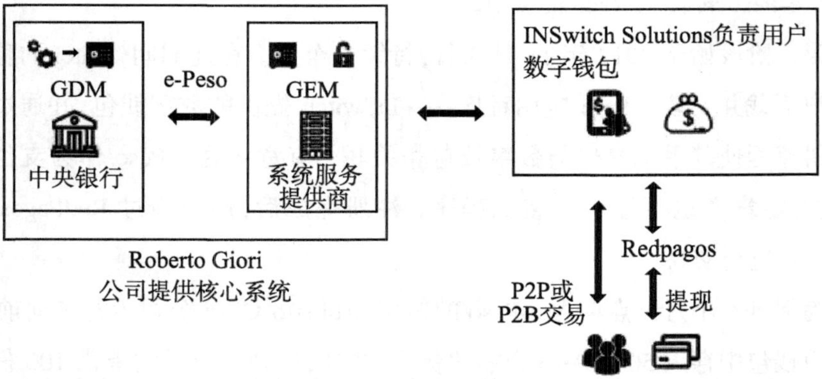


**图 4　e-Peso 系统运作示意图**〔26〕

在试点发行过程中，InSwitch Solutions 通过其货币交易系统向用户独家提供与移动电话号码相关联的数字钱包。一方面，e-Peso 交易通过系统内的 GEM 组件匿名进行，可模拟纸币的匿名流通共享功能；另一方面，与纸币在交易过程中不具备可追溯性不同，由于 GEM 组件存储每个（匿名）数字钱包的交易数据，

〔26〕 示意图参考 Gerardo Licandro, Uruguayan e-Peso on the Context of Financial Inclusion, Banco Central Del Uruguay, November 2018 绘制，https://www.bis.org/events/eopix_1810/licandro_pres.pdf, Accessed July 5, 2019。

e-Peso 在匿名的基础上同样具有可追溯性,可以解密存储在 GEM 组件中的交易数据,以便揭示通过特定钱包进行交易的用户的身份。例如,如果主管当局(如法律法官、税务机关或反洗钱机构等)正在控诉或调查某人并要求获得交易信息,在这种情况下,部分数据可以通过解密技术被提供给主管当局,从而有助于调查进展。

试点期间,经核心 GSMT 系统的 GEM 组件中验证和认证后,终端用户通过他们的 InSwitch 数字钱包可进行两类交易。最常见的交易类型是用户之间的点对点交易,约占总数的 80%;另一类交易则是用 e-Peso 支付零售商的服务或产品,该类交易同样是该试点发行的重要组成部分。最终,用户可通过 RedPagos 完成 e-Peso 提现。

3. 系统特征

除了交易的匿名性和可追溯性之外,e-Peso 系统还具有其他五个重要特征。

第一,系统提供即时结算功能。

第二,使用双重通信模式来提供二次身份验证方法,从而增强了交易的安全性。主要身份验证方式需借助互联网,辅助验证方式仅通过移动网络使用名为"非结构化补充服务数据"(Unstructured Supplementary Service Data, USSD)的电信协议(类似于 SMS 消息)。USSD 消息可帮助确保至少一部经电话公司验证带有效 SIM 卡、可正常运行的手机与交易相连接。

第三,鉴于双重身份验证方法的使用,在 e-Peso 系统中,用户可以在没有互联网连接或智能手机的情况下,使用任何签订 USSD 协议的 GSM 电话进行交易。

第四,即使关联手机或数字钱包的密码丢失,e-Peso 也会受到核心系统中 GEM 组件的保护,从而增强货币的安全性。

第五,每个 e-Peso 账单都有一个唯一的加密序列号和特定面额。[27] 此功能旨在提高安全性,因为它有助于防止双重支出或伪造行为的发生。然而,它也可能增加对系统的技术要求,因为如果特定钱包中的 e-Peso 面额不适合进行交易,它可能需要在 GEM 保险库进行更改。例如,单个交易可能需要跟随一个或

---

[27] 试点过程中并未提供此功能。

两个附属自动交换交易,以便完成结算过程并维持钱包中的余额。被最小化这种潜在缺点的影响,系统可以通过仅发行足够小面额的 e-Pesos 来避免交换交易带来的影响。目前乌拉圭中央银行正在评估这一措施的可行性。

4. 试点结果及潜在影响

e-Peso 试点项目运行 6 个月内无事故发生的成功经验,可用于多方面评估新技术和中央银行商业模式。该试点发行对 e-Peso 未来正式投入生产,提供了宝贵的一手资料和技术信息,可用于帮助确定适合乌拉圭 CBDC 的最佳设计。

试点过程中,e-Peso 的发行对银行和其他金融机构的影响引发了各界的广泛关注。在 e-Peso 试点期间,商业银行对 e-Peso 相关业务项目十分关注,并对 e-Peso 相关的商业机会和降低成本的潜力表示出极大的兴趣。如果 e-Peso 正式投入生产,原有商业银行系统可能借助和 e-Peso 的结合达到新的平衡。e-Peso 同样可以激励技术公司开发增强客户体验感的数字钱包等新产品和服务,可以为公平竞争和金融市场创新作出贡献。

此外,e-Peso 的发行涉及对货币政策效率的影响。一方面,e-Peso 的发行与流通可促进提升货币政策分析、处理信息的效率;另一方面,e-Peso 可能会造成现金流通速度和货币数量产生额外的波动,从而增加日常运营的难度。e-Peso 生成的交易信息对于经济分析同样具有较高价值,即使它保留了用户的匿名性,但可追溯的交易信息可以根据某些主管当局(法院,税务机关等)的要求予以释放,从而有助于防止逃税、洗钱和资助恐怖主义。

## 五、总结

面对科技颠覆居民生活和交易习惯、纸质现金使用频率显著降低的当下,发行法定数字货币为开启更高效、便捷、安全的交易方式注入了新的可能性。相较于传统纸币,数字货币具有多项内在优势。[28] 尽管目前各国纷纷加速对央行数字货币的研究,其框架选择和模式制定仍需结合本国国情合理进行预判与选择,从而更好地实现发行目的。广阔的应用前景之外,法定数字货币背后隐藏的未

〔28〕 参见张正鑫、赵岳:《央行探索法定数字货币的国际经验》,载《中国金融》2016 年第 17 期,第 28～29 页。

知风险和挑战同样不容忽视。乌拉圭中央银行 e-Peso 的试点发行借助一系列控制措施取得了成功,并为该国合理预估未来发行数字货币的制度设计奠定了基础。在法定数字货币方案设计和模式规划过程中,合理平衡技术创新、金融服务和法律监管三者之间的关系,才能更好地探寻未来数字货币发行的发展方向。

《清华金融法律评论》
第3卷第1辑
第134~153页

# 数字代币的证券属性争议与ICO监管再思考

张旭婕*

目　次



**摘　要:**由数字代币发行引发的金融业快速变化对金融监管机构提出了前所未有的挑战。ICO依托区块链技术和互联网平台作为新型融资方式迅猛发展,美国、新加坡等国的监管机构纷纷采取措施,将符合证券特征的数字代币归为证券类产品,从而将一部分ICO项目纳入证券法的监管体系之中。本文从数字代币的分类出发探究其证券属性,分析ICO与传统的IPO之间的异同及法律定性问题,从比较法视野借鉴其他国家和地区证券化监管路径的经验,试图从证券识别机制、市场准入门槛、场内交易设计和监管部门协调等方面为我国ICO的证券化监管路径提出可行性建议。

* 张旭婕,清华大学法学院本科生。

**关键词**:首次代币发行 代币分类 证券行为认定 证券化监管路径

随着去中心化的区块链技术和数字代币技术的广泛应用,互联网金融发展迎来了新的革命,首次代币发行(Initial Coin Offerings,ICO)也成为诸多投资者选择的热门融资方式。区块链技术作为技术集成的链式数据结构,其应用被写入了2016年中国发布的《"十三五"国家信息化规划》,由此变得炙手可热。正是在这一背景下,通过发行代币来募集资金的ICO融资方式逐渐成为热议话题,项目支持者可认购相应价值的代币来投资区块链初创公司。根据国家互联网金融安全技术专家委员会公布的相关数据,2017年面向国内提供ICO服务的相关平台已有43家,通过上述平台完成的ICO项目累计融资规模折合人民币高达26.16亿元,累计参加人次达10.5万。[1] 正因如此,2017年被一众虚拟货币投资者称为"ICO元年"。新兴的金融革命常常伴随风险,中国人民银行在《中国区域金融运行报告(2017)》中即指出,中国互联网金融的快速发展也容易导致风险扩散和交叉传导。由于数字代币和ICO发展之初缺少系统性的规则和监管,与之有关的集资乱象和犯罪行为频有发生,我国监管部门最终在2017年先后出台文件叫停ICO并试图杜绝比特币和ICO市场。然而,"一刀切"的监管态度背后是对新生事物的不准确的认识和判断,对于数字代币和ICO应如何认识、持何种监管模式,亟须进一步的分析和探究。

## 一、ICO模式的定义与发展历程

ICO在字面意义上指"首次代币发行",其发行对象是"Coin",即虚拟货币,确切来说是代币(Token)。美国证券交易委员会(the US Securities and Exchange Commission,SEC)将ICO界定为"通过分布式账本或区块链技术生成并向投资者分发代币,并接受法定货币或虚拟货币作为支付对价"的资金募集方式。相比之下,我国学者将其定义为在区块链技术发展和承认数字代币的前提下,初创区块链公司所使用的通过发行基于区块链技术产生的数字代币,募集其

〔1〕 参见国家互联网金融安全技术专家委员会于7月25日发布的《2017上半年国内ICO发展情况报告》。

发展所需资金的一种手段。[2] 不同于传统资本市场上首次公开发行(IPO)对信息披露、证监会审核等方面的严格要求,ICO融资模式一般没有财务要求或监管部门的严格审核,也没有会计师事务所、律师事务所等专业机构的介入。其具体操作过程为:项目方通过网络公布项目白皮书,吸引全球的投资者申购其所发行的代币,当投资者申购额度达到项目方的募集额度时,ICO项目便宣告发行成功,投资者用手中的BTC(比特币)或ETH(以太坊)等虚拟货币按约定比例交换项目方发行的代币。[3] 项目方可直接使用虚拟货币或在虚拟货币交易平台上交换法币来实现融资,投资者则可通过代币的升值牟利并通过网络交易平台将代币变现。

中本聪(Satoshi Nakamoto)于2008年发表《比特币:一种点对点式的电子现金系统》,首次提出了"比特币"的概念。比特币是一种纯P2P的虚拟货币,它使用遍布整个P2P网络节点的分布式数据来管理货币的发行、记录货币交易和账户余额信息,能够满足去中心化、严格控制货币供给速度、预估货币流通总量、有效遏制通货膨胀的需求。[4] 随着比特币在金融市场的发行和流通,其币值在2017年升高至20,000美元,同时也面临着过山车式的大涨大跌。加密数字货币的流通促进了ICO融资模式的广泛兴起。在发展早期,尤其是2014年之前,ICO的融资规模尚不足2600万美元;然而2014年ETH项目的出现大大刺激了投资者们对ICO融资的热情,加速了ICO的发展。2016年下半年,随着比特币市场热度的高涨,ICO融资规模呈现飞跃式上升;之后的2017年、2018年,全球ICO融资规模高达53亿美元,国家互联网安全技术专家委员会2018年9月在其官网发布的《区块链行业动态月报》显示,"2018年的前三个月全球ICO筹集资金规模已经超过2017年全年水平,前三个月ICO募集资金总额为63亿美元,是2017年的118%"。[5]

---

[2] 参见何隽铭:《ICO商业模式的法律性质分析及监管模式优化——基于九国ICO监管现状》,载《上海金融》2018年第2期,第87~85页。

[3] 参见张驰、李运熙:《ICO融资模式的起源、发展以及风险》,载《时代金融》2018年第33期,第209~210页。

[4] 参见贾丽平:《比特币的理论、实践与影响》,载《国际金融研究》2013年第12期,第14~25页。

[5] 参见刘博涵:《普罗透斯之脸:加密数字货币的双重属性、法律风险与刑法控制——以比特币和首次代币发行(ICO)的分析为视角》,载《证券法律评论》2019年第00期,第337~350页。

比特币和ICO融资项目的爆炸式发展并非一路顺畅,新兴金融模式的发展必然伴随一定风险,2018年10月比特币的价格暴跌约7%,为投资者敲响了警钟。一方面,ICO本身面临巨大的风险,代币价格不稳定容易暴涨暴跌,不完整的信息披露和非确定性的商业模式使投资者缺乏保护;另一方面,由于投资者认购代币的资金一般以比特币等加密货币的方式支付,资金可以瞬时转移而不受外汇管制、反洗钱限制,一旦遭遇项目欺诈,投资者难以追回损失,相关的非法集资、诈骗等违法犯罪活动也频频发生。因此,对发行代币募集资金的行为进行合理监管,已成为多个国家或地区达成的共识。美国、新加坡、德国、瑞士等国家或地区先后对ICO采取了不同的监管路径,将具备证券本质的代币纳入了现有的证券法和监管体系。相比之下,我国则对比特币和ICO则采取了禁止的态度。2013年12月3日,中国人民银行等五部委出台《关于防范比特币风险的通知》,认为比特币"并不是真正意义上的货币",要"防范比特币可能产生的洗钱风险";2017年9月4日,中国人民银行等七部委出台《关于防范代币发行融资风险的公告》,采取了更为严厉的态度,将ICO定义为"一种未经批准非法公开融资的行为",并要求"任何组织和个人不得非法从事代币发行融资活动"。如此"零容忍"的态度并不利于应对新兴金融科技的弹性发展,也不利于满足投资者尤其是中小企业融资的需要;堵不如疏,境外多国对数字代币和ICO的监管理念对我国具有一定的借鉴价值。

## 二、数字代币与ICO的法律定性争议

### (一)数字代币的分类与证券属性

ICO发行对象是代币,因而在探讨ICO监管模式前,理应先厘定作为其发行对象的代币的法律概念。在允许发行代币进行融资的国家,由于ICO的发起人对代币权益结构的设计多样,故代币所承载的内容和商业模式也是多样的,在判断代币的本质时需要针对不同类型加以区分。

德国学者按照代币的内容将代币分为功用代币、类股票代币、数字加密货币和资产支持代币。[6] 持有功用代币的投资者有权使用基于区块链的网络或平

[6] See C. Hahn and A. Wons, *Initial Coin Offering(ICO)*, Spring Gabler, 2018, S. 10f.

台的全部或部分功能，有机会在二级市场获利；类股票代币则具有一定的有价证券特性，通常被认定为金融工具，代币持有者可参与企业利润的分配、表决提案等；数字加密货币是只以数字形式存在的价值保持工具；资产支持代币是以一定的资产作为保障以吸引投资者购买的代币。[7] 美国对代币的分类更为典型，将代币分为功能型代币（utility tokens）和证券型代币（security tokens），前者为投资人提供公司在当前或未来的产品和服务权限，后者可被视为一种为投资需求所设计的新型证券。[8] 只有在符合《证券法》和《交易法》相关规定并经过 Howey Test 检验后，证券型代币才被纳入证券法的监管体系之下。瑞士在应对区块链金融市场发展时，将加密资产进行了分类，具体分为了支付型代币、实用型代币、资产型代币与混合型代币。支付型代币（payment tokens）是指代表区块链自身价值的代币，即比特币、以太币等目前广为人知的加密货币；实用性代币与资产型代币则是代表区块链外部价值的代币，主要指瑞士民法与金融市场法律中的有价证券。瑞士联邦委员会认为资产型代币（asset tokens）代表金融资产如债权请求权、股票、债券或衍生金融工具，属于瑞士证券法律体系中的证券。[9] 在亚洲国家，不同于中韩叫停 ICO 的做法，新加坡采取了鼓励 ICO 发展的态度，并将数字代币分为支付类代币、实用类代币和证券类代币，明确规定发行支付类代币须遵守支付服务法案的相关规定，发行实用类代币只要不存在洗钱等风险就不受监管，发行证券类代币则需要遵循证券法的相关规定。从上述国家对数字代币的分类来看，虽然代币的划分并不存在全球范围内的统一标准，各类代币也存在交叉的情况，但各国在监管代币发行时均采纳了分类监管、纳入现行法律体系的策略。在 ICO 个案中，具体分析代币的内容和承载的商业模式，对不同类型的代币如支付型代币、资产型代币等分别予以考虑，以确定该代币发行项目应受到哪些法律的规范，成为现行有力的监管方案。因此，数字代币的分类分析显得尤为重要，是确认监管法律体系的重要前提。

---

〔7〕 参见李海、胡麓珂：《首次代币发行（ICO）监管再思考——以德国现行法为视角》，载《财经法学》2019年第2期，第3～16页。

〔8〕 参见张天行：《美国证券法框架下数字代币发行的监管实践与启示》，载《证券法律评论》2019年第00期，第351～369页。

〔9〕 See Section 6.2.2, The Federal Council, Legal Framework for Distributed Ledger Technology and Blockchain in Switzerland: An Overview with a Focus on the Financial Sector, December 2018.

值得关注的是,上述国家在对代币进行分类时均着重考虑了属于证券类的代币,将其纳入本国证券法的监管路径之下,从而对 ICO 提出信息披露、证监会审核等更高的要求。那么,应如何认定代币的证券属性?以美国法为例,美国证券法对证券的定义较为宽泛,联邦最高法院在 1946 年的判例中确立了检验特定交易是否符合证券发行的标准即“Howey Test”[10]:其一,货币投资,即保护投资者免受金融损失;其二,共同经营,即针对共同事业或主体的投资,该资金集合被用于共同事业,在判断时又有水平共同、狭义垂直共同、广义垂直共同等标准;其三,利润预期,买方对投资所得有期望;其四,收益源于第三方的努力。在具体判断代币是否构成证券时,各州法院补充了诸多其他标准,SEC 也在之后以发布公告的方式提出了一系列判定数字代币证券属性的原则,如中心化与去中心化、数字货币的功能性等。在判定以太币的法律性质时,SEC 官员在公开表态中即认为以太币是“弱中心化虚拟货币”,其持有者对以太坊平台不享有任何股权或债权,故不符合证券的本质特征。德国在认定代币是否属于有价证券时,主要从以下四个方面考虑:第一,是否可转让;第二,是否可以在金融市场或资本市场上交易;第三,是否代表了一定的权利,如股东权利、债权请求权等;第四,不是支付工具。[11] 新加坡金管局(MAS)则认为当代币具有附随收益权、投票权等证券必备的权益属性时,才构成新加坡《证券与期货法》上的证券。

我国虽然颁布了《关于防范代币发行融资风险的公告》,未认同代币的货币属性,但“代币发行融资……涉嫌违法发售代币票券、非法发行证券以及非法集资、金融诈骗、传销等违法犯罪活动”表明并不排除代币发行融资中的代币被认定属于证券的可能性。我国《证券法》第 2 条则规定了适用范围为“股票、公司债券和国务院依法认定的其他证券的发行和交易”“政府债券、证券投资基金份额的上市交易”“证券衍生品种发行、交易的管理办法,由国务院依照本法的原则规定”。由此可看出,《证券法》对证券的定义较为狭窄,多限于股票、债券等标准化的证券类型,而对创新型投资工具没有预留余地。不过,证券的本质特征在于证券权利,其上附随了赋予投资者的证券类权益如分红请求权、投票权等;

---

〔10〕 S. E. C. v. WJ Howey & Co. ,328 U. S. 293,298(1946).

〔11〕 参见李海、胡麓珂:《首次代币发行(ICO)监管再思考——以德国现行法为视角》,载《财经法学》2019 年第 2 期,第 3 ~ 16 页。

而实际上,ICO中涉及的部分类型的加密代币同样具有投资性,投资者享有以项目资产价值为基础的债权请求权和以预期收益为限的利润分配请求权,符合证券的属性。若我国《证券法》在之后修订中对管理范围予以调整并适当放宽,在识别某类投资工具是否为证券时,法院大可采取广义的证券定义,探察其本质,进而对代币作出属性判断。

(二)ICO vs. IPO:法律定性问题

ICO融资方式自诞生以来,便被项目发布者和研究者们与传统的IPO融资方式相比较,试图分析二者的相似点和不同点。根据项目白皮书的内容及法律关系的不同,ICO项目大致可分为产品类、份额类、收益权类、互联网股权众筹类等诸多类型,而ICO融资项目发起人们在白皮书和宣传时有意识地避开了“证券公开发行”和“公募”,也比较忌讳“股权众筹”等敏感字眼。[12] 此举恰恰说明ICO作为互联网金融背景下新兴的融资方式与传统IPO融资方式的不同,具备传统方式所难以比拟的便利性。

IPO(initial public offerings)指首次公开发行,是企业或公司首次将股份向公众出售的融资方式,受到证券法律的严格监管。从发行条件来看,《证券法》第13条和第50条规定了股份有限公司申请股票上市应具备的条件,包括股票经国务院证券监督管理机构核准已公开发行、公司股本总额不少于人民币三千万元、公开发行的股份达到公司股份总数的百分之二十五以上、公司最近三年无重大违法行为且财务会计报告无虚假记载等。《首次公开发行股票并在创业板上市管理办法》和《首次公开发行股票并上市管理办法》分别对创业板、主板和中小板上市的公司主体资格、规范运作和财务会计等又提出了更为详细的要求,包括定性和定量两方面的衡量标准。从审核标准来看,我国采取核准制,对IPO的审核工作需要经过受理、见面会、问核、反馈会、预先披露、初审会、发审会、封卷、会后事项、核准发行等环节,对发行人的信息披露要求较高,保荐机构也需对审核人员进行回复。从企业着手准备IPO到发行上市成功,实务中大多需要一至四年的时间。相比之下,ICO采用了区块链技术并且具备互联网金融的特征,

---

〔12〕 参见陈贵:《解构ICO融资:区块链数字货币何去何从——兼析〈关于防范代币发行融资风险的公告〉》,载《互联网金融法律评论》2017年第4期,第125~140页。

在投资者、融资门槛和项目范围等方面与传统的IPO有着明显区别。参与发起ICO的融资主体往往是区块链初创企业,缺乏良好的组织架构和经营业绩,投资者范围广泛且较为激进、分散投资。ICO的融资门槛较低,项目发起人只需在网络上公布白皮书即可开始融资,不必符合严格的股本和股权结构要求,不需要任何监管部门的审批,也没有所谓保荐人、承销商和清晰规范的交易场所。ICO可通过网络在全球范围内进行募集,项目类别多,募集速度快。更重要的是,二者的发行对象存在根本区别,ICO不以股票或债券为融资工具,而是数字代币的初始发行,发行者融得的是主流数字货币并在虚拟资本市场融资,严格来说不是真正的货币一级市场。

也有观点认为,ICO是区块链技术在众筹领域中的最新应用和发展,ICO平台是网络众筹平台,通过发行代币的方式募集比特币等流通能力较强的数字货币来进行融资,是一种股权融资的变异形态。[13] 股权众筹是基于互联网渠道进行的融资,公司面向普通投资者出让一定比例的股份,投资者通过出资入股公司并获得未来收益。作为新型融资方式,股权众筹立足线上直接融资,初创企业可以借助网络直接发布项目融资情况和出让股份信息,由注册成功的投资者认购股份;投资者同样可以便利地查询相关企业信息并分析项目收益预期,作出合理投资规划。自2014年以来,我国证券业协会先后发布《私募股权众筹融资管理办法(征求意见稿)》《场外证券业务备案管理办法》,明确定义股权众筹及平台准入标准,将其纳入证券法和证监会的监管范围之下。相比而言,ICO与股权融资确实存在一定形式上的相似性,ICO的表现形式为融资主体发行项目代币、募集数字货币,投资人同样通过互联网白皮书等了解信息并与创业企业建立成千上万笔交易。但仍有相当数目的ICO融资项目不涉及股权或债权请求权分配,投资者与创业公司的交易是一种期权性的虚拟交易,故ICO与股权众筹的实质内容难言相符。不过,这一观点实际上是试图将ICO间接引入证券监管框架之中,具有一定的参考价值。

SEC则在个案中发布调查报告,将该次ICO融资项目定性为证券行为,首

---

〔13〕 参见伦贝:《ICO监管纳入证券法的路径选择》,载《区域金融研究》2018年第4期,第27~32页。

开对ICO采取穿透式监管之先河。在“The DAO”案件中,发起人公司向美国投资者公开发行数字代币“DAO币”(DAO tokens),将募集起来的以太币集中对外投资,并向投资者承诺分红;投资者有权利在线投票选择合适的对外投资项目,但并不参与投资的日常管理。[14] SEC采用了Howey Test来判断“DAO币”的性质,并认为其符合所有要件,发起人发行数字代币的行为属于证券行为,应当遵守美国证券法的相关规定。这一裁决带给我们分析数字代币与ICO法律性质的新思路,影响甚远。ICO与IPO本有相似之处,只是发行的标的物由证券变为了加密数字代币;若透过金融产品运作的表面模式去探究其资金来源、中间环节、最后流向等经济实质,从而解决发行人行为的定性问题并纳入现有金融法律的监管框架之内,即实现了对创新融资模式的穿透式监管。当然,SEC也并非对所有ICO融资行为均认定为证券行为,而是在个案分析与调查的基础上具体分析代币的属性,对于具有商品期权性质的自然排除适用证券法,对于符合豪威测试等标准的才认定为属于证券行为,并将其纳入美国证券法的监管范围。

## 三、比较法视野:将ICO纳入证券法的监管体制设计

面对ICO这一基于互联网区块链技术出现的新型融资模式,自SEC发布调查报告将“The DAO”的发行认定为证券发行并纳入证券法监管范围后,综观各国(地区)立法,新加坡、德国、英国、瑞士等国纷纷采取了相似的监管措施,在允许合法发行代币的前提下,将具备证券性质的代币纳入现有的证券法监管体系下。这种监管路径可以利用现有的成熟证券法监管新的金融科技,避免浪费监管资源;发行注册制和小额豁免规则重视信息披露规则对发行者的约束而非行政前置程序,灵活性较高,在保护投资者的同时也保护了新型金融工具的创新性。

### 1. 美国

将ICO纳入证券法监管的第一步是对代币发行进行证券识别。SEC对于代币是否属于证券在“The DAO”的调查报告中即写明了明确的标准,采用了

---

[14] See Christoph Jentzsch, “Decentralized autonomous organization to autonomous governance”, http://download slock it/public/DAO/WhitePaper. pdf, Accessed July 1, 2019.

"Howey Test"的检验方法,证券的内涵之一包括"投资合同"。"Howey Test"的四项原则为:其一,货币投资;其二,共同经营,即针对共同事业或主体的货币投资;其三,利润预期,是买方对其投资所得的期望;其四,收益源于第三方的努力。在2017年12月美国"Monkey Capital"一案中,有学者运用该四项原则对MNY代币的性质进行了分析:COE及MNY的价值来源于Monkey Capital Market的有用性以及受欢迎程度,通过对Monkey Capital Market的成功运行其代币将会获得一定的增值,持有代币的投资者也因此将获得利润回报而导致投资者对被告的项目抱有利润来源的合理预期,故COE与MNY代币的性质实质上符合证券内涵之一——投资合同。[15] 即使发行人在白皮书中再三强调COE与MNY代币并非证券,但运用"Howey Test"对其进行分析时可认定其本质上属于证券,SEC可以对其实施穿透式监管或者说功能式监管,因此有关其发行及注册等行为均应收到联邦证券法的规制。

在具体的流通监管机制方面,SEC规定任何被识别判定为构成证券的数字资产证券的发行、销售方必须参照美国《交易法》事先向SEC进行注册,或获得豁免。新经济公司可以通过Regulation A+、Regulation D、Regulation S等豁免注册方式来进行数字资产证券的发行。[16] 一般来说,资历较低、处于发展初期的中小企业借助豁免注册方式来进行证券发行,避免了IPO严格的要求,降低了合规成本,这样的便利条件对发行代币属于证券类型的ICO项目发起人而言具有重要的意义。在三类监管规定中,Regulation A+是小额发行注册豁免,存在最高发行额的限制(一年内募资不超过5000万美元),适用于发行主体注册地在美国和加拿大的发行人和投资者。Regulation D应用较为普遍,其中504条例和506条例又应用最为广泛,506条例被视为证券法Section 4(2)中私募发售豁免的"安全港",使用该条例并且获得豁免的公司可以筹集无限额度资金。Regulation S是属地原则下针对离岸交易的安全港制度,适用于位于美国以外的投资者,并具有非排他性。对于不符合上述豁免规则的证券发行行为,应进行注

〔15〕 参见郑楚戈:《证券法框架下的美国ICO诉讼——以Monkey Capital案为例》,载《西部学刊》2018年第9期,第55~60页。

〔16〕 参见张天行:《美国证券法框架下数字代币发行的监管实践与启示》,载《证券法律评论》2019年第00期,第351~369页。

册并受到较为严格的监管。

此外,美国在反洗钱(anti-money laundering,AML)、打击恐怖主义融资(combating the financing of terrorism,CFT)和客户尽职调查(know-your-customer,KYC)等方面的监管已形成完善的体系。反洗钱监管的主要立法是《银行保密法》,根据31 U.S.C. § 5312 - 5316,其共包含二十章,主要内容是规定金融机构有义务向FinCEN(美国金融犯罪执法网)提交各种类型的记录和报告,包括涉及货币交易、外汇、金融工具的汇入汇出等相关报告。具有匿名性和去中心化的数字代币的发行在2018年9月通过的《FinCEN2018改进法案》中被纳入执法网络,加密货币交易应进行记录并提供报告。相比之下,美国各州对数字货币的监管更多采取准入制,将比特币交易纳入金融监管体系并履行反洗钱等法律义务。[17] FinCEN于2016年5月根据《银行保密法》颁布了《金融机构客户尽职调查要求最终规则》(CDD规则),规定受管辖的金融机构对其客户的实际权益所有人进行尽职调查,并持续更新客户资料。将该项规则应用到数字代币领域,ICO项目的发行人同样应根据不同情况遵守具体适用的规则,只接受符合规则的投资人的投资。

2. 新加坡与我国香港地区

在对ICO的监管中,新加坡与我国香港地区同样对不同数字代币进行了分类并对其进行识别,若具有证券属性,则应受到证券发行相关法律规定的约束。新加坡金融监管局(MAS)在2018年发布了新的《数字代币监管指南》,将数字代币分为支付类代币、实用类代币和证券类代币,明确发行支付类代币需要遵守支付服务法案的相关规定,发行实用类代币只要其不存在洗钱以及恐怖主义融资的风险则不受监管,发行证券类代币需要遵循证券法相关规定,除非能获得豁免。在判断数字代币是否属于证券类代币时,需核查该代币所指向的权利,考量其是否具备《证券期货法》(SFA)所规定的资本市场标的特征(如代表持有者在某公司的所有权益、具有回购性质等,但仅具有积分回馈性质则不会被认为是资本市场产品);若符合SFA规定的条件,则其发行应当编制招股说明书并在

---

〔17〕 参见陈道富、王刚:《比特币的发展现状、风险特征和监管建议》,载《学习与探索》2014年第4期,第88~94页。

MAS 登记。我国香港地区规定若代币被识别为股份(share)、集体投资计划的单位份额(unit)、债券(debenture)等证券类型,则应受到证券法的监管。2018年,我国香港地区证券及期货事务监察委员会(SFC)叫停了一次首次代币发行,在该案中 Black Cell Technology 公司面向香港投资者公开发行 Kropcoin,SFC依法认定该案中的代币性质属于集体投资计划的单位份额。[18] 由于香港尚未颁布较为详细的 ICO 发行指引,该案在一定程度上表明了香港证券监管机构对ICO 的监管态度。

在新加坡,考虑到初创企业的合规成本压力与披露要求的严苛性,MAS 规定了证券发行的若干种豁免情况。STO(security token offering)是证券化代币发行,即在确定的监管框架下,按照法律法规的要求,进行合法、合规的,并且具有传统证券性质的代币公开发行;发行人若想以豁免的方式发行 STO,可以选择小额发行、私募发行以及向合格投资者发行等方式。但此种豁免情形还需受到广告限制等特定条件约束,如 1 月因一项目发行人的法律顾问在 LinkedIn 发帖说明公众可以关注该要约,MAS 认为发行人违反了广告的限制认定其违规,取消其豁免资格,并要求其停止发行证券类代币。[19] 由于数字代币发行具有匿名性和去中心化的特征,MAS 在《数字代币监管指南》中强调了对反洗钱和反恐怖主义融资的监管:(1)采取适当的步骤来识别、评估、了解项目中存在的关于洗钱和恐怖主义融资的风险(ML/TF);(2)制定并实施相关方针、程序规则和管控措施,包括对客户进行尽职调查、监控交易、筛选、报告可疑情况并予以记录,以符合 MAS 的相关要求,从而使其能够进行有效管理和降低已识别的洗钱和恐怖主义融资的风险;(3)当更高的洗钱以及恐怖主义融资风险被识别时,平台须加强措施,有效地管控并降低相关风险;(4)确保相关方针、程序规则和管控措施的有效实施并在必要时根据具体情况予以加强。

---

〔18〕 参见张美慧:《境外市场证券法视野下的代币发行监管——基于美国、新加坡、澳大利亚和中国香港地区的监管实践》,载《财经法学》2019 年第 3 期,第 106~120 页。

〔19〕 See MAS:"MAS halts Securities TokenOffering for regulatory breach",Accessed March 12,2019, http://www. mas. gov. sg/News-and-Publications/Media-Releases/2019/MAS-halts-Securities-Token-Offering-for-regulatory-breach.

3. 德英等其他国家

德国现行法律对于ICO没有统一的标准和定义,其具体应受到何种法律监管取决于发行代币的本质内容和商业模式;发行人需要事前聘请法律专家对发行代币进行论证,确定具体监管类型并着手准备获得相应的许可。联邦金融监管局遵循了个案审查的原则,决定对ICO的监管应在哪部或哪些法律的范围之内,如《金融事业法》《支付服务监督法》《保险法》《有价证券销售说明书法》《有价证券交易法》等。具体到证券法的监管路径,联邦金融监管局将对被识别为证券的数字代币发行实行严格的有价证券注册、发行等监管。在认定代币是否构成有价证券时,需要考虑代币是否满足有价证券的基本特征:其一,是否可转让;其二,是否可以在金融市场或资本市场上交易;其三,是否代表了一定的权利,代表的权力可以是类似股东的权利、债法上的请求权或其他权利;其四,不是支付工具,因为《有价证券交易法》第2条第1款将支付工具排除在有价证券之外。[20] 若满足上述标准,则该数字代币实质上构成了证券,应当受到有价证券相关法律的约束,发行者应承担更为严格的禁止操纵市场义务、信息披露义务等。

英国将监管ICO的主体界定为英国金融行为监管局(FCA),其在2017年4月发布了关于分布式记账技术(区块链技术)的讨论稿,对金融服务采取"技术中性"的监管方式——不对技术进行监管,而是监管它们所辅助的业务及经营这些业务的公司。[21] 若在某些商业模式中ICO与IPO实质相似,那么将采取证券法的监管方式。

在瑞士,瑞士金融市场监管局(FINMA)将数字代币作了不同的分类,分为支付型代币、资产型代币与实用型代币。FINMA认为资产型代币具有证券的性质,其代表的是诸如债权请求权、股票等的金融资产,应属于瑞士证券法律体系中的"证券"。因此,资产型代币相关金融产品或服务、金融主体应接受《证券交易所与证券交易法》(SESTA)、《金融市场基础设施和证券和衍生品交易市场行

---

〔20〕 参见李海、胡麓珂:《首次代币发行(ICO)监管再思考——以德国现行法为视角》,载《财经法学》2019年第2期,第3~16页。

〔21〕 参见张韶华、刘延洁、展腾:《首次代币发行(ICO)国际监管趋势》,载《金融电子化》2018年第1期,第76~78页。

为法》(FMIA)以及《金融服务法》(FinSA)等法律的调整。[22] 日本虽然当前并没有出台针对ICO的具体监管文件,但已于2017年4月出台了《虚拟货币法》,属于虚拟货币的ICO只能在已注册的虚拟货币交易所进行;而符合证券或集合投资计划法律定义的ICO将可能受到《金融工具交易所法》的监管。

## 四、我国ICO的监管路径

### (一)纳入证券法监管体系的必要性与可行性

仅2017年上半年,我国ICO累计融资规模已达26亿元之多,累计参与人数达10万人,可见已成为规模化的金融现象。由于数字代币的匿名性等特征,出于维护金融稳定和安全的考虑,2017年9月4日中国人民银行等七部委联合发布了《关于防范代币发行融资风险的公告》,当即制止了各类代币融资行为,采取了十分谨慎的态度。尽管近来数字货币市场的剧烈动荡印证了我国相关审慎金融政策的前瞻性,但如此"一刀切"的态度并未使得金融革新带来的风险就此消失,也减弱了把握金融科技革新机遇的可能性。一方面,游离于监管体系之外的P2P和场外交易平台成为投资者的代替渠道,金融科技领域仍然险象环生;另一方面,新加坡等诸多经济开放型国家或地区主动鼓励金融科技创新,不断探索ICO的监管策略,促进数字代币行业的发展。因此,我国转变"一刀切"式的管制型监管为灵活适度、包容审慎的严格监管,同时借鉴美国等国家的证券化监管模式,成为发展数字代币规制路径的重要前提。

ICO融资模式所面临的风险与IPO有诸多相似之处,在发行方面,依据我国现有法律体系,ICO市场准入门槛低,项目质量参差不齐,甚至可能滑入非法集资的泥潭;在交易方面,ICO基于互联网平台进行交易,而现有平台缺乏必要的监管,无法形成统一有序的代币交易市场;在投资者保护方面,众多ICO项目仅通过白皮书进行发布与说明,信息披露力度不足,投资者难以根据已有信息把握项目质量,作出风险预估和预期回报,容易做出错误的投资决策。将符合证券属性的数字代币和ICO发行纳入证券法监管体系之下,一方面可以利用已经发展

---

〔22〕 See Section 6. 2. 2, TheFederal Council, Legal Framework for Distributed Ledger Technology andBlockchain in Switzerland: An Overview with a Focus on the Financial Sector, December 2018.

完善的准入、发行、交易规则运用于新型金融科技产品,降低监管成本,提高监管效率;另一方面,通过对注册、发行等一系列的监管,普通投资者所能接触并了解到的 ICO 项目均已经通过了严格的发行条件限制,既有利于保护投资者的利益,同时也有利于控制数字代币发行和交易市场的风险。当然,我国政府对于新型金融科技与中小企业融资的态度也逐渐释放出积极信号:2018 年 11 月,习近平主席指出将在上海证券交易所设立科创板并试点注册制,支持上海国际金融中心和科技创新中心建设,不断完善资本市场基础制度;2019 年 1 月,上交所制定了科创板股票上市、发行等规则意见稿;2019 年 1 月,国家互联网信息办公室公布《区块链信息服务管理规定》,将区块链信息服务纳入了监管范围。如此一来,转变对 ICO 的金融监管模式,树立数字代币发行和交易的监管新理念,是数字金融科技大势所趋的必然要求。值得探索的是,在借鉴诸多国家证券化监管路径的经验后,应如何结合我国国情设计对 ICO 进行证券化监管的具体可行制度。

(二)具体制度设计

在对 ICO 进行证券化监管的理论基础上,具体的注册、发行、交易、资金流向等仍需实现真正的“穿透式监管”,即根据金融科技所涉及的本质,按照功能对其进行分类并分别纳入现有的金融监管体系,如美国法上的“Howey Test”及“投资合同”的运用。我国 2017 年 7 月召开的全国金融工作会议正式提出了功能监管与行为监管的新概念,指明了金融监管体制改革今后的具体走向,具体到 ICO 领域,应从传统的金融机构为中心的机构监管模式转变为以特定类型的金融业务为监管对象的功能监管模式。面对数字代币模糊的法律属性,运用穿透式监管,识别业务性质,从而实现对禁止欺诈行为、充分的信息披露、投资者个人信息保护、打击内幕交易等方面规则的完善和体系化建设。在 ICO 证券化监管的路径设计方面,需要考虑本国行业的发展实际,先从证券属性的识别入手,分析《证券法》对“证券”定义适当拓宽的可能性;进而从市场准入门槛、信息披露规则和场内交易规则等角度进行政策设计,并对监管部门之间的相互协调提出可行性建议,由此实现对 ICO 监管的体系化调控。

1. ICO 的证券行为性质认定

在法律层面上,我国尚未对数字代币的性质予以确认,在司法实践中也无统一标准。《关于防范比特币风险的通知》否认了比特币的货币属性,但深圳国际仲裁院也曾在案例中对比特币的财产价值予以了正面肯定,甚至明确当事人持有比特币并不妨碍其属于可作为交付对象的数字资产存在。在理论界,数字代币的法律本质属性也被广泛讨论,如上文所述的虚拟资产说、证券说、众筹说等,我国若坚持ICO的证券化监管路径,亟须将符合证券特征的数字代币明确纳入证券的范围之内。参考美国SEC的监管思路,在如何界定ICO为证券发行行为的逻辑方面,可分为如下三步:第一,虚拟资本市场向实体经济包括真实资本市场的转化,存在一个真实的项目融资方将换取的主流数字货币在交易市场转让;第二,存在潜在的投资预期和类证券化的二级交易市场,投资者在一级市场取得数字代币后在二级市场转让从而获得利润,自然具备了证券与证券发行的关键属性;第三,项目方发行的代币既不属于货币也不属于产品,ICO既非获得央行授权的货币发行行为,也非简单地直接交易换取代币使用权的支付行为〔23〕。

与美国证券法不同的是,我国《证券法》对“证券”的定义较为狭窄,多限于股票、债券等标准化的证券类型。但证券的本质特征在于证券权利,其上附随了赋予投资者的证券类权益如分红请求权、投票权等,实际上部分数字代币具有投资性,也符合证券的属性。韩国《资本市场统合法》关于金融产品的概念定义就从过去的列举法转化为定义概括,关于“证券”的定义除了传统的债务证券、公司证券、预托证券等,还追加了投资合同证券和衍生结合证券两类,有利于互联网金融市场的创新和有序竞争。〔24〕由此,我国应以《证券法》的修订为契机,或引入“金融商品”的概念,或设置证券类型的兜底条款,适当拓宽证券的定义和范围;在司法解释或其他规范性文件中,应补充证券的实质化认定标准,从而将具有证券功能实质的创新型金融产品纳入到证券的定义当中,使其不再游离于《证券法》的调整范围之外。

2. 提高市场准入门槛,完善ICO项目披露规则

证券上市条件和信息披露规则是《证券法》对IPO的重要规定,是克服首次

---

〔23〕 参见伦贝:《ICO监管纳入证券法的路径选择》,载《区域金融研究》2018年第4期,第27~32页。

〔24〕 参见陆颖:《ICO代币融资的穿透式监管:现状、困境与对策》,载《武汉金融》2018年第3期,第21~25页、第32页。

公开发行过程中信息不对称、禁止欺诈行为的核心手段。ICO项目借助互联网进行发布，无论是发行者还是投资者均缺乏必要的资格限制，项目内容更游离于监管机构的审核之外。因此，将ICO纳入证券法的监管之下，提高市场准入门槛并完善信息披露规则，是保护投资者权益和维护资本市场稳定的题中之意。

《证券法》第50条规定了股份有限公司申请股票上市的条件，如股本总额不少于人民币三千万元、公司最近三年无重大违法行为等，对IPO的公司资本、财务报表等提出了一定要求。深圳、上海证券交易所对IPO的要求规定更为详细，涵盖公司治理结构健全、营业利润与现金流等财务状况良好、公众持股达到一定比例等方面。市场上的ICO项目更为良莠不齐，对ICO项目融资应当采用比IPO更为严格的注册制度，监管机构应将形式审查与实质审查相结合。在信息披露方面，我国《证券法》第63条规定，“发行人、上市公司依法披露的信息，必须真实、准确、完整，不得有虚假记载、误导性陈述或者重大遗漏”。真实性、准确性、完整性构成了IPO信息披露的标准，证券发行人多会借助中介机构如律师事务所、会计师事务所等来完成财务报表和法律意见书等的制作，从而使公众投资者能够了解上市公司的相关情况。ICO发起人同样应当履行诚实守信义务，合理披露项目信息，制定规范的融资计划和退出方案。但实践中现存的ICO项目多以白皮书作为披露项目的简单介绍，证券监管部门应对其制定统一的披露标准，如增加资金状况、具体规划、后续进度等说明，并由专业的第三方机构对ICO发起人的白皮书等其他披露内容进行评估，确保其完整性、准确性和真实性，使证券监管机构和公众投资者厘清公司状况、项目具体规划、加密代币种类等实质性内容。

3. ICO场内交易方案设计

ICO项目备受争议的重要原因之一是缺乏独立完整的交易平台，交易者相应地也缺乏细致规范的程序保护。将其纳入场内交易范畴或单独设置数字代币交易所，对其融资、信息披露、再融资以及退市等程序进行严格的场内交易保护，将能有效维护其合法地位并减少信息不对称。〔25〕 ICO交易平台是连接数字货

〔25〕 参见程威：《“金融科技”监管视阈下ICO的证券法调整路径初探》，载《浙江金融》2018年第6期，第55～61页。

币币种兑换和法定货币兑换的场所,这种平台或者交易所的设立将使ICO项目的发行、交易被置于法定事项和程序之内,约束融资主体和投资者的活动半径,积极释放监管功能。此外,交易所的设施齐全、信息流动活跃,灵活性与专业化兼具,既能提高信息利用的效率、保护公众投资者,又能对创新型金融工具给予包容的发展空间,激励企业主动选择合规并维护市场自律。

现有的深圳、上海等证券交易所具有一定规模,设施完善,职能明确,可以为ICO交易平台的建设提供有益经验。《证券交易所管理办法》第7条明确规定了证交所的职能,包括审核、安排证券上市,办理股票、公司债券的暂停上市、恢复上市或者终止上市,对证券组织和监督证券交易,对上市公司及相关信息披露义务人进行监督等。作为证券集中竞价交易市场的组织者及一级监管者,证券交易所能够引导投资的合理流向,维护证券发行和交易秩序。仿照证券交易所的功能设计,ICO交易所应完善风险监测、分析、评估与预警机制,制定会员应遵守的行业规则和数字代币的业务规范,同时有权调查和制裁不遵守自我监管的数字代币交易成员。监管机构也应对ICO交易平台建立起完善的监管框架,实现对交易平台监管的常态化,监管内容包括对财务审查、网络安全能力评估、消费者权益保护能力评估、反洗钱审查等方面。[26] 当然,对ICO交易平台或者交易所的建立并不是一蹴而就的,在将其纳入证券化监管体系的初期,可以在证券交易所内部辟设专门板块为ICO项目提供服务并进行监管,在规模扩大、试点成功后,再考虑独立设置数字代币的交易所,为其一级市场发行融资与二级市场买卖交易提供规范约束场所。

4. 优化证券监管机构与其他部门的监管协调

由于ICO的资金流动具有跨地域、跨行业等特点,资金链长,且涉及商业银行、项目投资机构、数字代币交易平台等多方机构,故仅依靠央行或证券监管机构进行数字代币发行监管具有一定困难,应当建立全方位的协调监管体系。从纵向来看,ICO借助数字代币进行投资交易,具有较高的隐蔽性,资金流速快,项目发起人在跨国交易中更是进一步拉长了资金流动链条,加大了央行对资金流

[26] 参见庄雷、郭宗薇、郭嘉仁:《数字货币的发行模式与风险控制研究》,载《武汉金融》2019年第3期,第57~63页。

动的监管难度。从横向以及协调的角度来看,法律赋予了证监会、银保监会独立平等的地位,但各部门之间缺乏联席会议机制与高效沟通联动机制;随着我国金融混业经营的发展,互联网金融机构利用部门之间的监管漏洞逃避监管成为常见现象,单一机构也难以完成对ICO项目的评估、交易安全维护等多个环节的监管,当危机爆发时,各部门易出现互相推诿的情况。

在上述背景下,优化证券监管机构与其他部门的监管协调,完善全方位各部门的联动监管机制,是破解协调监管困境的重要方法。首先,央行的相对独立性是保障互联网金融安全与防范系统性金融风险的关键,现存的金融监管协调部际联席会议制度也是由央行牵头负责的,故在ICO与数字代币交易等方面央行同样应保持相对的独立性与领头性,深化对ICO资金链的纵向监管。其次,证监会与证券监管机构在ICO监管中应当处于首要地位,建立并完善系统的代币注册发行标准、交易所制度和信息披露制度等,维护一级市场和二级市场的秩序,激发ICO发行项目企业的创新活力,同时又要充分保障投资者权益。最后,完善ICO协调监管的根本目标与难点在于监管部门之间的信息互通共享,通过大数据分析金融市场运行的稳定程度,及时发现金融风险的发生源头与发展趋势,采取科学的监管政策。〔27〕央行可以基于大数据对ICO资金流向予以宏观和微观两个层面上的把控,证券监管机构可以及时发现风险并采取预警措施,从而将ICO的风险遏制在最低范围之内;由央行牵头的联席会议制度可以促进信息的互通共享,统筹协调监管,使各部门在ICO监管中各司其职、相互配合,发挥最佳效应。

对ICO纳入证券化监管的具体制度设计有赖于对数字代币本质属性的法律定性以及对证券定义的适当扩充,进而在市场准入制度、投资者保护制度、信息披露规则以及场内交易规则等方面不断完善和落实,同时在监管部门层面实现央行、两会、行业自律组织等的协调监管体系。但制度化的监管路径不是一蹴而就的,在法律对数字代币和ICO的法律性质作出合理定性之前,我国可以采取适当的过渡措施,借鉴美国等国家的穿透式监管经验和监管沙盒制度,为实现

---

〔27〕 参见程威:《"金融科技"监管视阈下ICO的证券法调整路径初探》,载《浙江金融》2018年第6期,第55~61页。

体系化的ICO监管不断积累经验。

## 五、结语

在近年互联网经济迅猛发展和金融科技革新的浪潮下,ICO在全球范围内规模不断扩张;在为中小企业带来发展新机遇的同时,ICO也带来了市场波动、金融犯罪等一系列的风险和隐患。美国、新加坡、英国、瑞士等国家和地区纷纷宣布对ICO进行监管,中韩则采取了更为审慎的态度,禁止ICO的发展。然而堵不如疏,对于新生事物不准确的认识和判断不利于金融科技的进一步发展;数字代币和ICO的法律性质争议颇多,理顺其本质属性,结合各国证券化的监管经验,是激发创新活力、维护金融市场稳定的题中之意。我国《证券法》对证券的定义较为狭窄,但从证券权利这一本质特征来看,部分数字代币具有证券的特征。由此,将ICO纳入证券法的监管路径之中,首先,应借《证券法》修订之机,适当拓宽证券的外延,完善证券识别机制。其次,参照《证券法》现行有关上市公司门槛、信息披露规则和证监会的规定,不断完善体系化的证券监管路径,协调各监管部门之间的关系。构建符合我国新经济运行规律的ICO证券化监管政策,是积极参与全球性规则竞争、平衡金融创新与风险外溢的要求,对于引导金融科技市场发展和掌握金融科技领域规则制定话语权也尤为重要。

《清华金融法律评论》
第3卷第1辑
第154～177页

# 域外沙盒监管经验与我国沙盒构建的可能路径

张旭鹏*

目　次



**摘　要**：以数字货币、区块链技术为代表的金融科技快速发展，为适应并促进金融创新，以英国、澳大利亚、新加坡等为代表的许多国家和地区设置监管沙盒，并取得良好的监管效应。本文对英、澳、新等8个国家和地区的监管沙盒制度进行了梳理，并为我国构建监管沙盒提出可能的路径。

**关键词**：数字货币　金融科技　监管沙盒

---

* 张旭鹏，清华大学法学院学生。

## 一、引言

### (一)比特币

比特币,2008 年由中本聪创造,[1]从 2010 年 10,000 比特币可购买一个披萨,到 2017 年 12 月 17 日达到 $19,850/个的历史最高点,再到 2018 年底暴跌至 $3000/个。比特币牵动着全球投资者的神经,更对全球金融体系产生着重要影响。正如其名称 Bitcoin,比特币除具有投资意义之外,它还在实践中发挥着某种货币属性,美国电商巨头之一的 eBay 宣布旗下支付子公司将接受 Bitcoin 作为支付手段,全球旅游短租平台 Airbnb 和出租车服务提供商 Uber 等均宣布接受 Bitcoin 进行支付,[2]截至 2016 年 2 月,据估计全球有 6 万多商家接受比特币。[3] 有经济学家预测,以比特币为代表的数字货币将成为 21 世纪主要的金融支付工具。

### (二)区块链

比特币背后的技术为区块链(block chain),区块链为一系列数据区块,每一个数据区块包括了过去一定时间的全部交易信息,作用在于提供给用户验证信息真伪之后,产生下一个数据区块。不同于传统的银行货币体系,比特币的交易信息并非储存在中央银行和各商业银行的中央主机上,而是分布于所有的节点上,采取分布式核算方式,实现比特币的自动管理和验真。[4]

区块链作为一种新的金融科技,具有革命性的意义。它具有如下主要特点或优势:

1. 去中心化。如前所述,区块链采取分布式核算方式,不使用中央主机和存储装置,[5]可以避免中央银行对个人交易的监控,保护个人隐私,并且可以解决

---

[1] 参见中本聪:《比特币白皮书:一种点对点的电子现金系统》,载 https://www.8btc.com/wiki/bitcoin-a-peer-to-peer-electronic-cash-system/,最后访问日期:2019 年 6 月 30 日。

[2] 参见毛振华:《比特币为何崩盘?》,载《小康》2018 年第 35 期,第 1 页。

[3] See CoinDesk Report[Online], Accessed May 10, 2019, available: http://www.bitcoin86.com/news/3527.html, February 21, 2016.

[4] 参见姚博:《比特币、区块链与 ICO:现实和未来》,载《当代经济管理》2018 年第 9 期,第 2～3 页。

[5] 参见益言:《区块链的发展现状、银行面临的挑战及对策分析》,载《金融会计》2016 年第 4 期,第 3 页。

中心机构成本高、效率低的问题。[6]

2. 全新的授信方式。区块链技术可以称为人类继血亲信用、贵金属信用、央行信用之后的第四代信用授权体系,区块链技术依靠数学方法来构建区块间的信任关系,想要修改区块链的某一节点,需要至少控制整个系统的51%的数据,所需的运算量是难以置信的,从某种程度上讲区块链的可靠性甚至高于中央银行。

3. 交易安全且便捷。区块链的加密技术为非对称密码学原理,安全可靠,并且借助分布式账本上巨量的运算证明数据的真实性,保障交易安全,交易方式为直接点对点交易,无须第三方介入,交易效率高。

4. 开放透明。这也是现行央行货币难以做到的,除去私人信息被加密,其余的全部节点信息都被公开,任何人均可查询,系统信息高度公开透明。[7]

数字货币仅是区块链应用的一个较成熟的方面,除此之外,还作为构建新应用程序的支持。例如,以太网区块链拥有完整的编程语言,以启用智能合约和分散应用程序。区块链还可以跟踪货物和支付的流动,可用来构建基于区块链的移动银行(如非洲的 Bit Pesa)。[8]

(三)金融科技(fintech)

fintech 是 financial technology 的缩写,翻译成中文为金融科技。金融稳定理事会于 2016 年发布《金融科技的描述和分析框架》,其中对金融科技作了如下定义:"金融科技是指通过技术手段推动金融创新,形成对金融市场、机构及金融服务产生重大影响的业务模式、技术应用以及流程和产品"。

数字货币和区块链是金融科技的重要组成部分,除此之外,还包括支付结算、存贷款与资本筹集、投资管理、市场设施 4 个大类 30 余项技术。历史上,金融科技曾经历过一些变革,比如 ATM 自动柜员机的出现和普及,电视可视图文银行服务的昙花一现(因用户习惯问题被弃用),网上办理银行业务的不断发展,但整体上看都只是在便利客户使用和银行管理层面进行的革新,并没有对金融业的运行和监管模式产生大的冲击,不具有革命性。但当前进行的金融科技

---

〔6〕 参见袁勇、王飞跃:《区块链技术发展现状与展望》,载《自动化学报》2016 年第 4 期,第 3 页。

〔7〕 参见姚前:《数字货币经济分析》,载《新金融评论》2018 年第 4 期,第 6 页。

〔8〕 See Michele Finck,"ockchains:Regulating the Unknown",19 *German* L. J. 665(2018),pp. 8 – 9.

创新不同于之前，比如区块链、数字货币等的推广，单从技术层面讲就是革命性的变化。并且如今技术更新换代迅速，技术转化为产品的速度被大大加快，同时金融科技搭乘互联网的快车可以让广大的消费者迅速接触到这些金融创新产品，〔9〕而监管机构的监管能力提升速度远远落后，导致系统性金融风险产生的可能性加大。

金融科技，尤其是数字货币和区块链，将会是未来金融发展的方向，想要在未来占据国际金融制高点，提升金融服务水平，我国应该发展数字货币或区块链技术。

## 二、风险与监管

### （一）数字货币的风险

区块链和数字货币作为新兴的金融科技创新产品，相比于传统金融和货币体系具有诸多优势，但同时也存在许多问题：

1. 去中心化难以得到国家制度认可。以比特币为例，比特币的发行在中本聪设计出比特币的规则时已经完成，只不过比特币的增加需要依靠“挖矿”，完全不受中央银行规制。比特币的汇率、购买力完全由市场决定，国家无法干预。数字货币的出现对国家的货币监管权限构成挑战，〔10〕对中央银行货币政策传导机制形成影响，这也是很多国家对数字货币抱有谨慎态度的原因之一。

2. 价格剧烈变动，不具有货币属性。以比特币为例，随着全球投资者关注度的不断上升，资金大量涌入比特币市场，以至于在 2017 年底将比特币价格推高到创纪录的 19，850 美元，之后资本撤离，收割韭菜，到 2018 年底比特币跌至 3000 美元上下，跌幅达 85%。从短期来看，据数字货币交易平台显示，最大日涨幅可以达到 160%，跌幅可至 50%。相比于股市和汇市，数字货币市场规模小，没有交易时间限制，没有涨跌幅上下限，更易受到投机者的攻击，肆意操纵涨跌，导致价格剧烈浮动。价格的变动幅度从侧面说明比特币等数字货币名为“货

〔9〕 参见李文红、蒋则沈：《金融科技（FinTech）发展与监管：一个监管者的视角》，载《金融监管研究》2017 年第 3 期，第 4 ~5 页。

〔10〕 参见姚博：《比特币、区块链与 ICO：现实和未来》，载《当代经济管理》2018 年第 9 期，第 4 ~5 页。

币”,但实际上根本不能发挥货币的作用,而更类似于股票、证券等投资产品。[11]价格的剧烈波动还可能引发一系列社会问题,中小投资者合法权益根本无法得到保障,遭受巨大财产损失的可能性很高。

3. 洗钱风险。数字货币实行点对点交易方式,在保证双方交易安全和私密性的同时,也为犯罪分子规避国际反洗钱监管、进行违法犯罪活动交易提供了便利。数字货币交易不受央行控制、不受地域限制,可以直接跨国结算,各国政府无法监控黑钱的流向。目前,利用比特币进行毒品、枪支交易和洗钱活动的案例已经出现。2018 年 3 月 20 日 G20 财长会议上,各国财长集中讨论了“加密资产”带来的风险,尤其是针对国际洗钱活动,与会各国均认为应该加强对数字货币洗钱活动的监管。[12] 美、欧、日、韩等国家和地区已经采取行动应对该问题。

4. 数字货币 ICO 引发的风险。首次代币发行(ICO)类似于股票的首次公开发行(IPO),但由于缺乏有效监管,存在诸多乱象:(1)信息不对称,不同于企业 IPO 时证监会要求的对企业信息的广泛披露,ICO 白皮书往往缺乏足够的信息公开。根据外国学者研究,有 21% 的 ICO 白皮书不提供企业或项目的任何描述;25% 的 ICO 白皮书不提供任何关于项目的财务状况,不提及募集的资本将会如何使用;82% 的白皮书不说明募集的资金是否要被放入特定的资金池予以隔离。在大部分的 ICO 中,投资者获得的信息非常少,以至于他们投资该数字货币的决定无法建立在理性选择的基础之上。(2) ICO 法律保护不足,仅有 29% 的白皮书对法律适用问题进行了说明,有 31% 的白皮书甚至没有披露发行人的姓名或任何背景,另有 33% 的白皮书披露的发行者姓名不同于企业的法定代表人,投资者权益遭到损失时,起诉的对象都无法找到,投资者权益的法律保障严重不足。(3)规模过大,可能产生系统性风险。据估计,全球的 ICO 金额超过 100 亿美元,而且还在不断增长,根据其他金融科技的经验,企业从“太小到大”到“大到无法忽视”再到“大到不能倒下”是十分迅速的。规模如此之大的

---

〔11〕 参见杨滢:《数字货币交易存在的风险和监管策略研究》,载《中国管理信息化》2018 年第 22 期,第 1 页。

〔12〕 参见米晓文:《全球数字加密货币反洗钱监管:经验与趋势》,载《华北金融》2018 年第 11 期,第 1~2 页。

ICO,带来的体系性风险是显而易见的。[13] (4)信息泄露和账户资金安全问题。以美国的DAO为例,DAO代币发行后吸纳了1.5亿美元投资,黑客一次性从私人账户中盗走约5000万美元,引发投资者权益巨额损失和市场恐慌。[14]

(二)针对风险的监管策略

大多数国家不认为加密数字货币属于货币,比如美国,比特币被视为资产,转让、继承等行为需要纳税,另外数字货币有被视为投资产品或证券的倾向,由美国证监会(SEC)进行监管。欧州央行、加拿大、法国、丹麦均不承认加密数字货币的法定货币地位。德国将加密数字货币归为金融工具,但不承认数字货币的法定货币地位。日本则认为比特币属于一种新型的支付手段。[15] 对数字货币的不同态度也使得各国或地区实施不同的监管策略。

美国,各州正采取牌照化的监管方式,对数字货币交易平台进行管理。证监会以比特币市场监管不足为由,于2017年3月拒绝了比特币ETF申请。[16]

俄罗斯,2014年禁止国内的数字货币交易,并将交易网站予以关闭。

中国,证监会和银监会先后发布《关于防范比特币风险的通知》和《关于防范代笔发行融资风险的公告》,禁止各金融机构开展非法定数字货币业务,并关停数字货币交易平台,禁止数字货币ICO。[17]

不同于上述国家僵化严格的监管,英国、澳大利亚、新加坡、瑞士等国或地区采取了沙盒监管的方式。前文已述,数字货币、区块链等技术虽然具有各种风险和不确定性,但却极大可能成为未来金融发展的方向,一味限制甚至禁止其发展,不利于金融科技创新,而监管沙盒能实现金融管理的稳定和金融科技创新之间的平衡,颇值得借鉴。

---

〔13〕 See Zetzsche, DA et al, "he ICO Gold Rush: It's a Scam, It's a Bubble, It's a Super Challenge for Regulators", *University of Luxembourg Law Working Paper* No. 11/2017; pp. 12 – 14.

〔14〕 See M. Todd Henderson and Max Raskin, " Cryptocurrency and Other Digital Assets for Asset Managers", Accessed May 9, 2019, https://corpgov. law. harvard. edu/2019/04/22/cryptocurrency-and-other-digital-assets-for-asset-managers/.

〔15〕 参见张夏恒:《区块链引发的法律风险及其监管路径研究》,载《当代经济管理》2019年第4期,第4页。

〔16〕 See Ori Oren, "ICO's, DAO'S, and the SEC: A Partnership Solution", 2018 *COLUM. BU S. L. REV.* 617, 658(2018), p. 4.

〔17〕 参见高旸:《数字货币发展动态及监管政策选择》,载《征信》2019年第2期,第3页。

## 三、域外的监管沙盒经验

沙盒(Sandbox)原属于计算机领域的用语,指在软件开发测试阶段先建立一个与外网隔离的空间,作为测试环境进行相应的测试,防止对外部网络空间造成破坏性影响[18]。英国于2015年11月推出监管沙盒(regulatory sandbox),得到国际社会的广泛关注。在金融领域,监管沙盒是以技术为基础的创新金融机构和活动的监管"安全空间",沙盒为企业创造了一个监管较为松弛的环境,可以对金融产品包括数字货币、区块链等技术进行测试,并降低因违反监管机构规定而受到惩罚的风险,企业也需要建立一定的保障机制,避免市场受到其创新业务的严重影响。

英国监管沙盒的成功经验得到许多国家的认可,据学者统计,截至2017年8月1日,已经有14个国家或地区的沙盒在运作,分别为英国、我国香港特区、马来西亚、新加坡、阿布扎比酋长国、澳大利亚、马耳他、荷兰、印度尼西亚、文莱、加拿大、泰国、巴林、瑞士;日本和我国台湾地区已经宣布实施监管沙盒;另外,包括我国在内的12个国家和地区(美国、欧盟、爱尔兰、挪威等)在考虑构建监管沙盒[19]。时至今日,监管沙盒的运行数量仍在增加。北京于2017年6月18日试点实施监管沙盒,我国自改革开放以来,素有"摸着石头过河""先试点、后推广"的传统,北京的试点表明我国对于监管沙盒具有浓厚兴趣,因此,有必要对外国现有的监管沙盒制度予以详细介绍,为中国未来全面建立监管沙盒制度提供参考。

### (一)英国的监管沙盒

1. 定义:沙盒是一个安全空间(safe space),企业可以在其中测试创新产品、服务、商业模式和交付机制,而不会产生通常会有的监管后果。

2. 实施机构:英国金融行为监管局(Financial Conduct Authority,FCA),有监管银行、保险及投资事业(包括证券)的权力。

---

〔18〕 参见杨祖艳:《监管沙箱国际实践和启示》,载《上海金融》2018年第5期,第2页。

〔19〕 See Dirk A. Zetzsche et al "REGULATING A REVOLUTION: FROM REGULATORY SANDBOXES TO SMART REGULATION",23 *Fordham J. Corp. & Fin. L.* 31(2017),pp. 64 - 67.

3. 申请沙盒的标准：

(1)是某个范围内的公司：是否为计划中的针对金融服务业的新方案？

(2)真正的创新：新解决方案是否与现有产品相比具有新颖性或显著性？

(3)消费者利益：创新是否为消费者带来了可识别的利益前景？在整个沙盒测试期间应持续满足此标准。

(4)需要沙盒：测试的目标是什么？企业是否真的需要在沙盒框架内进行测试？

(5)背景研究：企业是否在开发新解决方案、理解适用法规和降低风险方面投入了适当的资源？[20]

4. 申请但未被授权的公司：

这些公司将被授予有限制的权利，在满足时间和资源的有关要求之后，可允许在有限的范围内进行新产品或技术的测试，一旦这些公司完全满足 3 中的要求，即可进入监管沙盒。公司欲开展全面的经营活动，必须先向 FCA 解除限制。

5. 授权公司：

获得 FCA 授权的技术公司可以享受如下的监管优惠：

(1)不采取执法行动函(no enforcement action letters, NALs)：如果 FCA 合理地认为公司的活动不违反 FCA 规定或不损害 FCA 的政策目标，则 FCA 不会对测试活动采取执法行动。FCA 承诺自项目启动到测试完成或者项目被 FCA 关闭之间的一段时间不会采取强制措施。但 FCA 认为保留关闭试验的权力是合适的。FCA 同时强调，NALs 只是豁免 FCA 对公司的执法行动，但公司仍然要对其客户负责。

(2)个别指导(individual guidance, IG)：FCA 可以向公司发放个别指导，说明该公司在此次测试中可以采取何种测试活动。如果公司按照这个指南行事，FCA 将不会对公司采取强制措施。

(3)豁免(waivers)：如果测试活动显然违背 FCA 的规则，但公司可以满足

〔20〕 See Financial Conduct Authority, "Regulatory Sandbox", Accessed May 11, 2019, https://www.fca.org.uk/publication/research/regulatory-sandbox.pdf.

豁免测试[21]且该规则属于FCA的权力范围并可以放弃,那么FCA将会放弃或修改针对该测试公司的特定规则,这种放弃或修改将允许该公司暂时违反FCA的相关规则。但受欧盟立法要求的限制,对于部分不受欧盟金融服务和市场管理局(FSMA)监管的企业不得享受该豁免。[22]

6.对参与沙盒的消费者的保护:

(1)类似于临床试验,测试公司只能对已经知情并同意参与测试的消费者测试他们的新产品和新技术,客户会收到通知,告知潜在风险和可以获得的补偿。

(2)寻求使用沙盒的企业需要说明该企业将把何种信息披露给消费者,对消费者有何种保护和补偿,FCA将会和沙盒企业共同致力于确保该企业履行上述说明义务。

(3)消费者与同其他授权公司合作的消费者享有相同的权利(例如,可以向公司投诉、向金融监察官投诉),如果公司项目失败,可以参与金融服务补偿。

(4)进行沙盒试验的企业需要向客户赔付任何损失(包括投资损失),并且需要证明其具有赔偿全部损失的能力,即资本。

FCA最为关注的保护措施为方法(2),即信息披露与公开,同时FCA会根据具体情况,逐案提供保护建议,单独或结合使用方法(1)/(3)/(4),以便灵活地为客户设置保护。同时,FCA要求限制测试的规模,以防引发金融系统性风险。

7.沙盒的退出:英国的监管沙盒有6个月的测试窗口,时间截止则公司退出沙盒。

8.监管沙盒的扩张使用:

FCA设想:工业企业也可以使用监管沙盒,使公司可以在虚拟的环境中测试他们对某一问题的解决方案,而不是进入真正的市场(实际上一些大公司已经

---

〔21〕 豁免测试的条件:(1)当事人遵守规则或未修改的规则,将造成不必要的负担,或无法实现制定规则的目的;(2)放弃或修改不会对FCA的任何条款的推进产生不利影响。

〔22〕 See Andrew Moyle and Fiona Maclean, "Latham & Watkins discusses World-First Regulatory Sandbox Opening for Play in the UK", Accessed May 9. 2019, clsbluesky. law. columbia. edu/2016/06/03/latham-watkins-discusses-world-first-regulatory-sandbox-open-for-play-in-the-uk/.

有这样的沙盒)。FCA 推荐基于云计算的沙盒,这种沙盒可以在不同行业之间协作设置,企业可以基于基础沙盒服务定制专属于自身的服务,并使用公共数据或者其他公司提供的数据来对新产品进行测试。基于真实数据可保障测试结果的真实有效,又可以避免对消费者造成损害,这种沙盒对无力建设沙盒的初创企业最为有益。沙盒可以由行业自主建立,FCA 将给予协调和技术开发支持。

另外,FCA 允许成立伞形沙盒,即由行业自主设立一个非营利公司,由该公司构建沙盒,沙盒允许未经 FCA 授权的创新者在其中进行测试。FCA 对该公司授以特别权限,公司再对其下的沙盒测试企业进行评估和监督。伞形测试公司的沙盒适用范围有限,FCA 规定不得适用于保险承保和投资管理,以防系统性风险的产生。〔23〕

9. 整体流程:

(1)公司申请:公司向 FCA 提交适用监管沙盒进行测试的申请,申请书中应写明其创新的方法并对其符合申请条件进行说明。

(2)FCA 评估:FCA 对提交的材料进行评估,如果符合申请标准,则将其纳入沙盒,并为该公司配置一名 FCA 工作人员作为联络官。

(3)合作形成测试方案:FCA 和公司共同协商,建立最优的沙盒监管方案,包括测试参数、结果度量方法、需求报告和消费者安全保护措施。

(4)FCA 准许开始测试。

(5)测试和调整:公司根据(3)中的方案开始进行测试并对其创新方法进行调整。

(6)提交并审查最终报告:FCA 审查公司提交的最终报告,公司脱离沙盒监管。

(7)公司决定是否将该创新方法应用到沙盒外的市场。〔24〕

10. 英国监管沙盒的实施现状:

第一批申请窗口期,有 69 家公司提出申请,24 家被接受,18 家公司被最终

---

〔23〕 See Financial Conduct Authority, "Regulatory Sandbox", Accessed May 9, 2019, https://www.fca.org.uk/publication/research/regulatory-sandbox.pdf.

〔24〕 参见边卫红、单文:《Fintech 发展与"监管沙箱"——基于主要国家的比较分析》,载《金融监管研究》2017 年第 7 期,第 6 页。

批准在沙盒内实施测试,这些公司在2017年5月完成测试。

第二批收到77份申请,31份符合沙盒监管标准,数量上相比第一批有所上升,第二批申请测试的公司范围也更加广阔,包括分布式账本支付服务技术(基于区块链)和人工智能软件等。[25]

第三批收到61份申请,18家符合监管标准,第四批收到69份申请,29家公司被接纳进入沙盒。[26]

第五批申请成功名单于2019年4月29日公布,申请数达到创纪录的99家,批准数为29家,其中有来自海外的申请者。被批准的企业主要从事批发和零售银行业务,比如为学生设计的财务管理工具、月薪管理、税务统计工具等。[27]

11.英国沙盒的成效:

(1)有助于缩短将创新创意推向市场的时间和成本。监管的不确定性将会很大程度上对创新项目的推广产生阻碍作用,而沙盒宽松的监管环境有利于创意的成熟和推广。以第一批完成测试的企业为例,有90%已经朝着更广泛的市场投放迈进。[28]

(2)沙盒测试有利于创新者从市场上获得资金支持。沙盒测试环境接近真实市场环境,企业在其中进行测试,合作伙伴和潜在投资者可以看到企业的效益,从而增加投资信心。

(3)促进更多的创新。沙盒监管方式很大程度上将监管的不确定性予以排除,从而使更多的企业愿意尝试新的解决方案并将其推向市场。

(二)澳大利亚的监管沙盒

1.定义:监管沙盒允许符合条件的金融科技公司向澳大利亚证券和投资委

---

〔25〕 See Financial Conduct Authority, "Financial Conduct Authority provides update on regulatory sandbox", Accessed May 10, 2019, https://www.fca.org.uk/news/press-releases/financial-conduct-authority-provides-update-regulatory-sandbox.

〔26〕 See Financial Conduct Authority, "Regulatory sandbox-cohort 3", Accessed May 10, 2019, https://www.fca.org.uk/firms/regulatory-sandbox/cohort-3.

〔27〕 See Financial Conduct Authority, "Regulatory sandbox-cohort 5", Accessed May 10, 2019, https://www.fca.org.uk/firms/regulatory-sandbox/cohort-5.

〔28〕 See Financial Conduct Authority, "Regulatory Sandbox", Accessed May 10, 2019, https://www.fca.org.uk/publication/research/regulatory-sandbox.pdf.

员会进行备案，便可在没有澳大利亚金融服务（australian financial services，AFS）许可证或信贷许可证的情况下测试某些产品或服务。[29]

2. 机构：澳大利亚证券和投资委员会（Australian Securities and Investment Commission，ASIC），ASIC 依法独立对公司、投资、金融产品和服务进行监管，监管范围包括银行、证券、外汇、保险行业。

3. 沙盒申请范围：

（1）金融服务：提供对澳大利亚发行的债权、证券、股票、投资计划、存款、保险等产品的咨询服务。

（2）信用服务：可以为不超过 25,000 美元、最大年费率不超过 24%、非反向抵押和小额信贷合同的信用合同提供信用服务。[30]

4. 监管优惠政策：

（1）提供额外指导：对 ASIC 如何在现有制度框架下评估拟申请许可企业的组织能力进行说明，并提供成功的案例以供参考，方便企业申请进入沙盒。

（2）修改 ASIC 对于那些小规模的，高度自动化的企业的授权政策。

（3）在 12 个月内给予有限的监管豁免，以便企业对其创新产品进行测试。

（4）专职管理人：小规模、高度自动化的企业可以申请指定一名管理人员，负责对该企业的执照申请、金融服务进行协助与监督。[31]

5. 消费者保护措施：

（1）客户数量限制：被授予监管豁免的企业最多可以接纳 100 个零散客户（retail clients），但对于批发客户（wholesale clients）数量不作限制。

（2）风险限制：ASIC 对沙盒内测试产品的价值进行了限制，单个零售客户证券、债权风险敞口不得超过 10,000 美元；信贷额不超过 25,000 美元；保险合

---

〔29〕 See Australian Securities and Investment Commission，"Fintech regulatory sandbox"，Accessed May 10，2019，https://asic.gov.au/for-business/innovation-hub/fintech-regulatory-sandbox/.

〔30〕 See Australian Securities and Investment Commission，"RG 257 Testing fintech products and services without holding an AFS or credit license"，Accessed May 10，2019，https://asic.gov.au/regulatory-resources/find-a-document/regulatory-guides/rg－257－testing-fintech-products-and-services-without-holding-an-afs-or-credit-licence/.

〔31〕 See John Price，"ASIC's regulatory sandbox"，Accessed May 10，2019，https://asic.gov.au/about-asic/news-centre/speeches/asics-regulatory-sandbox/.

同承保不超过50,000美元;所有客户总风险不得超过5,000,000美元。

(3)消费者保护措施:即进行详细的信息披露,例如有关其服务、薪酬和争议解决程序的信息,另外,ASIC还要求企业告知消费者其没有执照、其服务是在监管豁免的情况下提供的。[32]

(4)适当的补偿协议:在协议期间,对任何一笔索赔和总的索赔,至少包含100万美元的保险额度;该项保险需要覆盖全部12个月的测试期间。

(5)争议解决方案:企业应该建立符合ASIC要求的内部解决程序(internal dispute resolution,IDR),并且在参与测试的12个月及额外的12个月内,需要保证企业接受外部解决程序(external dispute resolution,EDR)的管理。

6. 测试期:

相比于英国的6个月,澳大利亚更为宽容,测试期为12个月。公司申请豁免的14天内ASIC将会决定是否准许豁免,然后发放许可证,开始计算测试期。

测试期满后,企业需要退出沙盒,除非获得AFS许可证或信贷许可证或者ASIC提供个别救济,将期限予以延长。

7. 测试结束的报告程序:

ASIC要求参与沙盒的企业在测试结束后3个月内向ASIC提供一份报告,报告中应该详细说明企业参与测试的经验、教训、心得体会,并且提供客户数量,客户基本信息统计结果,收到的投诉数量和性质,向EDR投诉的数量和性质,测试期间查明或遇到的问题及解决方式,哪些规章制度影响到企业生存、收入和支出信息等。

企业在测试期间的有关信息将被ASIC发布在官网,包括测试业务和联系信息,这些信息将使得消费者了解该企业在沙盒监管情况下的运行状况,以及该企业是否可以持续提供服务。企业提供的消费者有关信息将会保密,这部分信息被ASIC用于审查金融科技许可豁免的运作和有效性,以及识别测试企业和消费者面临的主要风险或问题。

---

[32] See Australian Securities and Investment Commission, "Innovation Hub-Regulatory sandbox FAQs", Accessed May 12, 2019, https://asic.gov.au/for-business/innovation-hub/regulatory-sandbox-faqs/.

8. 个别救济：

对于希望在无执照状态下测试产品和服务，但又无法依靠 ASIC 现存的制度来获得监管豁免的企业，ASIC 允许其进行个别申请，并有权授予其个别豁免。申请个别豁免需要具有充分的理由，花费更多的时间，并且需要满足 ASIC 规定的其他严苛条件。[33]

（三）新加坡的监管沙盒

1. 定义：新加坡金融监管局（Monetary Authority of Singapore，MAS）于 2016 年公布《监管沙盒指南》（Regulatory Sandbox Guideline）创设监管沙盒，为企业营造近乎真实的市场环境以测试其产品和服务，同时可以免除部分法律监管。[34]

2. 实施机构：MAS。自 1998 年金融机构改革后，MAS 拥有监管货币、银行、保险、证券等金融领域的权力，同时具有金融监管和金融调控权。[35]

3. 监管原则：

（1）风险控制原则：在沙盒运行过程中，必须有空间和时间限制，以确保试验失败的后果可以得到控制。

（2）申请人对沙盒监管的目标和原则必须明确。

4. 审批标准：

（1）申请的创新技术或服务不得与新加坡现有的金融服务相似，除非该技术或服务是用于另外的领域。

（2）申请人已经进行尽职调查，且对申请领域相关的金融监管政策和法律有足够的了解。

（3）金融技术或服务具有创新性。

（4）该技术或服务能够为消费者或行业解决现存的某个问题。

---

〔33〕 See Lev Bromberg et al.，"Fintech sandbox：Achieving a balance between regulation and innovation"，Journal of Banking and Finance Law and Practice，Vol. 28，No. 4，2017，pp. 6－7.

〔34〕 See Monetary Authority of Singapore，"MAS Issues 'Regulatory Sandbox' Guidelines for FinTech Experiments"，Accessed May 12，2019，https://www.mas.gov.sg/news/media-releases/2016/mas-issues-regulatory-sandbox-guidelines-for-fintech-experiments.

〔35〕 参见蓝庆新、张莹：《新加坡金融监管体制的发展与借鉴》，载《东南亚纵横》2008 年第 6 期，第 1～2 页。

(5)申请人有志于在退出沙盒后,将其技术或服务应用到新加坡更广的范围。即使有特殊原因不能推广,也应该将技术或服务贡献于其他方面。

(6)申请人对沙盒测试环境和预期成果具有清晰的认识,并向 MAS 按期汇报其测试进度。

(7)充分保护消费者利益,避免金融系统性风险。

(8)申请者应制定退出沙盒后(强制和到期自动退出)的应对策略。[36]

5. 沙盒的监管优惠:

(1)MAS 使提供的沙盒环境尽可能接近真实的市场环境,由申请人进行测试。

(2)根据试验产品的具体情况,给予法律规制和行政监管的部分豁免。

(3)提供合适的保障服务,以防测试失败造成严重后果。

6. 退出和延期:

沙盒退出有两种情况:

(1)主动退出:①测试者获得成功,希望将自己的创新技术或服务扩展到更广的范围,MAS 进行审批,若 MAS 认为测试者已经达成预期的沙盒测试效果,并且满足相关的法律和制度规定,则该产品可以退出沙盒,进行推广。②测试者未获成功,自愿退出。

(2)被动退出:因为测试周期届至仍未符合相关标准、被发现具有缺陷、违反沙盒监管规定等原因,被 MAS 勒令终止测试。

申请延期:试验周期届至前至少 1 个月内,测试者向 MAS 提出申请,如果有适当理由[37],经 MAS 批准后可以延期。[38]

(四)我国台湾地区的监管沙盒

台湾"立法委员会"于 2017 年 12 月 29 日三读通过"金融科技发展与创新试

---

〔36〕 See Monetary Authority of Singapore, "FINTECH REGULATORY SANDBOX GUIDELINES", Accessed May 12, 2019, https://www. mas. gov. sg/-/media/MAS/Smart-Financial-Centre/Sandbox/FinTech-Regulatory-Sandbox-Guidelines – 19Feb2018. pdf? la = en&hash = 1F4AA49087F9689249FB8816A11AEAA6CB3DE833.

〔37〕 理由可能为:需要更多时间去修改客户反馈的问题;需要更多时间完善产品,以符合法律和制度规定。

〔38〕 参见吴凌翔:《金融监管沙箱试验及其法律规制国际比较与启示》,载《金融发展研究》2017 年第 10 期,第 4 ~5 页。

验条例草案”,标志着台湾地区正式建立监管沙盒制度。

1. 定义:经批准后,企业能够以科技创新方式或经营模式创新方式从事原需要主管机关许可、核准或特许的金融试验。

2. 实施机构:台湾地区“金融监督管理委员会”(以下简称“金管会”),下辖“业务局”、“银行局”、“证券期货局”、“保险局”、“检查局”、事业机构、“中央存款保险公司”,集金融业监督、管理、检查、处分权于一身。[39]

3. 监管原则:

(1)建立安全的金融科技创新试验环境。

(2)促进科技创新金融商品和服务的发展,并促进普惠金融发展。

(3)保护参与沙盒的企业和消费者。

4. 审批标准:

(1)申请参与沙盒的项目属于需要主管机关许可、核准或特许的金融业务。

(2)具有创新性。

(3)具有实效性:可有效降低经营及使用成本,或者可以满足消费者或企业的其他利益。

(4)企业已经对该项目参与沙盒可能产生的风险进行评估,并提出相应的解决方案。

(5)企业已经设计消费者保护措施,并且为损失赔偿预备准备金。

(6)“金管会”认为需要评估的其他事项。[40]

5. 消费者保护措施:

(1)在沙盒试验期间,企业和消费者签订的协议显失公平的,无效;存在疑问的,作有利于消费者的解释。

(2)试验期间,企业刊登广告进行招揽活动时,需保证宣传信息的真实性,不得欺诈、误导消费者。

(3)测试企业应对消费者提供妥善的参与保障措施和退出保障机制。

---

〔39〕 参见我国台湾地区“金融监督管理委员会组织法”第2、3、4条。

〔40〕 参见我国台湾地区“金融监督管理委员会”:“金融科技发展与创新实验条例”,载https://law.fsc.gov.tw/law/EngLawContent.aspx? lan = C&id = 2104&KW = %e9%87%91%e8%9e%8d%e7%a7%91%e6%8a%80,最后访问日期:2019年5月11日。

(4)消费者与测试企业之间发生民事争议,消费者可以援用"金融消费者保护法"等相关规定主张权利。

6. 监管优惠政策:

(1)"金管会"在和其他主管机关协商后,可以在试验期间内,排除相关限制法规命令或行政规则的全部或一部对沙盒测试企业的适用。但涉及反洗钱、反资敌等相关"法令"不得排除或限制。

(2)在沙盒试验期间,不适用"银行法""电子支付机构管理条例""电子票证发行管理条例""信托业法""证券交易法""保险法"等某些条款的处罚规定。

7. 企业的责任:

(1)及时开展创新试验。

(2)确保用户数据在收集、管理、传输时的安全。

(3)接受主管机关的访查,向主管机关说明沙盒试验情况。

8. 退出:

(1)创新试验期为1年,届满退出。

(2)申请人可以在届满前1个月向"金管会"提出延期,可延长6个月;但创新内容涉及法律修改时,最多可延长2年,全部创新试验期不超过3年。

(3)"金管会"废止试验:若该试验出现对消费者和金融市场重大不利的情况、超过许可范围、出现问题且未能在限期内改正,"金管会"有权要求该企业退出沙盒。

(五)其他国家或地区沙盒及其特点

1. 香港特区:由香港金融管理局(Hong Kong Monetary Authority,HKMA)设立,适用范围窄,仅限于银行业和相关科技。

2. 马来西亚:由马来西亚中央银行(Bank Negara Malaysia,BNM)设立,特别规定申请公司的领导层需要诚信可靠;对未通过的申请,设置6个月的冷却期;测试期限为1年。

3. 阿布扎比:由金融服务监管局(Financial Services Regulatory Authority,FSRA)设立,测试期间为2年。

4. 美国:2016年Patrick McHenry向众议院提交"2016金融服务创新法案,

拟建设联邦监管沙盒”，遭到货币监理办公室（Office of Comptroller of Currency，OCC）的反对。但各州已经开始自发筹建沙盒。[41]

## 四、我国沙盒构建的可能路径

### （一）指导原则

任何一项制度，都应该明确其指导原则，监管沙盒也不例外，需要先明确该制度的原则和想要达到的政策目标。英国 FCA 表示，“通过沙盒监管支持促进竞争和颠覆性创新”，[42] 但很明显，促进创新必须伴随着充分的消费者保护措施。澳大利亚 ASIC 指出，“以适当的方式监管新产品和服务，以促进投资者信任和金融消费者信心的平衡”。我国台湾地区的“科技发展与创新条例”也表明其目的是在保护消费者的基础上促进创新。另外，保持金融秩序稳定也是各国沙盒制度构建时考虑的重点。

我国在全面构建监管沙盒制度之时，也应该坚持上述三个指导原则，即促进创新、保护消费者、维护金融稳定。促进创新毫无疑问应该成为最根本的指导原则，监管沙盒制度的本来目的就是希望各种创新技术和产品在其相对宽松的监管环境中进行测试，发现问题、解决问题，获得消费者和投资者的信任与青睐，从而将新技术和服务推向市场，实现技术的市场转化，从而促进创新。毫无疑问，我国接受监管沙盒作为一种监管策略的最重要原因也在于其可以促进创新，以发展经济，提升金融服务质量，从而提升我国在金融领域的国际地位。消费者保护，尤其是对小规模消费者的保护是监管沙盒制度建立的重要原则。[43] 保持金融稳定性是我国政府可以接受监管沙盒的基础条件，任何金融科技创新都不得对国家的金融体系造成冲击，具有系统性风险的监管制度和试验项目是不可接受的。

---

〔41〕 See Michael M. Piri, “The Changing Landscapes of FinTech and RegTech: Why the United States Should Create a Federal Regulatory Sandbox”, 2 *Bus. & Fin. L. Rev.* 233 (2019), pp. 10 – 12.

〔42〕 Luke G. Thomas, “The Case for a Federal Regulatory Sandbox for Fintech Companies”, 22 *N. C. Banking Inst.* 257 (2018), pp. 6 – 7.

〔43〕 See Michael M. Piri, “The Changing Landscapes of FinTech and RegTech: Why the United States Should Create a Federal Regulatory Sandbox”, 2 *Bus. & Fin. L. Rev.* 233 (2019), pp. 16 – 17.

（二）实施机构

英国由FCA负责构建和实施沙盒监管，FCA具有监管银行、保险、投资产品（包括证券）的权力；澳大利亚ASIC的监管范围包括银行、证券、外汇、保险行业；新加坡的MAS对货币、银行、保险、证券具有监管和调控的权力；我国台湾地区的金融管理委员会也可对银行、证券、保险行业进行监管，采取执法行动；香港特别行政区的监管机构为HKMA，类似于内地的中国人民银行，负责监管货币和银行业务。

从上述国家和地区实施监管沙盒的经验来看，沙盒的实施机构应该是一个综合性执法机构（HKMA权限最窄，沙盒适用范围也最窄），这也是由监管沙盒本身的性质所决定的。沙盒监管方式希望能够为企业提供一个监管豁免空间，企业能够在较宽松的环境下测试其创新产品或服务，免受监管机构的惩处，这就要求监管沙盒的实施机构本身具有广泛的监管权力，可自行实施监管豁免或者有足够的影响力可以协调其他机构进行豁免。以英国的沙盒为例，FCA本身可以对大量的监管进行豁免，部分项目的豁免需要与英国审慎监管局（The Prudential Regulation Authority，PRA）协调达成一致意见，但也仅限于此，这就大大降低了实施监管豁免的难度。

我国金融监管长期实施“一行三会”模式，但近年来对监管机构进行了较大程度的改革。2017年成立国务院金融稳定发展委员会，2018年组建银保监会，并将银行业、保险业重要法规的制定权和审慎监管权划归中国人民银行形成“一委一行两会”的监管模式。[44] 其中金融稳定发展委员会（以下简称金稳会）属于国务院统筹协调金融稳定和改革发展重大问题的议事协调机构，具有金融改革发展与监管统筹权、货币政策与金融监管协调权、金融政策和财政政策、产业政策协调权等多项重要职权，下设金融稳定委员会、竞争与金融消费者保护委员会、金融创新与发展委员会，主管金融的国务院副总理担任金稳会主任。[45]

本次金融体制改革对于监管沙盒的设置可谓大有裨益，本文认为，金稳会下

---

〔44〕 参见黄辉：《中国金融监管体制改革的逻辑与路径：国际经验与本土选择》，载《法学家》2019年第3期，第1~2页。

〔45〕 参见邢会强：《国务院金融稳定发展委员会的目标定位与职能完善——以金融法中的“三足定理”为视角》，载《法学评论》2018年第3期，第1~3页。

设的金融创新与发展委员会可以担当实施监管沙盒的责任,该委员会负责促进金融创新和发展,监管沙盒正好可以发挥"促进创新"的功能,并且该委员会附属于金稳会,权力广泛(不亚于 FCA 和 ASIC),可以协调"一行两会"的监管政策,兑现对沙盒内企业的法律和制度豁免;另外,金融稳定委员会也应该参与到监管沙盒的审批和运行流程中,以预防和遏制金融系统性风险的产生。

另外,学者认为金稳会不应该成为一个长期的机构,未来应该实现"混业监管+审慎监管"的双峰监管方式,建立类似于英国的制度(FCA+PRA),〔46〕此时由混业监管机构进行沙盒的构建和组织是理所当然的。

(三)申请标准

监管沙盒的申请标准应该十分明确地予以公示,以便拟申请企业查阅并努力满足这些标准。监管机构批准通过企业的申请,使其进入沙盒,为企业提供一定的监管许可,意味着该企业获得监管机构的背书,企业声誉提升,这可能使该企业获得其本无法拥有的客户和投资者。〔47〕因此,监管机构在确定申请标准时必须慎重考虑,以防止沙盒对消费者利益和金融系统稳定性造成损害。

英国 FCA 设置的标准为:真正的创新、符合消费者利益、需要沙盒来进行测试、已做好沙盒测试的准备。该标准反映 FCA 监管的两个指导性原则:促进创新和消费者利益保护。我国构建沙盒时还应该考虑测试的创新技术或服务对金融稳定性的影响。

有学者指出,申请标准中无须提出对"创新"的要求,因为"促进创新就是监管沙盒制度存在的意义,而不是监管机构选择他们认为创新的产品和服务"。〔48〕笔者认为,对"创新"的要求还是有意义的,但无须作为一个实质性要件,仅需从外观和形式上判断其是否为一项新技术或新服务,或者是否为旧有技术或服务的新应用即可;对"创新"的要求是为避免已经成熟甚至落后的技术或服务,浪费稀缺的"监管红利"资源。另外,"难以理解的创新"不能被纳入沙盒,这类创新既会增加监管的难度,又可能会造成消费者的误解。但企业需要证明自己的

〔46〕 参见黄辉:《中国金融监管体制改革的逻辑与路径:国际经验与本土选择》,载《法学家》2019 年第 3 期,第 10~12 页。

〔47〕 See Hilary J. Allen, "Regulatory Sandboxes", *The George Washington Law Review*, pp. 35 – 37.

〔48〕 参见郑博等:《金融消费者保护的国际比较研究》,载《宏观经济研究》2018 年第 3 期,第 1 页。

"创新产品或服务"有助于降低成本、提升效率、可以解决现存问题、给消费者或金融市场带来利益。

消费者保护是申请标准中非常重要的部分,申请企业应当制定消费者保护措施;同时,企业应当进行尽职调查,并形成风险预测、风险管理报告,以证明自己的测试不会对金融秩序的稳定性造成影响。另外,借鉴 FCA 经验,申请企业需要证明自己的产品或服务"需要在沙盒中进行测试"(比如现有监管政策对其发展造成严重影响)并且已经"为进行测试做好准备"。

申请企业的规模也应该是考虑因素。当企业规模大到对整个金融市场都可能产生影响时,便不应该将其纳入沙盒,沙盒的宽松监管将使这些企业倾向于采取更冒进的创新策略,增加失败风险,而这类企业一旦遭遇失败,即使仅是一个创新项目的失败,带来的影响也是难以估量的。另外,大企业本身掌握雄厚的技术、信息和客户资源,无须借助沙盒也有能力自行展开测试,而小企业、初创企业则相反,需要沙盒提供支持。

(四)消费者保护措施

中国的金融消费者保护措施相比于发达国家还有较大差距,[49]金融消费者风险预防和承受能力还有待提高。沙盒测试企业的不确定性和风险比较高,因此尤其需要重视消费者保护措施的构建,结合域外经验,笔者认为,至少应该作出如下制度安排:

1. 保护消费者知情权。沙盒测试企业应进行详尽、诚实、无误导的信息披露,对测试技术或服务的潜在风险进行特别提示。

2. 测试企业应制定并披露消费者补偿措施,并向监管机关证明其具有补偿能力,具体的方案可以是设置准备金、[50]购买投资保险等。

3. 沙盒金融消费者的法律和制度保护等同于一般金融消费者,可申请相关机构的保护,对测试企业需要对消费者损失的赔偿,沙盒不予豁免。

4. 设置小规模消费者数量上限,机构消费者抵御风险能力较强,可不设置上限;但对小规模消费者和机构消费者风险敞口均设置上限。

---

[49] 参见郑博等:《金融消费者保护的国际比较研究》,载《宏观经济研究》2018 年第 3 期,第 1 页。

[50] 参见陈志峰、钱如锦:《我国区块链金融监管机制探究——以构建"中国式沙箱监管"机制为制度进路》,载《上海金融》2018 年第 1 期,第 7 页。

（五）监管与豁免

根据前述各国的经验，结合我国具体国情，本文认为我国的沙盒监管制度构建应该满足下列几点：

1. 精细化监管：为提升监管效能，降低创新产品和服务对消费者和金融系统的风险，应实施个案授权，这也要求限制参与沙盒的企业数量。根据企业提交的申请书，监管机构和企业共同协商确定对该企业的监管豁免政策。对每一家企业，监管机构均应委派一名专员负责跟进沙盒测试情况，并作为企业和监管机构的中间人为测试企业提供各种便利服务。

2. 试点与划分地域监管：鉴于我国地域辽阔、人口众多、地区发展差异大，笔者认为监管沙盒的实施应该首先在几个金融发达省市试点，比如优先在北京、上海、深圳、广州四省市开展试点工作。有一定成功经验后再在全国范围内推行。为便利监管和企业申请，比如按照地理区位划分为 5 个片区（华北和东北、华东、华中、华南、西部），在北京、上海、武汉、广州、西安 5 个市设置派出机构，负责各自地理范围内企业的监管沙盒审批和管理。由金融创新发展委员会负责统筹协调。

3. 报告和调查：测试企业应该定期（如 3 个月）形成沙盒测试报告，向监管机构报告测试情况，监管机构对报告予以审核。测试期届至，测试企业应该提交最终报告。监管机构有权对测试企业进行调查，并且应该进行调查，以避免测试风险。

4. 豁免：监管机构认为可以豁免的法律或监管政策均可以豁免，只要这些豁免不会对消费者保护、金融稳定和社会公共利益造成影响。[51]

（六）期限和退出

本文所述的所有监管沙盒均对企业在沙盒中的测试期间予以限制，最短的为英国，6 个月；最长的为我国台湾地区，可延长至 3 年；其余为 1 年。

沙盒企业和监管机构需要一个较长的监管期限，一方面，沙盒企业需要在这个期限内测试产品或服务，接收消费者的反馈，并且对存在的问题进行修正；另一方面，监管机构也需要一段时间熟悉该测试项目，并个别调整监管政策。但测

---

〔51〕 比如，涉及反洗钱、反恐怖等法律不得豁免。

试期间也不宜过长,同时进入沙盒参与测试的企业名额有限,一家企业不应长期在监管沙盒内享受监管红利;长时间弱监管会增加消费者和金融秩序面临的风险;另外,监管沙盒无异于温室,只适合于培养初创企业,不应该成为企业长期赖以生存的环境,否则这样的企业无法获得市场竞争力。企业一旦开始进入沙盒,便应谋划如何快速改正存在的问题,努力提升企业竞争力,适应沙盒外的全面监管环境。

本文认为,1年的监管期限是比较合适的,这个期限被其他国家和地区证明可以实现上述目的的平衡。另外,可以设置特殊情况下的延长,新加坡的经验可资借鉴,对于创新性强、实用度高、有希望在更广范围适用的技术或服务,企业认为仍需要一段时间来继续完善其产品或服务的,监管机构可以批准其继续留在沙盒,但延长期限也不得过长,〔52〕否则可能存在监管套利风险。

企业在沙盒内的测试期限届满,并向监管机构提交最终报告后,即自动退出沙盒。除此之外,监管机构应有要求企业退出沙盒的权力,一旦监管机构发现测试企业的行为可能对消费者利益造成重大损害,或者可能甚至已经危及金融体系的稳定,可强制要求企业退出沙盒。企业可以主动申请退出沙盒,监管机关享有审批权,监管机关应确保测试企业的退出不会导致消费者权益损失,不会对金融秩序造成影响。

(七)后续措施

监管沙盒既是企业的沙盒,也是监管机构的沙盒,金融科技飞速发展,该如何对日新月异的金融产品和服务进行监管也困扰着监管机构,监管沙盒的实施为金融机构提供了从沙盒测试公司处学习监管经验的机会。〔53〕金融创新与发展委员会应该建立下属监管机构(证监会、银保监会)的信息分享和汇总机制,委员会和下属机构利用这些信息决定是否对相应的法律或制度进行修改,从而提升监管效能。

监管机关应该评估沙盒的使用效果,沙盒监管制度在许多国家和地区获得

---

〔52〕 台湾地区可延长2年,以至于企业可以享受沙盒监管福利最多达3年,这似乎有些太久。企业的产品或服务在申请时至少应该是相对成熟,可以进行市场推广的,如果该产品需要沙盒给予保护达3年的话,可见该企业的产品或服务难以被市场接受。

〔53〕 See Hilary J. Allen, "Regulatory Sandboxes", *The George Washington Law Review*, pp. 59 – 60.

成功,但它们的共同特点是人口较少或疆域较小,监管沙盒在中国大陆是否适用是一个未知数,因此金稳会应该每年评估监管沙盒的实际效用,形成报告,以决定对沙盒监管制度进行修改,甚至停止沙盒。此外,沙盒的存续期限也应该预先在法律中予以规定,监管沙盒毕竟属于扰乱金融监管秩序的制度,时间可能会耗尽监管机构对这种制度的热情,可以规定"在若干年后停止提供沙盒,除非有其它值得沙盒继续存续的理由"。

《清华金融法律评论》
第3卷第1辑
第178~204页

# 区块链与上市公司:股权透明度、代理投票和公司治理的变革

[美]道格拉斯·阿纳　[澳]罗斯·巴克利　[意]费德里科·帕尼西　著
王延川　郭　琦　译*

目　　次



* 道格拉斯·阿纳,香港大学嘉里控股法学教授;罗斯·巴克利,毕马威法律—金杜律师事务所主席,新南威尔士大学科学教授,法律、市场和监管研究中心成员;费德里科·帕尼西,布雷西亚大学博士候选人,新南威尔士大学访问学者,香港大学访问研究员;王延川,西北工业大学人文与经法学院法学教授;郭琦,新南威尔士大学法学院博士候选人。

**摘 要:**在传统范式下,公司股份以股东名义注册。然而,到20世纪60年代,随着交易数量急剧增多,美国公众公司这一传统范式的效率变得极为低下。因此,股份开始被“固定”在中央证券存管机构(CSDs),并通过间接持有系统(IHS)持有,与此同时股份交易通过“账簿条目”进行结算,该制度起源于美国并进一步扩展至世界其他主要证券市场。虽然更有利于市场流动性,但这一制度打破了公司与股东之间的直接关系,相应地产生了“名义股东”与“受益股东”之区分。通讯解决方案的引入正是为了弥补这种差异并且允许“受益股东”通过代理人投票。但是,通讯解决方案目前依赖于高度中间化的“传递”架构,也具有一定的低效性,不仅需要由股东自己承担相应的成本,而且会产生与抵押有关的问题。区块链可以通过提高“股权透明度”来精简整个股权架构。实际上,区块链可以通过在整个结算周期跟踪股权,来提高上市公司的“股东民主”,并使其公司治理和股票市场受益。然而,区块链也带来了与更高“所有权透明度”要求相关的一系列风险。因此,有必要建立一个股份交易数字身份管理系统,以充分发挥这种基于区块链的投票架构的优势,同时降低相应的风险。

**关键词:**区块链 上市公司 股权透明度 代理投票 公司治理

## 一、引言

根据公司法理论,股东是公司的所有者,通过行使表决权来控制公司。传统上,股东是公司股东名册上登记在册的股东。登记注册一般发生在与股份有关的纸质证书被送达之后。然而在美国,对于上市公司而言,由于庞大的交易数量,这种股份交易结算系统在20世纪60年代变得非常低效。因此,股份开始被“固定”在中央证券存管机构(CSDs),并通过间接持有系统(HIS)中的中介机构被持有。因此,股份交易开始通过“账簿条目”结算。后来,世界其他主要金融市场也采用了类似的制度。虽然市场流动性受益于该间接持有系统,但它打破了公司与股东之间的直接关系,并产生了“名义股东”和“受益股东”之间的差异。通讯解决方案的引入正是为了弥补这种差异并且允许“受益股东”通过代理人投票。但是,通讯解决方案目前依赖于高度中间化的“传递”架构,也具有一定的低效性,不仅需要由股东自己承担相应的成本,而且会产生与抵押有关的问题。区块链可以通过提高“股权透明度”来精简整个股权架构。

实际上,区块链可以通过在整个结算周期跟踪股权,来提高上市公司的“股东民主”,并使其公司治理和股票市场受益。然而,区块链也带来了与更高“所有权透明度”要求相关的一系列风险。因此,有必要建立一个股份交易数字身份管理系统,以充分发挥这种基于区块链的投票架构的优势,同时降低相应的风险。

本文第二部分分析了上市公司股权的现实演变。第三部分分析了为解决股权转让善后问题而产生的制度的负外部性问题,并着重讨论了这一制度与公司所有权和股东投票的核心理念之间的冲突。第四部分讨论了通过区块链构建更优制度的可能性,并强调它不仅可以应对效率方面的挑战,还可以保障实际股份注册与预期操作的一致性。第五部分和第六部分重点介绍了这种制度如何处理诸多问题,同时提出该制度也可能引起新的风险和担忧。第七部分为本文的结语。

## 二、背景:当今国际金融市场中的股份交易和股权结算

公司所有权与控制理论是建立在股东是公司所有者这一基本前提的基础之上的。首先,股权属于公司利润分配权。其次,在公司运作过程中,股东通过投票行使所有权、指导公司活动。

1. 现实中的股权(与理论相反)

股东在公司的生命周期内定期变更。在转让股份时,需要确定谁是新股东。根据公司法,股东不是仅仅对公司股份拥有“名头”的人(名义上的股东),而是遵守一套用来明确股权的信息化规则的人(法律上的股东)。从历史上看,这套规则包括在公司股东名册上进行登记。[1] 事实上,股东只有经过登记注册才可

〔1〕《英国2006年公司法》第112条规定:“公司股东是同意成为股东并在股东名册上登记的人。”《澳大利亚2001年公司法》第231条规定:“满足以下条件的人可以称为公司股东:……(b)同意在公司注册后成为其股东,同时其姓名被登记在股东名册中。”在属于大陆法系的意大利,当公司章程排除发行股份证书时(Codice Civile[c. c. ]第2355条),必须在股东名册上进行登记(Codice Civile[c. c. ]第2421条)(GIAN FRANCO CAMPOBASSO, Diritto Commerciale, Torino, 2013年,第222页)。否则,股份转让遵循有关动产的规则(参见第2355条co. 2和3 c. c. ,以及更一般地说,第1992条c. c. 及以下),因为股东权利与证书合并,当合法转让证书时,买方不仅获得证书,还获取与之相关的权利。

以行使股份所赋予的权利,即上述股利分配和在股东大会上投票的权利。[2]

因此,成为股东一般需要具备两个步骤。在股份分配和转让的情况下,在签订合同(第一步)之后必须进行登记(第二步)。只有当买方的名字登记在股东名册时,买方始能获得该股份的合法所有权。[3]

与此相似,股份的转让同样可以描述为两个步骤。在这种情形下,第一步(通常称为"交易")涉及买方和卖方签订买卖合同(就交易的价格和其他条款达成一致意见)。第二步称为"结算",也就是买方向卖方付款并登记在册的过程。[4] 因此,"交易"和"结算"都是股份转让的核心。

传统意义的股份结算是通过实际交付股份转让表格(合同)和股份证书于买方来实现的。在此交付之后,股东名册上的登记由转让人变更为受让人。由于这一过程,公司便可以控制股份转让受让人获得(法律意义上的)所有权,并与之产生直接关系。[5] 然而,正如后面将要讨论的,出于结算效率和安全的考虑,这一传统范式已经发生了巨大的变化。在目前的国际金融市场中,股份购买人并不将自己的姓名记入股东名册,造成名义股东和法律意义上的股东不一致的现象颇为普遍。尽管如此,两类股东均是合法共存的,并同时参与上市公司的所有权和控制权。

2. 美国的"纸张暴风雪"(1967~1970年)以及"固定"股份运动

股份交易的实际结算不可避免地需要"后台"文书工作(处理和记录该股份的转让),其工作强度会受到交易量的直接影响,且会产生高昂的成本。一个典

---

〔2〕 关于表决权,例如,《特拉华州法典》第8章§219(a):"公司应在每次股东大会召开前至少10天编制一份完整的有权在会上投票的股东名录"和"(c)股份分类账应是有权成为股东并在任何股东大会上亲自或代理投票的唯一证据"。

〔3〕 See Paul L. Davies and Sarah Worthington, Principles of Modern Company Law (9th ed. 2012) § 27. 该规则适用于以证书形式或无证书形式持有的股份。

〔4〕 See Paul L. Davies and Sarah Worthington, Principles of Modern Company Law (9th ed. 2012) § 27. "清算"(交易和结算之间的一个步骤)通常是在受监管的金融市场上市和交易股票。清算所由信息交换机构(CCHs)执行,"风险管理机制可以实现市场范围内的交易流动性"帮助缔约方降低个人和彼此之间的整体暴露。Emilios Avgouleas and Aggelos Kiayas, "The Promise of Blockchain Technology for Global Securities and Derivatives Markets: The New Financial Ecosystem and the 'Holy Grail' of Systemic Risk Containment" (University of Edinburgh School of Law Research Paper Series No 2018/43), https://ssrn.com/abstract=3297052.

〔5〕 See Paul L. Davies and Sarah Worthington, Principles of Modern Company Law (9th ed. 2012) § 27.

型的例子就是20世纪60年代末发生在美国并最终导致金融崩溃的市场失灵,此后通常被称为“纸张暴风雪”(paper blizzard)。[6] 虽然现在很少有人记得那个年代的其他金融危机,但当时的“纸张暴风雪”仍然是自1929年大萧条以来美国证券交易所面临的最大挑战。[7]

危机的根源可以追溯到20世纪50年代初,当时美国股市终于摆脱了大萧条挥之不去的影响,[8]美国中产阶级开始繁荣,人们期望轻松获得资本收益(来自经纪公司和证券交易所的广告)的现象比比皆是。同时,得益于保险公司、养老基金以及共同基金等新的金融参与者的投资,证券持有人的数量在1952年至1965年间从50万猛增到2000多万。[9]

这种增长趋势颇受证券业的欢迎,因为它们更加关注证券销售量的增加。[10] 然而,证券公司并没有能力来维持这种增长,因为它们缺乏充分的技术管理、足够的资本化水平,并且最重要的是它们并不具备适当的后台操作流程。[11]

更具体地说,首先,交易是由低技能和低薪职员来处理,他们将股份证书实际交付给发行人的转让代理商,相应地由该代理商记录股权的变化,并以买受人的名义签发新的股份证书。随后便将这些新证书交付给买受人。由于100多股

---

〔6〕 这场危机也被称为“纸张紧缩”,或者“文案工作危机”。

〔7〕 See David C. Donald, Heart of Darkness:“The Problem at the Core of the U. S. Proxy System and its Solution”, 6 *Virginia Law & Business Review* 41(2011).

〔8〕 See Wyatt Wells, Certificates and Computers:“The Remaking of Wall Street, 1967 to 1971”, 74 *The Business History Review* 193, 194(2000).

〔9〕 See Wyatt Wells, Certificates and Computers:“The Remaking of Wall Street, 1967 to 1971”, 74 *The Business History Review* 193, 195(2000).

〔10〕 See Wyatt Wells, Certificates and Computers:“The Remaking of Wall Street, 1967 to 1971”, 74 *The Business History Review* 193, 203(2000). 按照当年安全行业成员的话说,“这个行业的领导者是在销售额至上的大萧条时期成长起来的,当时销售是最为重要的事情。有销售即可以存活。无论后勤办公室效率如何或有多好,如果没有销售额便无法生存。

〔11〕 See Wyatt Wells, Certificates and Computers:“The Remaking of Wall Street, 1967 to 1971”, 74 *The Business History Review* 193, 198(2000). See also Study of Unsafe and Unsound Practices of Brokers and Dealers, Securities Exchange Commission(1971).“安全行业的缺陷”分为几大类。首先是资本的不足和无常,以及在某些情况下,这种资本的不理性使用。其次,对运营人员和后勤办公室功能的不充分认识被视为不可避免的负担,并且很少被视为利润中心或业务的重要元素。最后,在关键时期,缺乏具备管理能力的人员,缺乏系统,程序,设备和合格的非销售人员。

的股份证书很少见,职员每天交付的纸张数量巨大。[12] 其次,股份交易的记录工作也极为复杂。证券公司一般有两套账簿,一套适用于现金,另一套适用于证券。在后者中,证券公司会列出公司持有以及交易的证券。这些信息必须针对每个独立的个体问题进行平衡。此外,由于证券实际以货币进行交易,最终这两套账簿便不得不达成一致。[13]

当交易量达到顶峰时,这些流程的复杂性使得所有交易不可能得到结算。相应的,迟延交付被进一步延长,大量债务未被履行。公司通常会通过短期借款来弥补其头寸(positions),直至其现金流足够强大。然而,当市场转向下行时,公司便出现违约而不再履行相应的义务(当证券被丢失或错放)以及相应的股息或利息的义务。为了掩盖这些违约行为,诸如"庞氏骗局"这样的欺诈行为变得更加频繁。[14] 有趣的是,一些欺诈事件也伴随着用自动计算机系统取代手动后台程序的尝试。例如,McDonnell 公司在 1968 年投资了一家计算机公司,设计并安装了一个用于交易结算的计算机化系统。这一设计刚刚完成时,系统就出现了很多故障,造成 McDonnell 公司无法定位到数百万的证券。为了解决财务问题,该公司采取 IPO 欺诈的方式来保障短暂的稳定。然而,随着时间的推移,McDonnell 公司的财务状况已经不足以替换丢失和错放的证券,破产便发生了。[15]

美国交易所试图找到应对"纸张暴风雪"的补救措施。例如,减少交易日和每日的交易时间。然而,证券公司被繁杂的文书工作所压倒并且破产数量激增。在经过了一段忙碌的兼并和私力救济之后,在 1970 年 6 月,证券行业的领导层开始认为其需要政府的帮助。[16] 这一决定使美国政府得以颁布新的立法,从而

---

〔12〕 See Wyatt Wells, Certificates and Computers: "The Remaking of Wall Street, 1967 to 1971", 74 *The Business History Review* 193, 200(2000).

〔13〕 See Wyatt Wells, Certificates and Computers: "The Remaking of Wall Street, 1967 to 1971", 74 *The Business History Review* 193, 201(2000).

〔14〕 See David C. Donald, Heart of Darkness: "The Problem at the Core of the U. S. Proxy System and its Solution", 6 *Virginia Law & Business Review* 41, 51(2011).

〔15〕 See David C. Donald, Heart of Darkness: "The Problem at the Core of the U. S. Proxy System and its Solution", 6 *Virginia Law & Business Review* 41, 52(2011). Wyatt Wells, Certificates and Computers: "The Remaking of Wall Street, 1967 to 1971", 74 *The Business History Review* 193, 210(2000).

〔16〕 See Wyatt Wells, Certificates and Computers: "The Remaking of Wall Street, 1967 to 1971", 74 *The Business History Review* 193, 223(2000).

极大地改变了证券行业。[17]

自《1975年证券法修正案》颁布以来,[18]证券交易的结算开始依赖于更有效的系统,其特点是股份“固定”在中央证券存管机构(CSDs),而不再受制于基础纸质证书的存在以及位置。[19] 在这些结算系统中,发行公司通过中央存管所维护的电子会计系统开立账户,如果需要的话,会将他们的股份证书存入其中。交易通过“账簿条目”(book entries)进行结算,其中包括贷记、借记受让人和转让人账户。[20]

由于这种结算系统消除了股票丢失或者被错放的风险,其对于交易安全和效率将极为有利。[21] 此外,这种结算系统可以确保股票的支付和交付同时进行,从而降低了受让人和转让人之间的对手风险。[22] 此外,通过将股份“固定”

---

〔17〕 此类立法还包括1970年的《证券投资者保护法》(SIPA),该法案设立了证券投资者保护公司,这是一种非营利性私人会员公司,大多数美国注册经纪人和经销商必须参与其中。其基金构成一项保险计划,专门用于保护受SIPA管制的经纪人或交易商的客户在会员财务失败时遭受的损失。其作用类似于银行业的联邦存款保险公司。(http://www.uscourts.gov/services-forms/bankruptcy/bankruptcy-basics/securities-investor-protection-act-sipa.)

〔18〕 修正案参见https://www.gpo.gov/fdsys/pkg/STATUTE-89/pdf/STATUTE-89-Pg97.pdf。

〔19〕 See Ruben Lee, Running the World's Markets: The Governance of Financial Infrastructure(2010), p. 34. 如果纸质证书仍然存在,则股份是经过认证的;否则,就是未经过认证的。当然,这种结算系统只涉及上市公司。

〔20〕 See Geoffrey Yeowart & Robin Parsons (with Edward Murray, Hamish Patrick), Yeowart and Parsons on the Law of Financial Collateral(2016), p. 790; Donald, supra note 7, p. 45; Lee, supra note 19, p. 34. Eva Micheler, Property in Securities-A Comparative Study, (2007), p. 62 and following. 通过书籍条目替换纸质文档的过程被称为“非物质化”。即使在英国,文书工作危机也导致上市股票的非物质化。事实上,从20世纪70年代后期开始,在伦敦证券交易所出售的证券通过纸质证书和转让形式转移,该解决方案以“Talisman”命名。1987年股市崩盘表明需要超越纸质结算流程,并鼓励改革整个结算系统。在接下来的几年里,伦敦证券交易所推出了一个名为TAURUS的项目,旨在实现股票非物质化。然而,在相关各方(公司注册商)要求尽可能保持其角色的压力下,该项目失败了。然后,英格兰银行介入并创建了当前的英国结算系统:CREST,并于1996年投入使用。最初,它只是一个服务中心,可以匹配电子指令并将其转发给发行人。后来,《2001年无证券条例》将CREST保存的记录转变为上市公司股东名册。因此,避免了集中匹配CREST与股份转让之间的时间延迟。

〔21〕 See Hal S. Scott and Anna Gelpern, International Finance: Law and Regulation 3rd ed. 2012, at 614; Donald, supra note 7, p. 51. For similar reasons of efficiency, CSDs for security certificates were already established in Vienna in 1878 and in Berlin in 1882(Philipp Paech, Market needs as paradigm-breaking up the thinking on EU securities law, at 28), in Intermediated Securities: The Impact of the Geneva Securities Convention and the Future European Legislation. (Pierre-henri Conac, Ulrich Segna, Luc Thévenoz eds., 2013.)

〔22〕 See Hal S. Scott and Anna Gelpern, International Finance: Law and Regulation 3rd ed. 2012, at 615.

在中央存管机构，规模经济得以杠杆化，同时市场流动性也相应的增加。[23]

3. 间接持有系统(IHS)

选择在中央存管机构“固定”股份意味着持股总是中介化的。事实上，在目前的金融市场中，证券要么以中央存管机构、被提名人或结算系统参与者的名义发行，要么至少是以有利于他们的名义发行的。因此，大多数股票并不是以终端投资者的名义持有，而是以中介机构的名义持有。[24] 在那些并未以中介机构名义发行股票的法域中，这些股票仍然被记录在中介机构的账户中。[25]

因此，在当今的市场中，中介机构成为一系列将终端投资者与中央证券存管机构联系起来，并进一步间接与发行公司联系起来的多层次的连锁。这种由中介机构以投资者名义持有股份的结构通常被称为间接持有系统(HIS)。[26] 此后，美国根据上述《1975 年证券法修正案》，在大多数发达的金融市场建立了间

---

〔23〕 See Donald, supra note 7, p. 57.

〔24〕 See Renato Costantini, Client Asset Segregation-Much Ado About Nothing or the End of the World as We Know It?, CapLaw (Sept. 1, 2012), http://www.caplaw.ch/2012/client-asset-segregation-much-ado-about-nothing-or-the-end-of-the-world-as-we-know-it/. 例如，在美国，大部分股票以“Cede&Co”(“Cede”为证书存管机构的简称)的名义发行，最初是 The Depository Trust Company (DTC) 的提名人，后来是 The Depository Trust& Clearing Corporation (DTCC)。[see Donald, supra note 7；同样，加拿大证券存管处以其被提名人的名义将法定所有权固定在登记册上：CDS&Co, Computershare, Georgeson, Transparency of Share Ownership, Shareholder Communications and Voting in Global Capital Markets (March 2015), https://www.computershare.com/News/TransparencyofShareOwnershipShareholderCommunicationsandVotingingloballcapitalmarkets_12032014_GCM.pdf.]不同的是，在英国和其他普通法国家，如爱尔兰和澳大利亚，公司以参与各自结算系统的中间人的名义发行股票。因此，这些中介机构是合法股东，因为他们的名字被记录在由 CSDs 维护的登记册上，CSDs 根据公司法承担成员登记的职责。Philipp Paech, Cross-border issues of securities law: European efforts to support securities markets with a coherent legal framework, European Parliament's Committee on Economic and Monetary Affairs, (May 2011), http://www.europarl.europa.eu/document/activities/cont/201106/20110606ATT20781/20110606ATT20781EN.pdf, pp. 14 – 16 and Paech, supra note 21, pp. 31 – 32.

〔25〕 这些管辖区包括法国、德国和意大利等大陆法系国家。虽然 CSDs 和其他中间人都没有股份的合法权益或权利，但他们通过账面记录代表其客户——股东持有股份。在这里，它是持有中介，而不是资产本身。[France Drummond, Intermediated securities: "reflections on a new concept in French financial markets law", 1 *Law & Financial Markets Review*, 435 (2007), p. 435.]此外，在这些情况下，股东只能通过其账户提供者而不是通过上层中介来获取其股票。See also Paech, supra note 21, pp. 32 – 33.

〔26〕 See David C. Donald, "Market Quality" and Moral Hazard in Financial Market Design, p. 226, in Reconceptualising Global Finance and Its Regulation, (Ross P. Buckley, Emilios Avgouleas, Douglas Arner, eds., 2016.) Francisco J. Garcimantín Alférez, The UNIDROIT Project on Intermediated Securities: Direct and Indirect Holding Systems, INDRET (2006), http://citeseerx.ist.psu.edu/viewdoc/download? doi = 10.1.1.852.9352&rep = rep1&type = pdf, p. 3.

接持有系统。[27] 在实施过程中,这些金融市场所在的国家并没有大力改革其法律框架,而只是简单地修改了现有的法律条文。[28] 基于间接持有系统的全球扩展以及中央证券存管系统之间的诸多联系,并且该间接持有系统内的其他层面可以随时访问不同国家的证券市场,而不受不同国家之间法律差异的制约。这样,一定程度的金融整合就随之而来。[29]

除了以投资者名义持有股票,间接持有系统的另一个主要特征是金融机构通常使用被称为"综合账户"(omnibus accounts)的会计结构。在"综合账户"中,股票虽然由不同的投资者持有,但仍然被汇聚在一起,因此,这些投资者被认为拥有"证券权益"。[30] "综合账户"可以确保构成间接持有系统的金融机构具有高水平的运营效率,因为他们可以通过一个市场一个账户的方式来访问全球

---

〔27〕 值得强调的是,IHS 的"出口"始于20世纪80年代,当时美国银行首次在伦敦设立。JOANNA BENJAMIN, INTERESTS IN SECURITIES: A PROPRIETARY LAW ANALYSIS OF THE INTERNATIONAL SECURITIES MARKETS(2000),p. 224.

〔28〕 在考虑间接持有系统和不同法域关于股权的法律规定时,对法律条文的这种调整是显而易见的。一方面,英美法系国家以信托的形式运作间接持有系统。如前所述,在英国以及其他英美法系国家,上市公司一般由中介机构合法拥有,这些中介机构的名字也已经登记在中央证券存管机构中。同时,这些中介机构成为受托人,受益人可以对他们要求衡平法上的所有权。同样,在美国和加拿大,虽然受益人可以申请担保权利但不是衡平所有权。不同之处在于安全权利不会重叠:针对账户持有者的每项安全权利都与账户持有者本身的安全权利不同。相反,在欧洲大陆,IHS 已经采取了财产未分割的理念。因此,在法国和意大利,最终投资者是其股份的全部所有者。在民法体系中,财产可以共享。在德国,最终投资者对发行公司以证券委员会的一份全球证书形式委托的证券池拥有共同利益。更具体地说,"投资者共同拥有,并且是唯一的基础证书的共同所有者"。当证券被转让时,每个被转让人在证券贷记到其账户中后,获得全球证书的共同拥有权和共同所有权。(Micheler, supra note 20, at 189.)

〔29〕 See DELPHINE NOUGAYRÈDE, Towards a Global Financial Register? Account Segregation in Central Securities Depositories and the Challenge of Transparent Securities Ownership in Advanced Economies (draft) (March 2017), available at http://www.law.columbia.edu/sites/default/files/microsites/law-economics-studies/d_nougayrede_-_towards_a_global_financial_register_-_2017_03_30.pdf, p. 11. 作者指出,全球市场中非常活跃的"链接"是 Euroclear 和 Clearstream 在欧洲以及美国存管信托公司与加拿大清算和存管服务之间的链接。

〔30〕 See Joanna Benjamin and Madeleine Yates, The Law of Global Custody-Legal Risk Management in Securities Investment and Collateral(2nd ed. 2002), at 27 and following, Benjamin, supra, note 27, pp. 5 – Lee, supra note 19, p. 35. "综合账户"在20世纪20年代中期的德国(和奥地利)大规模推出,"当多年的恶性通货膨胀迫使银行寻找更具成本效益的持有证券的机制"。Eva Micheler, The Legal Nature of Securities: Inspirations from Comparative Law in, Intermediated Securities: Legal Problems and Practical Issues, (Louise Gullifer & Jennifer Payne eds., 2010), p. 132. 更具体地说,当固定收入证券的价格下跌时,将它们保持在分配的基础上变得不经济,银行鼓励其客户同意他们在未分配的基础上持有证券。"感到无法表示同意的客户被告知,他们不得不预期分配的存款费用会大幅增加。"Micheler *supra* note 20, pp. 184 – 185.

金融市场,并可以避免为每个客户开设单独账户所产生的成本。〔31〕

然而,由于资产混合在"综合账户"中,确定最终投资者并非易事。〔32〕 例如,该连锁中的三个主要因素——"综合帐户"提供商(A)、客户端(B)和该客户端的客户(C)。A 可能知道 C 持有的股票总数,但是无法掌握关于 C 通过 B 持有的股票的详细信息(以个人为基础),相关信息仅保存在 B 使用的会计系统中。〔33〕 因此,IHS 不可避免地在持股方面缺乏完全的透明度。〔34〕

在此背景下,很少有金融市场是例外的。这些例外在概念上属于一个透明的系统,其中最终投资者直接在 CSDs 中拥有自己的账户。与 IHS 不同,在透明系统中,中介机构只是作为这些账户的运营商而不是代表投资者持有证券。虽然提高了透明度,但这种系统不适合跨国持股,因为 CSDs 中的经营账户与每个国家框架高度一体化。实际上,除中国外,只有一些小型金融市场拥有如此透明的持股系统。〔35〕 值得注意的是,中国的证券市场从 20 世纪 90 年代开始发展,因此其从一开始就是"数字原生",与发源于依赖旧纸张进行证券持有和登记系

〔31〕 See Georgios P. Kouretas and Christina Tarnanidou, Shareholding in EU: is "indirect holding" approach appropriate in achieving financial integration? 22 JOURNAL OF FINANCIAL REGULATION AND COMPLIANCE(2014), p. 18. In addition, Dominc Hobson, The Future of the Omnibus Account(Sept. 2014), http://www. clearstream. com/blob/68322/bc8ff5e084310b7a98ec5f39eff47c0a/hobsonseries14mgem-data. pdf. 创造规模经济,降低交易成本,增强流动性和更容易的证券借贷。要全面分析"综合账户"的优缺点。Stuart Weinstein & Sina Yekini, International Securities Services Association (ISSA), Transparency in Securities Transactions and Custody Chains-Study on the Benefits and Costs of Securities Accounting Systems-Research Paper(20 Aug. 2015), http://www. issanet. org/pdf/ISSA_commissioned_Securities_Accounting_System_research_paper. pdf. 关于在大多数发达市场中使用"综合账户",美国可持续发展委员会主要作为"综合市场"运作。在欧洲,法国、德国、意大利和其他国家也是"综合国家"。2015 年,ECSDA 将英国列为"混合市场",因为有可能开设"个人会员"账户,也就是"事实上的最终投资者账户"。[European Central Securities Depositories Association, Account segregation practices at European CSDs(13 Oct. 2015), http://ecsda. eu/wp-content/uploads/2015_10_13_ECSDA_Segregation_Report. pdf. ]然而,英国作为一个"综合市场"运作,因为在该结算系统内开设的近四十万个账户中,此类账户只有几千个。(see Nougayrède, supra note 27, at 13 and following.)

〔32〕 See Matthew J. O'toole et al., The First Block in the Chain: Proposed Amendments to the DGCL Pave the Way for Distributed Ledgers and Beyond(March 2017), HARVARD LAW SCHOOL FORUM ON CORPORATE GOVERNANCE AND FINANCIAL REGULATION, (Mar. 16, 2017), https://corpgov. law. harvard. edu/2017/03/16/the-first-block-in-the-chain-proposed-amendments-to-the-dgcl-pave-the-way-for-distributed-ledgers-and-beyond/.

〔33〕 See Karlo Kauko, Interlinking Securities Settlement Systems-A Strategic Commitment? -Working Paper Series No. 427, EUROPEAN CENTRAL BANK(Jan. 2005), https://www. ecb. europa. eu/pub/pdf/scpwps/ecbwp427. pdf? 9dc872e1d54b07af8d5894cb7f32db7d, p. 7.

〔34〕 See Kouretas & Tarnanidou, supra note 31.

〔35〕 See Paech, supra note 21, p. 34 and Kouretas & Tarnanidou, supra note 31, p. 17.

统的发达证券市场形成鲜明对比,例如美国或欧洲的证券市场。

## 三、间接持有系统(HIS)对上市公司治理的负外部性

虽然在过去几十年中,金融市场已经开发出比证券实物交付更有效的结算系统,但目前用于保管证券的会计结构增加了持股系统的不透明度。此外,该系统拉开了发行公司与其股东之间的距离,不可避免地打破了它们之间的直接关系,削弱了股东的权利以及对股份的控制。〔36〕 这种距离产生了"中介安全挑战",也涉及如何通过投票促进股东行使其所有权和控制权。〔37〕 这一挑战在以中间人的名义发行股票时会达到顶峰,因为只有这些中间人的名字出现在发行公司的股东名册上。事实上,在这种情况下,股东"差异"不可避免地出现:名字在股东名册上的中间人是"名义股东",而那些对公司股份有实际经济利益的人是"受益股东"。〔38〕 "名义"和"受益"股东之间的这种差异意味着后者始终只与记录在股东名册上的中介机构互动,并且只对(并通过)它们行使股份所附带的权利。此外,股份转让仅在中介机构的记录中进行登记,而从未在发行公司的相应登记簿上登记。〔39〕 乔安娜·本杰明(Joanna Benjamin)描绘了这其中一连串的权利,俄罗斯套娃的形象,一个在另一个里面,最小的娃娃包含一颗宝石。每个娃娃都与其他娃娃不同,尽管所有娃娃的价值都来自宝石。而宝石就等同于相关证券,每个娃娃对证券具有不同的利益。〔40〕

---

〔36〕 See Donald, supra note 7, p. 227 and Avgouleas & Kiayas, supra note 4, p. 45.

〔37〕 See Alférez, supra note 26, p. 3. 这一挑战的另一个问题是如何防止监管风险,即在破产时失去证券的风险,中介机构的疏忽或欺诈行为。

〔38〕 See Donald, supra note 7, p. 46. Thomas G. Ward, How The Indirect Holding System Affects Investor Suits, LAW 360 (Sept. 29, 2015), https://www.law360.com/articles/708861/how-the-indirect-holding-system-affects-investor-suits. 因此,这些股东并非民事法律体系中"绝对意义上的所有者",因为他们的所有权作为相对权利存与在股东名册上记录的中介人相对立。[EVA MICHELER, PROPERTY IN SECURITIES-A COMPARA-TIVE STUDY(2007), p. 85.]

〔39〕 See Roy Goode, The Nature and Transfer of Rights in Dematerialised and Immobilised Securities in, The Future for the Global Securities Market: Legal and Regulatory Aspects(Fidelis Oditah ed., 1996), p. 111.

〔40〕 See Benjamin, supra note 27 p. 30. According to Kouretas & Tarnanidou, supra note 31, p. 18. 在 IHS 中,"受益股东"的权利从所有权(对物权,可以普遍行使)转变为合同权利(对人权)。这种转变来自将证券存款视为非正规存款。在非正规存款中,资产所有权暂时从客户转移到存放处,存款人有义务向存款人返还相同数量和质量的资产。Goode, id., p. 111,"权利"一词来自《统一商法典》第8条,并将中间人为其客户所持有的权利称为"金融资产",而客户将这些权利作为"担保权利"是"有助于明确账户持有人所拥有的不是对相关证券的利益,而是对其中间人持有的权利的次级利益"。

最后,公司与其股东之间产生距离的进一步后果是,IHS 内的金融机构现在不仅成为股票交易和持股的中介,而且还成为一系列补充服务的中间人,例如发行公司和最终投资者之间的信息传递。对"中介证券挑战"的测试越多,中介机构的作用就越根本。[41]

1. 缩小公司与"受益股东"之间的差距:对通讯系统和代理规则的需求

从公司的角度考虑,"名义"和"收益"股东之间的差异打破了股东登记的传统作用,因为它们不再提供与最终投资者相关的信息。

然而,从股东的角度来看,这种差异具有更重要的后果。正如人们所期待的,按照公司法,投资者所有权既包括获得公司净收入的权利,也包括控制公司的权利。这种控制对于公司的日常运作至关重要,因为必须避免(至少减少)公司环境中存在的代理问题及相关成本。控制公司的权利是通过股东对董事会成员任命(和罢免)的投票权来行使的,而董事会应该监督管理层,特别是当管理层的决策可能不是最优的,并产生与股东利益不一致时。[42]

通过建立 IHS,公司与股东之间不可避免的距离使得这些权利的行使更加困难。事实上,个人股东出席公司会议大多数情况下非常烦琐;而且,公司与股东之间的分离进一步增加了股东的分散,增加了他们之间的信息协调成本。因此,股东便难以克服集体行动的障碍。[43]

因此,随着 IHS 的兴起,公司与股东(以及股东之间)对通讯系统的需求也随着 IHS 的兴起而增加。由于这些要求一系列代理规则被用来管理相应的通讯系统,并建立代理表决机制,以促进股东行使其表决权。[44]

---

〔41〕 See Donald, supra note 7, p. 227. See also Benjamin, supra note 27, 第 225 页写道:"全球保管有时被描述为一种信息服务。"

〔42〕 为了对公司治理中的代理问题,代理成本和法律策略进行广泛而清晰的分析。See John Armour et al., Agency Problems and Legal Strategies and John Armour et al., The Basic Governance Structure: The Interests of Shareholders as a Class, in The Anatomy of Corporate Law: A Comparative and Functional Approach (Reiner Kraakman et al., eds., 3rd ed. 2017).

〔43〕 Id.

〔44〕 See Kevin Kearney, Proxy. gov: A Proposal to Modernize Shareholder Lists and Simplify Shareholder Communications, 37 Hastings Communications & Entertainment Law Journal 391 (2015), p. 395. 这些规则中的第一种是 1975 年在美国采用的,作为 1934 年美国证券交易法修正案的一部分[见《交易法》第 14a3 - (d) 条,第 34 - 11079 号]。(Oct. 31, 1974); see also Donald, supra note 7, at 63 and Louis Loss et al., Fundamentals of Securities Regulation (2000), at § 6C, 6.

因此,随着IHS的兴起,公司与股东之间(以及股东之间)的通讯系统需求也随之增加。实际上,在投票(或进行代理权分配)之前,确定和定位受益股东是必要的。[45] 这种识别过程通常需要几个步骤:首先,发行公司向CSDs发送询问,要求提供在其账户中持有股东名册的IHS参与者名单。其次,当收到此信息时,公司将"搜索卡"发送给已确定的IHS参与者,询问所需的代理材料的数量。[46] 然后,IHS参与者确定在其账户中持有股东名册的相应存款人,并指出与相应存款人直接相关的受益股东的大致数量。对于沿IHS定位的每个相应存放处重复此步骤,直到达到最后一层,与受益股东直接关联。只有确定了受益股东,发行公司才能向中介机构提供代理材料。最后,材料被分发给受益股东,受益股东最终可以投票或者进行代理权分配。[47]

2. 代理投票:理论上的正确性,实际上低效率性

目前的代理投票体系结构非常复杂。由于中介机构具有不同的层次(持股和管理公司通讯),只有在公司与股东关系重新建立后,才能进行代理投票。相

---

〔45〕 Marcel Kahan & Edward Rock,"The Hanging Chads of Corporate Voting",96 *Georgetown Law Journal* 1227(2008),p. 1243.

〔46〕 在此阶段,将另一层中介添加到所述链中。实际上,自20世纪80年代以来,金融机构不断将代理处理(以及剩余的公司通讯业务)外包给特定的服务提供商,后者通过发行公司作为金融机构的代理来管理信息流。其中,自动数据处理(ADP)很快就进入了这项业务,并迅速成为领先的公司之一。2007年,Broadridge Financial Solutions从ADP分拆出来,现在主导着企业通讯服务市场。

〔47〕 Kahan & Rock, supra note 45, at 1243 and following. 代理材料分发通常由通信服务提供商执行。总体来说,向股东传播相关信息的两种模式脱颖而出。首先,"推动方法"是指股东在个人基础上获得相关信息,并确保他们能够快速方便地获取信息。其次,"拉动方法",公司向股东提供信息,在报纸和网站等预先确定的平台上传播信息。[See Dirk Zetzsche, Shareholder Passivity, Cross-Border Voting and the Shareholder Rights Directive, 8:2 JOURNAL OF CORPORATE LAW STUDIES 289(2008).]虽然"推动方法"更加昂贵,但其应该通过更多的参与和行使投票权来使股东民主受益。这种方法是国际金融市场的主流模式。在美国,严格采用"推动方法":股东依靠"全套交付方式"而不必寻求相关信息。"推动方法"也在欧洲传播。在英国,由于缺乏强制要求向股东转移相关信息的规定,中介机构主要在自愿的基础上识别和定位受益股东。在法国和德国,"推"和"拉"方法并存。更具体地说,在法国,公司必须在他们发行不记名股票时才在其网站上发布信息。否则,公司会单独与股东沟通。德国也是如此,公司通过联邦公报Bundesanzeiger宣布股东大会。此外,虽然不再强制执行,但一些发行人仍然发布有关Wertpapier Mitteilungen的相关信息,Wertpapier Mitteilungen是银行使用的媒体。在欧洲国家中,意大利是一个例外,因为它依赖于"拉动方法"。此外,即使是欧盟的立法——股东权利指令(Directive 2007/36/EC)也是基于"拉动方法",允许企业不公布相关信息,只单独传达给股东。[MATTEO GARGANTINI, IDENTIFICAZIONE DELL'AZIONISTA E LEGITTIMAZIONE ALL'ESERCIZIO DEL VOTO NELLE S. P. A. QUOTATE, (2012), at 124 and following; see also Computershare, Georgeson, supra note 24, at 14 and following.]

关信息通常通过复杂的“传递”(pass-it-along)过程共享。〔48〕 因此,代理投票系统仍然具有一些低效率性,增加了其成本以及“股东民主”。这些成本最终由股东,并间接由市场承担。

这种低效率分为三大类。第一类包括与当前体系结构的复杂性相关的低效率。〔49〕 例如,由于股东人数众多,受益股东通常不能按时收到代理材料。因此,股东不能投票,并且不可挽回地被剥夺了权利。〔50〕 此外,这种复杂性也是无效投票或错误投票的主要原因。〔51〕

第二类效率低下的原因是股权缺乏透明度。当股票在证券借贷市场被借出,并且记录日期到期时,通常会发生这种情况。在此情况下,对于谁拥有投票权容易产生混淆,并导致过度投票,严重影响了会议所作决定的可靠性。〔52〕

第三类是一些金融机构可能会利用上述复杂性和不透明性,增加股东的低效率。例如,对冲基金有时可以实行“脱钩”(decoupling)。“脱钩”是指故意将投票权与股份的经济利益分开,特别是如果将“脱钩”与卖空相结合,便可以通

---

〔48〕 See Donald, supra note 7, at 47 and following.

〔49〕 当前代理投票架构的复杂性也是金融机构所熟知的。See, for instance Concept Release on the U. S. Proxy System, SECURITIES AND EXCHANGE COMMISSION (July 2010), https://www.sec.gov/rules/concept/2010/34 – 62495.pdf, p. 7. 说明“代理材料的分发方式以及处理和记录投票的方式涉及一定程度的复杂性,而这种复杂程度通常不为那些未参与该过程的人所理解。这种复杂性在很大程度上源于美国股权的性质,其中绝大多数股份是通过证券中介机构(如经纪自营商或银行)持有的;这种结构支持快速准确地清算和结算证券交易,但却增加了代理投票过程的复杂性”。

〔50〕 See Kahan & Rock, supra note 45, at 1249 and following.

〔51〕 一个明显的例子是 2008 年代理人争夺控制雅虎的董事会,这是一场非常激烈的争夺战。投票结束后,雅虎宣布其两位董事获得 80% 股东的批准。然而,持有高比例股份的投资者要求布罗德里奇仔细检查选票的结果。检查结束后,雅虎宣布将近 20% 的选票被误判。当然,这样的错误非常“麻烦”。[See Vice Chancellor J. Travis Laster, The Block Chain Plunger: Using Technology to Clean Up Proxy Plumbing and Take Back the Vote, COUNCIL OF INSTITUTIONAL INVESTORS (Sept. 2016), http://www.cii.org/files/09_29_16_laster_remarks.pdf.]此外,如果认为当前的代理投票架构通常缺乏有效的投票验证系统以及端到端审计跟踪,就更为真实。不幸的是,验证选票的困难也是由某些银行的做法引起的,例如在投票代理中合并账户。甚至“捎带”也很常见:无论“收益股东”的数量有多少,银行都会给不同的股票编号。这导致具有相同账号的银行代理承载不同数量的股票。(Kahan & Rock, supra note 45, at 1253).

〔52〕 Id., at 1255 and following. 正如作者所解释的那样,值得强调的是,当托管银行将证券借贷外包给第三方专家时,低效率会更加严重。在这种情况下,负责投票的人可能甚至不知道股票已经被贷出。

过贬值公司股份来获利。[53]

## 四、区块链:解决"差异问题"的潜在金融科技解决方案

在2008年全球金融危机(GFC)之后,FinTech——金融科技以及RegTech——监管科技正日益重塑金融和金融市场基础设施。[54] 在金融科技所涉及的各种技术中,区块链在金融领域受到了极大关注,包括交易清算和结算情形。[55]

在考虑区块链在任何特定环境中的适用性时,重点必须放在其安全性、透明度和不变性三个核心特征,以及与三个特征相关的积极和消极后果上。在过去几年中,全球金融机构和交易所一直在调查区块链是否可以替代支撑金融市场基础设施的现有系统和技术,区块链的安全性、透明度和不变性这几个核心属性特别有益于所有权的登记和转让。

1. 特拉华州区块链倡议和修订《特拉华州法典》第8节的法案

区块链在管理与公司股东相关的信息方面具有巨大潜力,这与证券结算直

---

〔53〕 Henry T. C. Hu and Bernard Black, "The New Vote Buying: Empty Voting and Hidden (Morphable) Ownership", 79 *Southern California Law Review* 811(2006); Henry T. C. Hu and Bernard Black, "Empty Voting and Hidden (Morphable) Ownership: Taxonomy, Implications, and Reforms", 61 *Business Lawyer* 1011(2006); Henry T. C. Hu and Bernard Black, Equity and Debt Decoupling and Empty Voting Ⅱ: Importance and Extensions, 156 *University of Pennsylvania Law Review* 625(2008); Henry T. C. Hu, "Financial Innovation and Governance Mechanisms: The Evolution of Decoupling and Transparency", 70 *Business Lawyer* 347(2015).

〔54〕 词汇"FinTech"是指新的金融产业,其通过运用技术提升金融活动。Patrick Schueffel, Taming the Beast: A Scientific Definition of Fintech, 4 Journal of Innovation Management 32 (2016), available at http://www.open-jim.org/article/view/322. Douglas W. Arner et al, The Evolution of FinTech: A New Post-Crisis Paradigm, 47 Georgetown Journal of International Law 1271(2016).

〔55〕 See, for instance, Euroclear, Oliver Wyman, Blockchain in Capital Markets-The Prize and the Journey, Oliver Wyman (Feb. 2016), http://www.dltmarket.com/docs/BlockchainInCapitalMarkets-ThePrizeAndTheJourney.pdf, Euroclear, Slaughter And May, Blockchain Settlement-Regulation, innovation and application, Euroclear (Nov. 2016), https://www.euroclear.com/dam/PDFs/Blockchain/MA3880%20Blockchain%20S&M%209NOV2016.pdf and Committee On Payments And Market Infrastructures, Distributed ledger technology in payment, clearing and settlement-An analytical framework, Bank For International Settlements(Feb. 2017), https://www.bis.org/cpmi/publ/d157.pdf. "blockchain"是因为第一个加密货币比特币而流行。然而,作为分布于点对点网络参与者之间的分类账,区块链可以独立于比特币和其他加密货币。因此,网络成员可以访问生效的数据并通过安全的加密证明方法将其储存在分类账。由于系分布式和实时处理系统,区块链被认为可以实现近乎实时的交易清算和结算,进而降低成本和提升市场效率。

接相关。事实上，正如最近的特拉华州区块链计划和《特拉华州法典》第 8 节引入的修正案所示，区块链可以为公司充当分布式成员登记册。[56] 按照这种方法，公司将能够发行数字股份(或智能证券)，允许实时结算交易，进一步减少目前的结算延迟以及交易成本。[57] 此外，最重要的是，区块链可以使公司保持单一和全面的成员登记，可以安全、透明和不可变地反映所有权。这样的创新应该最终消除"登记"和"受益"股东之间的差异。[58] 因此，有了区块链，发行公司应该能够重新控制其股份转让并知道其股东是谁。简而言之，区块链可以使发行公司和股东之间的直接关系最终得以重建，而 IHS(由于其公司治理的负外部性)会及时消失。[59]

2. 金融市场的路径依赖，对上市公司的替代解决方案的需求，以及对纳斯达克电子投票区块链平台项目的学习

成员分布式登记册有可能改变公司财务的基础结构，取代目前的结算股份交易制度。

---

〔56〕 准确地说，特拉华州区块链计划的努力于 2017 年 8 月引入了关于"一般公司法"的《特拉华州法典》第 8 节的修订法案。根据该法案，就(一般公司法)第 1 章第 8 节的目的而言，"股份分类账是指由公司或代表公司管理的一份或多份记录，其中记录的公司所有股东的名称，以每个此类股东的名义登记的股份的地址和数量，以及公司的所有股份发行和转让均按照本节第 224 条记录"。新的第 224 条规定："由公司或代表公司在其正常业务过程中维护的任何记录，包括其股份分类账，会计账簿和记录簿，均可通过以下方法或通过以下方式保存：任何信息存储设备，或方法，或一个或多个电子网络或数据库(包括一个或多个分布式电子网络或数据库)的形式，只要这样保存的记录可以在合理的时间内转换成清晰易读的纸质形式"。See Andrea Tinianow and Caitlin Long, Delaware Blockchain Initiative: Transforming the Foundational Infrastructure of Corporate Finance, Harvard Law School Forum on Corporate Governance and Financial Regulation(March 16, 2017), https://corpgov. law. harvard. edu/2017/03/16/delaware-blockchain-initiative-transforming-the-foundational-infrastructure-of-corporate-finance/, led in August 2017 to the Act to Amend Title 8 of the Delaware Code Relating to the General Corporation Law (available at https://legis. delaware. gov/BillDetail/25730). According to the Act, for the purposes of Chapter I of Title 8 (General Corporation Law).

〔57〕 See Dario de Martino and Spencer Klein, Don't Want To Be The Next Kodak? Embrace Blockchain, The CLS Blue Sky Blog(Sept. 6, 2017), https://www. law360. com/articles/960825/don-t-want-to-be-the-next-kodak-embrace-blockchain.《特拉华州法典》第 8 节的修订法案与美国联邦证券监管的趋势同步，其为了"无证书社会"的实现，有趣地开启在中央证券存管处选择"固定化"股份。Louis Loss, Joel Seligman, Fundamentals of Securities Regulation(5th ed. 2004), at 751.

〔58〕 Id. See also Laster, supra note 51.

〔59〕 See Tinianow & Long, supra note 56, at 2. Vice Chancellor J. Travis Laster, Memorandum Opinion in re Dole Food Company, Inc. Stockholder Litigation (Feb. 2017), https://courts. delaware. gov/Opinions/Download. aspx? id = 252690, Accessed February, 2019.

然而,有几个因素在短期内会阻碍这种发展。[60] 毕竟,这是一个巨大的变化,所需的时间和成本将非常巨大。实际上,如果股份交易的实时结算可以被视为直接解决方案,用以解决在区块链环境中新公司的注册以及以数字方式发行所有股份,那么对于已经存在且其股份已经按照目前的结算规定发行的公司来说,情况却并非如此。目前的结算系统[61] 在这种情况下,会出现技术问题,即无法将与股份相关的所有工作流数字化。[62]

此外,还存在法律和经济障碍。在尚未进行完全去物质化处理的管辖区,虽然法律允许,但是将股份从书面证券转换为非书面证券通常需要董事会的决议,该决议在所有股份文本交还给公司之前并不能完全生效。[63] 当公司所有权集中时,例如在私人公司的情况下,这个问题可以很容易得以解决,但是对于广泛持股的公众公司而言,这个问题会变得非常困难。对于这些公司来说,整个过程的漫长和复杂可能会花费不菲。[64] 在许多以前进行过全面去物质化的管辖区,这一过程需要普通立法来处理各种问题。[65]

尽管如此,最近的实验证明除了结算以及不受整个 IHS 被替换的影响之外,区块链可以提供令人印象深刻且可实现的短期机遇。由纳斯达克和爱沙尼亚共和国发起的项目值得特别关注。[66] 该项目旨在利用电子居住(目前的爱沙尼亚电子身份系统,让居民和在该国拥有商业利益的人能够在数字认证后获得一些服务),为在纳斯达克塔林证券交易所上市的公司的股东提供基于区块链的投票平台,以提高投票流程的效率。该项目的概念论证已经成功完成,并且已经引起

[60] See J. O' Toole et al. , supra note 32.

[61] See John Hintze, A Blockchain Move You Can Use Now, iTreasurer(July 31, 2017), http://www.itreasurer. com/A-Blockchain-Move-You-Can-Use-Now. aspx.

[62] Id.

[63] 例如,《特拉华州法典》第158条第8款规定:"公司的股份应由证书表示,只要公司董事会可通过一个或一系列决议规定,公司的部分或全部类别或系列股份应为非证书股份。任何该等决议不得适用于由证书所表示的股份,直至该证书交回公司为止。"

[64] See Hintze, supra note 61.

[65] 同样地,唐纳德写道,选择从关于认证股份的可转让声明(现有的基于存款模式)到转移非认证证券"触及一个行业的许多根深蒂固的利益",该行业"利益相关方具有事实上的垄断"。

[66] See Nasdaq's Blockchain Technology to Transform the Republic of Estonia's e-Residency Shareholder Participation, Nasdaq (Feb. 12, 2016), http://ir. nasdaq. com/releasedetail. cfm? releaseid = 954654.

了如南非等其他国家的兴趣。实际上,纳斯达克最近同意斯特拉特(Strate)(南非的中央证券存管机构)向南非的公司提供该解决方案,以便缓解劳动密集的投票流程,并且受益股东最终可以更容易地行使其投票权。[67]

与这些项目类似,澳大利亚证券交易所(ASX)打算在其常规生命周期结束时实施类似区块链的系统来取代现有系统。事实上,澳大利亚证券交易所旨在利用这项技术取代澳大利亚现金股票市场的清算和结算系统。[68] 目前的系统具有执行中央清算、交付与支付(DvP)结算和股权登记这三种交易后功能,这是高效但孤立的数据记录架构。澳大利亚证券交易所的目标是用加密授权的平台取代这样的基础设施,使参与澳大利亚交易所的所有不同金融机构之间的全部金融市场基础设施实现共同化。[69]

更具体而言,该项目旨在建立一个"私有区块链",[70]一个只有经许可的参与者才能访问的网络,且该网络的特征是只有澳大利亚证券交易所才可以编写

---

〔67〕 See Nasdaq to Deliver Blockchain e-Voting Solution to Strate, Nasdaq(Nov. 22, 2017), http://ir. nasdaq. com/releasedetail. cfm? releaseid = 1049610. 除了这些试验之外,值得强调的是,其他金融参与者也正致力于"区块链技术[特别是以太坊区块链平台],以提高全球代理投票的透明度和分析能力"。一名领航者甚至已成功完成: see Press Release-Broadridge, J. P. Morgan, Northern Trust and Banco Santander Successfully Complete Pilot of Blockchain-Based Proxy Vote Solution, Broadridge(April 11, 2017), https:// www. broadridge. com/press-release/2017/broadridge-j-p-morgan-northern-trust-and-banco-santander-complete-proxy-vote-solution。为此, Broadridge 最近还获得了专利(更多的信息), see Press Release-Broadridge Secures Industry-Leading Blockchain Patent for Proxy Processing and Repo Agreements, Broadridge(May 10, 2018), https://www. broadridge. com/press-release/2018/broadridge-secures-industry-leading-blockchain-patent)。

〔68〕 ASX's Replacement of CHESS for Equity Post-Trade Services: Business Requirements-Consultation Paper, ASX(Sept. 2016), 2017 年 12 月 7 日, ASX 宣布有意用其技术合作伙伴 Digital Asset Holdings 开发的 DLT 取代 CHESS。阅读完整的市场公告, On December 7, 2017。See Media Release-ASX selects distributed ledger technology to replace CHESS, ASX(Dec. 7, 2017), https://www. asx. com. au/documents/ investor-relations/ASX-selects-distributed-ledger-technology-to-replace-CHESS. pdf.

〔69〕 为了更好地理解从孤立到相互架构的转变,值得参见 Dirk Zetzsche et al., The Distributed Liability of Distributed Ledgers: Legal Risks of Blockchain, 2018 University of Illinois Law Review 1361 (2018), at 1370 and following(also available at https://illinoislawreview. org/wp-content/uploads/2018/10/ BuckleyEtAl. pdf)。See also The Digital Asset Platform-Non-technical White Paper, Digital Asset(Dec., 2016), https://hub. digitalasset. com/hubfs/Documents/Digital% 20Asset% 20Platform% 20 - % 20Non-technical% 20White% 20Paper. pdf.

〔70〕 关于快速浏览类似区块链的数据库应用程序的不同类别。See Vitalik Buterin, On Public and Private Blockchains, Ethereum. org(Aug. 6, 2015), https://blog. ethereum. org/2015/08/07/on-public-and-private-blockchains/.

和更新分布式分类账。相比之下,任何人都可以访问公共区块链。[71] 通过采用私有区块链,新系统放弃了更高程度的分散化以支持效率,从而完全实现金融市场可扩展性的根本利益。同时,它保留了上面提到的安全、透明和不变的技术特征。[72]

实际上,该项目认为分类账总是遭受不可避免的"三难困境",这种困境阻碍了它们同时对正确、效率和分散三个属性的满足。[73] 澳大利亚证券交易所作为分类账的中央管理人的持续性确保了系统能够紧跟大量的现金股权交易。因此,它也可以成功地提供与股权登记相关的服务。此外,与许多开放的公共区块链不同,该平台旨在隔离数据以保护信息机密性。[74] 私有的、经过许可的系统,比如由澳大利亚证券交易所开发的系统,比公共的、许可甚少的系统更有可能在金融市场区块链中得到使用。虽然可能会出现一些延迟,但实施这种新的基于区块链的清算和结算系统的进程已经开始,并且预计在未来几年内,它将成为受监管的金融市场对该技术的首批突破性应用。[75]

世界各地的交易所正在密切关注这一进程,特别是因为它们认为在接近生命周期结束时需要更换自己的系统。

3. 区块链和"所有权透明度"革命:通过实时识别受益股东来简化当前的代理投票架构

区块链基本上可以在高度安全和透明的环境中实现资产和交易的数字化,从而为明确的所有权定义做好准备。[76] 这种数字化有可能使区块链彻底改变

---

〔71〕 See Dirk Zetzsche et al., The Distributed Liability of Distributed Ledgers: Legal Risks of Blockchain, 4 University of Illinois Law Review, 1361(2018), p. 1373.

〔72〕 关于需求技术汇集了金融市场的实际需求,参见 Masafumi Kondo et al., "The Trend of Exploring the Use of Distributed Ledger Technology in the Capital Market, Japan Exchange Group(Sept. 14, 2017)", https://www.jpx.co.jp/english/corporate/research-study/working-paper/b5b4pj000000i468-att/E_JPX_working_paper_Vol20.pdf。

〔73〕 See Joseph Abadi & Markus Brunnermeier, Blockchain economics(Dec. 19, 2018), https://scholar.princeton.edu/sites/default/files/markus/files/blockchain_paper_v6g.pdf.

〔74〕 See Kondo et al., supra note 72. 强调保密在金融业中至关重要。

〔75〕 新系统现计划于 2021 年 3 月至 4 月投入使用。See Asx, CHESS Replacement: New Scope and Implementation-Plan Response to consultation feedback(Sept. 2018), available at https://www.asx.com.au/documents/public-consultations/response-to-chess-replacement-consultation-feedback.pdf.

〔76〕 See Euroclear, Oliver Wyman, supra note 55, p. 11.

IHS:事实上,在整个结算周期中可以不断跟踪股权。[77] 因此,目前通过中介账户持有股份的“所有权透明度”的缺乏可以大大降低。[78] 因此,可以实现对受益股东的简单、实时识别。[79] 当结算周期结束后,区块链可以增加关于中介账户和证券抵押品利益的透明度,这种做法是将证券利益作为债权人的抵押品。[80] 此外,由于抵押证券通常被“承诺重新使用”,因此抵押品承购商通常使用相同的证券作为对其他第三方的义务的担保。这种做法(也称为“再抵押”)增加了可用的抵押品,积极扩展了金融市场内的信贷和贷款活动。然而,滥用“再抵押”可能导致流动性错觉以及复杂的所有权结(ownership knots),危及系统性金融稳定,阻碍金融机构的有序决议和破产程序。区块链带给证券抵押品市场的透明度的提高可以使金融监管机构识别和监控这些风险并防止其实现,从而使金融监管比以往更具预防性。[81]

由于这种“所有权透明度”,可以构建更好地代理投票架构。[82] 更具体而言,区块链平台的使用导致了一种系统,其中投票权可以由其所有者直接和简易行使。在一种模型中,首先,一旦区块链平台记录了交易细节,资产就被发布并

---

〔77〕 See Likewise, George S. Geis, “Traceable Shares and Corporate Law”, 113 *Northwestern University Law Review* 227(2018).

〔78〕 当美国证券交易委员会在美国系统中明确指出这个问题时,可以进一步理解这种“革命”:“因为受益股东的股份所有权没有被追踪[……]失衡就相应的产生了。”不幸的是,即使是协调这些不平衡的方法也会产生。简而言之,和解目前委托给中介机构,其可以选择邮寄前或邮寄后和解。前者涉及向下调整投票指令表格(VIF)以匹配可投票的股份数量。在后者中,中介机构首先等待接收VIF,然后检查他们的号码是否与股份相对应。只有在不对应的情况下,才会进行向下调整。虽然邮寄前和解允许股东确切知道他们可以投票的票数,但这种方法的费用更高。因此,首选邮寄后和解。但是,客户不知道投票卡里可以投票的股份是多少。此外,在证券借贷的情况下,股份首先被分配给客户尚未返回投票指令的账户。因此,借出的股份数量越多,投票样式越低,结果是投票数量会比没有证券借贷时更高。因此,每次未能投票或提交指示都被视为“没有”投票,获得批准决议(如合并)的投票变得更加容易。因此,对投票结果的信任受到损害。(Securities And Exchange Commission, supra note 45, at 31 and following and Marcel Kahan, Edward Rock, supra note 47, at 1262 and following.)通过允许跟踪股权,区块链可以根除或至少减少这些问题。

〔79〕 See Asx, supra note 75, p. 8. 实际上,由于在托管链中使用“综合账户”,现在只能在聚集的基础上跟踪股权。See Tinianow & Long, supra note 56, p. 2.

〔80〕 See Benjamin, supra note 27, p. 79.

〔81〕 See Avgouleas & Kiayas, supra note 4, at 46 and following; Douglas W. Arner et al., “FinTech., “RegTech, and the Reconceptualization of Financial Regulation”, 37 *Northwestern Journal of International Law & Business* 371 (2017), at 382; Onnig H. Dombalagian, “Preserving Human Agency in Automated Compliance”, 11 *Brooklyn Journal of Corporate Finance & Commercial Law* 71(2016).

〔82〕 See O'Toole et al., supra note 32.

被安全地存储在资产钱包中。其次,附属于该等资产的投票权通过 KYC 识别程序与相应的受益股东配对。[83] 最后,投票代币产生并分配给股东。然后,股东可以使用这些代币在公司会议时投票,或公司会议之前分配代理权。其他模型也可以使用,但所有模型都具有安全透明的股权数字登记,可直接行使股东权利。

通过这种方式,区块链可以通过对“传递”模式去中心并降低其复杂性来减少现有的断裂,并允许最终股东重新控制交易的股份。[84] 将控制权归还所属可以促使股东更快和更有效地投票,使现实符合理论,该理论认为股东不仅拥有公司,而且通过行使投票权来控制它。此外,由于其分布式特性,区块链在整个投票过程中提高了透明度,股东可以利用它来更好地监督其代理权分配和票数。基于区块链的系统还可以被构造成不变地记录分配的代理权和公司的投票历史,以便可以通过特定授权随时访问数据。[85]

## 五、区块链技术在代理投票中的好处

通过提高 IHS 内部股份的所有权透明度,区块链为更好地代理投票架构奠定了基础,并将利益扩展到多个利益相关者,特别是使系统的运作与对其如何发

---

〔83〕 在由纳斯达克和塔林证券交易所牵头的电子投票项目中,识别过程基于双因素认证(2FA),这是一种计算机访问控制方法,其中用户只有在成功提供属于以下三种类别凭证类型中的两个之后才可以被授予访问权限:知识(他们知道的东西,如密码),私人物品(他们拥有的东西,如秘密代币)和内在(他们是什么的某些东西,如生物性质的东西——指纹等)。See Seth Rosenblatt & Jason Cipriani, Two-factor authentication: What you need to know (FAQ), CNET (June 2015), https://www.cnet.com/news/two-factor-authentication-what-you-need-to-know-faq/. 2FA 利用爱沙尼亚公民的数字身份证,该身份证已包含可与 KYC 流程的 PIN 结合使用的代币。如上所述,由于电子驻留的缘故,非公民也可获得秘密代币,并访问区块链平台。See Proxy and e-voting, NASDAQ (Oct. 2016), https://www.finsif.fi/wp-content/uploads/2016/09/3 – Hedi-Uustalu.pdf and Is Blockchain the Answer to E-voting? Nasdaq Believes So, Nasdaq (Jan. 23, 2017), http://business.nasdaq.com/marketinsite/2017/Is-Blockchain-the-Answer-to-E-voting-Nasdaq-Believes-So.html.

〔84〕 See Avgouleas & Kiayas, supra note 4, p. 49.

〔85〕 Nasdaq, id. 不变的透明数据还增强了审计人员对投票过程的洞察力,不断简化他们的活动。通常,可以考虑不同类型的审计人员。他们是:监管机构、市场参与者的审计人员和独立审计人员。当然,数据的访问程度会根据需要而有所变化。See National Settlement Depository, Strate, Nasdaq, Dvc, Six Securities Services, Swift, General Meeting Proxy Voting on Distributed Ledger-Product Requirements v1.7 (July 2017), https://www.nsd.ru/common/img/uploaded/files/gm_proxy_voting.pdf, at 28 and Nasdaq, supra note 73.

挥功能的共同理解相一致。下面概述了三种好处:(1)减少投票程序的费用;(2)更高的选票准确性和更强的决策合法性;(3)提高公司治理中利益相关者之间的透明度。

1. 对股东和市场的好处:减少错误和成本

区块链减少了处理 IHS 中采用的综合账户中受益股东身份识别的复杂性。[86] 而且,该处理可以几乎实时完成。因此,简化了向受益股东分配投票权利,投票过程变得更快并且其成本大大降低。[87] 此外,受益股东被剥夺其投票权(由于错误或延迟)的风险被最小化,特别是在重要的截止日期(如记录日期)即将到来时。[88]

此外,众所周知,这种延迟和错误主要影响个人投资者的声音。[89] 因此,区块链还可以帮助增加他们在公司决策过程中的参与度。[90] 较高的投资者出席率也对市场有利。实际上,它们加强了股东对董事会的控制,有助于减少代理问题,最终降低(股权)资本的成本并增加其流动性。

2. "股东民主"的好处:更多的投票准确性和决策合法性

股权透明度不仅是更高预投票准确性的基础,也是更好的后投票验证系统的基础。此类系统直接影响任何投票过程的质量,因为它们可确保结果的准确性。因此,当它们有效时,报告结果的可靠性和公司决策的合法性都会增加。[91]

---

〔86〕 See Asx, supra note 75, p. 8.

〔87〕 See Christoph Van der elst & Anne Lafarre, Blockchain and the 21st Century Annual General Meeting, 14 European Company Law Journal 176(2017).

〔88〕 这种情况发生在针对股东提案投票之时。股东提案一般"要求多数股份投票,因此弃权与'未'投票具有相似的效果。但由于股东提案通常遭到管理层的反对,因此对他们的弃权相当于亲管理层的投票"。

〔89〕 See Kahan & Rock, supra note 45, at 1250. 当然,个体投资者的低参与率相应地增加了机构投资者的影响。这个也被有关投票趋势的数据所证实。实际上,数据显示,在 2015 年机构投资者平均只有 83% 的股份投票率,而个体投资者只有 28% 的投票率。因此,在这一年,大约 240 亿股份未纳入投票过程。See The future of financial infrastructure-An ambitious look at how blockchain can reshape financial services, World Economic Forum, (August 2016), http://www3.weforum.org/docs/WEF_The_future_of_financial_infrastructure.pdf, at 102 and 2016 Proxy Season Preview-Looking back at the 2015 mini-season and forward into 2016, Broadridge, Pwc, (2016), http://proxypulse.broadridge.com/proxypulse/reports/2016/first-edition-2016.html, p. 1.

〔90〕 See Van der elst & Lafarre, supra note 87, p. 176.

〔91〕 See Kahan & Rock, supra note 45, p. 1253.

区块链可以了解谁有权投票的确切身份,以便在投票过程中执行的所有操作都可以轻松地验证股东的来源。[92] 因此,计票应该更加准确。

这种程度的准确性也成为避免投票之外的一些操作(主要是证券借贷和卖空)产生混淆的有力手段,这些操作会给选票带来消极影响。由于投票权可以通过令牌在区块链上表示,该令牌是由在持有相关位置信息的授权节点严格创建的,因此减少了错误计票(如过度投票)的当前风险。[93]

3. 对公司治理的好处:增强公司利益相关之间的公平竞争以及环境的透明度

除上述的好处外,增加的股权透明度为公司治理的公平竞争环境奠定了基础,增强了不同利益相关者之间的公平性。

更具体地说,关于其合法性的争论,如上所述,"脱钩"做法(例如,通过"记录日期捕获"而"空投票")需要利用表征当前持股系统的模糊性,形成高额利润策略。实际上,它们是秘密进行的,并最终导致在投票会议上出现比预期更多投票的投资者。[94] 由于股权透明度的提高,在投票之前对这些做法进行保密,将变得更加困难。因此,其他公司利益相关者(例如,一群股东或董事会)可以迅速抵制和安排反对策略,以防止其产生效果。[95]

在所有缺乏公司受益所有权透明度市场的情况下,尤其是上市公司,也可以看到类似的影响。这引发了公司治理背景之外的问题,尤其是在巴拿马文件中使用不透明的受益所有权结构所突出的问题,致使20国集团(G20)和经济合作和发展组织(OECD)达成协议,以消除公司受益所有权的不透明性。区块链在

---

〔92〕 See National Settlement Depository, Strate, Nasdaq, Dvc, Six Securities Services, Swift, supra note 85, at 16. 就像文中所解释的那样,由于区块链的分布性质,投票过程的验证已经分散化。实际上,每个投票股东都可以验证已经完成的行为。首先,股东可以看到他们的投票操作是否被正当使用以及投票票数是否包括他们的投票。其次,股东也可以在投票结束后独立验证投票过程。最后,如果投票调整后,区块链能在调整过程中保证透明度。因此,投票股东能够容易地检测和审查他们投票调整和任何增加信息(如背后的原因)。

〔93〕 See National Settlement Depository, Strate, Nasdaq, Dvc, Six Securities Services, Swift, supra note 85, at 23.

〔94〕 See David Yermack, Corporate Governance and Blockchains, 21 Review of Finance 7 (2017), available at https://doi.org/10.1093/rof/rfw074 at 24.

〔95〕 See David Yermack, Corporate Governance and Blockchains, 21 Review of Finance 7 (2017), available at https://doi.org/10.1093/rof/rfw074 at 24.

这方面也有明显的作用。

## 六、区块链和“所有权透明度”的风险

当然,采用区块链作为新代理投票架构的支撑技术也存在一些风险。三个主要风险领域通常被认为是:(1)网络风险(如在数据存储之前篡改它);(2)操作风险(包括无效率或错误编码);(3)提高透明度的风险。[96] 特别要注意第三种风险。

1. 股东身份隐私“所有权透明度”的风险

提高股权的透明度会损害受益股东的数据隐私。除了强制披露多数持股的规定外,[97]按照公司法,未必有权了解受益股东的身份。实际上,代理投票监管通常为受益股东提供完全匿名的选择。[98] 在这种情况下,作为信息缓冲,中介机构确保受益股东的匿名性得到保护。如上所述,这是一个现在得到国际社会关注的问题,区块链为解决相关的不透明问题提供了一条相关途径:国际论坛和诸如20国集团与经济合作和发展组织这样的组织,这些组织正在引领一个全球重要的国际进程,以提高公司受益所有权的透明度。[99]

然而,区块链通常作为分布式网络运行,并通过在多个节点上传播相关信息运行,以便可以在网络的授权成员之间共享数据。使用这种方式,区块链应用程

---

〔96〕 See Zetzsche et al, supra note 71.

〔97〕 关于多数持股更进一步的论文分析参见 Davies & Worthington, supra note 3, at 969 and following。

〔98〕 例如,美国代理规则区分反对受益所有人(OBO)和非反对受益所有人(NOBO)。在20世纪80年代中期引入了OBO/NOBO的区别,以平衡发行人、经纪人和(零售和机构)股东的利益。在OBO的情况下,禁止两个中介机构向公司披露股东身份,公司不能直接与他们联系。OBO的数量非常多。事实上,据估计,美国公开交易公司所有股份中有一半以上是由他们持有的。OBO主要是机构投资者。不同的是,在NOBO的情况下,中介机构可以披露其身份,理论上,公司可以直接与他们联系。然而,在实践中,这种情况从未发生过,因为SEC规则仍然要求中介机构向他们发送代理材料。See Alan L. Beller & Janet L. Fisher (with the assistance of Rebecca M. Tabb), The OBO/NOBO Distinction in Beneficial Ownership: Implications for Shareowner Communications and Voting (Feb. 2010), COUNCIL of Institutional Investors, http://www.cii.org/files/publications/white_papers/02_18_10_obo_nobo_distinction_white_paper.pdf and Frequently Asked Questions Regarding the SEC's NOBO-OBO Rules and Companies' Ability to Communicate with Retail Shareholders, KattenMuchinRosenman LLP (Jan. 2010), https://www.kattenlaw.com/files/19967_FAQ-The-SECs-NOBORules.pdf.

〔99〕 例如,“为税收目的的透明度和信息交换全球论坛”的活动,载 http://www.oecd.org/tax/transparency/。

序提供了便于访问私有数据的风险。[100] 因此,侵害股东隐私是一个必须认真考虑的问题,[101] 必须根据需要设计或修改法规,以实现受益所有权的透明度,同时保持适当的隐私和数据保护水平。

当然,基于系统的区块链可以提高财务透明度和完整性,高度支持防止洗钱、腐败和逃税的风险。因此,需要通过监管在保护股权隐私和对比这些罪行之间进行平衡,这比以往任何时候都更具吸引力。

2. 区块链不变性和不正确选票的风险

由于区块链是只附加数据库(append-only database),因此它会创建数据的"黄金副本"(golden copy),无须进一步协调。[102] 从理论上讲,数据一旦加密存储在分类账中,其无法更改或修改。然而,区块链的不变性与股权透明度的结合可能构成错误投票结果的根源。例如,如果股份被错误移转,交易被司法机关宣布无效,在分类账上反转交易并更新数据需要一段时间。[103] 为了避免在整个投票系统中复制这样的错误(以及随之而来的某些投票权被不正当地行使的风险),必须制定具体的治理解决方案。例如,可能有必要将预防措施编入区块链投票平台,以便选票不会受到负面影响。以这种方式,在投票系统内确保了更大的灵活性。这些问题正是 ASX 正在开发的系统的核心。

3. "所有权透明度"和对股份数字身份的恶意活动:股东和市场的风险

系统内数字化和股权透明度的提高都会促进恶意活动,例如数字身份盗窃。

---

〔100〕 See Zetzsche et al., supra note 71, p. 1375.

〔101〕 监管改革的需求已经很明显了。例如,在美国,股东通讯联盟(Shareholders Communication Coalition)已经提议撤销 SEC 在 OBO/NOBO 上的区别,以使公司和它们受益股东之间可以更直接沟通。See Letter from Niels Holch, Exec. Dir., S'holder Commc'ns Coal., to Elizabeth M. Murphy, Sec'y, SEC 27 (Oct. 20, 2010), http://www.sec.gov/comments/s7-14-10/s71410-206.pdf, at 24.

〔102〕 See National Settlement Depository, Strate, Nasdaq, Dvc, Six Securities Services, Swift, supra note 85, at 23.

〔103〕 由于数据不变地记录于区块链,记录一笔新的交易让分类账得以升级,例如,状态的相反变化。See Adam T. Ettinger, FinTech: Taking Stock in Blockchains, The National Law Review (Nov. 16, 2017), https://www.natlawreview.com/article/fintech-taking-stock-blockchains.

虽然数字身份盗窃已经众所周知,[104]但它们可能会导致股权和投票权方面的新问题。例如,如果安全防火墙失灵或私钥被盗,会议决策可能会被恶意的第三方攻击和操纵。此类事件对相关公司和股东不利,并引发金融市场高度不稳定。

同样,由于透明度和数据向心性的系统性提升,数据利用的非法行为和数据货币化的犯罪活动可以更容易实现。[105] 因此,防止诸如内幕交易和市场操纵等不公平做法变得更加重要。[106]

## 七、结论:区块链规则的任务

正如我们所指出的那样,在当前金融市场基础设施的进程中出现了赢家和输家。[107] 虽然目前用于结算交易和持股的系统大体上可以支持金融市场的安全和效率,但发行公司和股东之间的直接关系已被切断,现在只能通过构成 IHS 的中介机构行使表决权。更具体地说,代理投票机制已经发展到受益股东可以参与公司治理,并保留"股东民主"。然而,这些机制深受 IHS 内部缺乏股权透明度的不利影响。此外,由于中介化程度高,它们最终变得极其复杂。因此,出现了严重的效率低下情况,改革需求迫切。

区块链技术的兴起提供了增加 IHS 内部股权透明度的机会,并为创建更有效的代理投票架构奠定了基础。通过区块链投票,可以大大简化流程并降低成

---

〔104〕 一般而言,身份盗贼是攻击者通过提供盗取的身份或者身份的证据冒充受害者,其目的在于财务或者个人获益。它对目标个人的影响是严重的,实际上,由于身份盗窃犯罪的每个受害者的平均金钱损失远远大于抢劫银行的数额。See Elisa Bertino & Kenji Takahashi, Identity Management: Concepts, Technologies, and Systems(2011), at 15 and following. 一些数据可以帮助更好地了解这种想象的范围。例如,仅仅在美国,2016 年就有 1540 万人成为身份欺诈的受害者,全部的损失达到 160 亿美元。在过去的 6 年里,身份盗贼偷窃的价值超过 1070 亿美元。See Insurance Information Institute, Facts + Statistics: Identity Theft and Cybercrime, (2017), available at file:///C:/Users/z3522864/Downloads/final-hd - 20171130120824. pdf. 类似地,在像法国这样的国家,据估算每年平均有大约 4 万个身份盗贼。See Maryline Laurent et al., Digital Identity, in, Digital Identity Management(Maryline Laurent & Samia Bouzefrane eds., 2015), available at https://www. sciencedirect. com/science/book/9781785480041.

〔105〕 See Bertino & Takahashi, supra note 104, p. 16.

〔106〕 Likewise, Report-The Distributed Ledger Technology Applied to Securities Markets, European Securities and Markets Authorities(Feb. 7, 2017), https://www. esma. europa. eu/sites/default/files/library/dlt_report_-_esma50 - 1121423017 - 285. pdf,强调通过管理框架在透明度和敏感信息保护之间实现平衡的需要。

〔107〕 See Donald, supra note 7, p. 217.

本,这不仅对股东而且对公司治理以及最终对市场都有显著的好处。但是,区块链也存在一些风险,不容低估。除创造新的输家外,这些风险还可能导致人们对区块链失去信心,妨碍对当前代理投票机制的下一次合理改进。因此,真正的变革不能仅靠技术驱动。规制对于协助和支持这种变革至关重要。[108] 这是区块链和法律需要碰面和合作的地方。[109]

因此,虽然区块链已经展示了其巨大的潜力,但金融监管的任务是支持和指导区块链的有效实施,以及解决与可能的冲突利益相关的治理问题,包括信息的安全性和数据的机密性。[110] 实现这一目标将不可避免地要求为股份交易的数字身份管理制定法律框架。该法律框架可以缓解使用区块链的一些风险,并为下一个代理投票平台提供级别适当的安全和隐私,该安全和隐私对于股东之间的广泛信任至关重要。[111] 如果金融监管完成这样的任务,"区块链革命"对公开公司治理的影响将得到优化,我们所理解的代理投票将最终得到改善。

---

〔108〕 See Similarly, Philipp Paech, The Governance of Blockchain Financial Networks, 6 Modern Law Review 1073(2016), available at https://doi-org. wwwproxy1. library. unsw. edu. au/10. 1111/1468 - 2230. 12303, p. 39.

〔109〕 See Kevin Werbach, "Trust, but Verify: Why the Blockchain Needs the Law", 33 *Berkeley Technology Law Journal* 487(2018).

〔110〕 See National Settlement Depository, Strate, Nasdaq, Dvc, Six Securities Services, Swift, supra note 85, p. 23.

〔111〕 就像万维网发展所显示的那样,数字身份管理是数字世界的基础,因为它让距离遥远的人们,无论组织和/或个人之间形成可信任的关系。See Digital Identity Management-Enabling Innovation and Trust in the Internet Economy, OECD(2011), http://www. oecd. org/sti/ieconomy/49338380. pdf, at 8 and following. 通过缓解许多信任问题,区块链可以降低遥远各方之间进一步数字管理进程的需要。然而,数字管理依然是确保这个系统中遥远各方信任的必需品。

《清华金融法律评论》
第3卷第1辑
第205～224页

# 央行法定数字货币:全球发展动态与监管研究*

李　真　刘颖格　戴祎程**

## 目　次



**摘　要**:金融科技的发展和区块链等技术的日益成熟,为数字货币的出现创造了条件。私人数字货币不受监管,容易产生金融风险,对金融系统的稳定造成负面影响。央行法定数字货币的研发有助于创新货币发行、流通和调控方式,从而有效提高数字经济交易效率。近年来,包括中国在内的世界很多国家密切关注央行法定数字货币的发展动态,注重研发和场景应用,并取得了一定进展。央行法定数

* 基金项目:国家重点研发计划"电子货币新算法与新原理研究"(2017YFB0802501)。

** 李真,清华大学五道口金融学院博士后、助理研究员,研究方向为金融法;刘颖格,清华大学金融科技研究院区块链研究中心研究专员;戴祎程,清华大学金融科技研究院区块链研究中心研究专员,研究方向为数字货币应用与监管。

字货币的发行和应用,会扩大央行资产负债表,促进央行职能进一步转变,同时也有助于提高货币政策传导效率,提升货币供给和货币政策的有效性,提高经济活动透明度。与此同时,也可能造成用户隐私泄露及侵权等问题,因此,亟待建立科学有效的监管体系。流动性监管、调查统计与实时监管、反洗钱等问题应当成为监管的重点。

**关键词:**央行法定数字货币　货币政策　金融风险　监管

## 一、引言

随着金融科技的发展和网络基础设施的日益完善,基于区块链和数字技术的数字货币迅速兴起。数字货币在全球范围内的兴起和广泛应用有其深层次的原因和逻辑。2008 年的美元危机及 2010 年的欧元危机让国际社会开始寻求具有更高信用的国际货币。2009 年比特币的诞生开启了全球数字货币热潮,据不完全统计,目前全球范围内已经出现了 600 余种数字货币。2014 年以来,伴随着区块链技术的快速普及和多元化应用,各国中央银行和传统金融机构纷纷关注数字加密货币,并着力研究发行法定数字货币的必要性和可行性。中央银行数字货币(Central Bank Digital Currency,CBDC),又称为法定数字货币,是指作为中央银行负债发行的、用于支付和结算的数字工具。中央银行发行的作为其负债的中央银行货币(基础货币)有两种类型,它们是纸质钞票和中央银行存款,包括储备金存款。纸质钞票可以全年 365 天全时段 24 小时供任何人进行日常交易。另外,中央银行存款,以前通过纸质的中央银行账簿进行管理,现在大多数国家已经实现了数字化。中央银行存款主要用于银行间大额结算,其可用性受到中央银行结算系统运行时间和直接参与者进入央行账户资格的限制。与这两类央行货币相对应,CBDC 可分为如下两类:(1)普通民众日常交易中替代纸币使用的 CBDC;(2)以中央银行存款为基础,采用分布式账本技术(DLT)等新技术用于大额结算的 CBDC。

根据 IMF 的分类,目前作为流通的发挥货币职能的"货币"主要包括现金、加密货币、银行存款和私人电子货币。其中,现金作为央行负债,由于具有国家信用,其违约率几乎为 0,现金具有交易的匿名性,且难以保存,因而带来了监管成本和持有成本高的缺点。加密货币例如比特币的接受度最小,匿名性最高,其风险在于加密货币的系统本身,而非传统货币学意义上的流动性风险。银行存款是居民和公司持有大额货币的形式,相较于现金具有安全性,并且能产生利息,但缺点是转账付款流程慢。近年来,各国开始探索快捷支付系统,这给通过银行支付带来了新的便捷性。快速支付系统的一个明显特征是能够在任何时间立即完成支付。为了实现这一结果,所有快速支付系统都需要在付款人和收款人的支付服务提供商(PSP)之间立即清算。数字货币一般指第三方支付公司,典型的为中国的支付宝、微信支付以及印度的 PayTM。各国快捷支付开展情况见图 1。这些支付公司以托管用户资金的形式存在银行的账户里,通过用户安装的手机 APP 以及电子钱包等方式进行支付,这些支付仅限于同一个支付系统中的参与者,具有快速清结算的功能。

Fast payment implementations in CPMI countries[1,2]

Existing fast payment implementations in CPMI countries

| Country | Implementation | Year commenced[3] |
|---|---|---|
| Korea | Electronic Banking System(EBS) | 2001 |
| South Africa | Real-Time Clearing(RTC) | 2006 |
| Korea | CD/ATM System | 2007[4] |
| United Kingdom | Faster Payments Service(FPS) | 2008 |
| China | Internet Banking Payment System(IBPS) | 2010 |
| India | Immediate Payment Service(IMPS) | 2010 |
| Sweden | BiR/Swish | 2012 |
| Turkey | BKM Express | 2013 |
| Italy | Jiffy-Cash in a flash(Jiffy) | 2014 |
| Singapore | Fast And Secure Transfers(FAST) | 2014 |
| Switzerland | Twint[5] | 2015 |
| Mexico | SPEI | 2015[6] |

BIS 官网,访问地址:https://www.bis.org/cpmi/publ/d154.pdf. 最后访问日期:2019 年 6 月 28 日。

**图 1 各国快捷支付开展情况**

## 二、世界各国央行研究数字货币现状

近年来,世界各国纷纷加入研究法定数字货币的行列,我国央行也一直在密切关注全球范围内法定数字货币的发展动态,并稳健推进国内的研究与实践。2019 年 4 月,在"2019 年科技工作会议"上,人民银行明确提出,"准确把握金融科技发展新要求,全面提升科技支撑能力,努力发挥科技引领作用;加快架构转型,推进'数字央行'建设;筑牢网络安全防线,助力防控金融风险"。此外,还专门成立了“中国人民银行数字货币研究所”，并配备了专业的研究团队，深耕细作，持续研究法定数字货币的发行和流通体系、法定数字货币原型构建等数字货币领域最前沿的问题。

法定数字货币之所以引起各国及地区央行的高度关注，究其原因主要有两个方面：其一，传统金融业务和金融体系需要与金融科技协同创新、同步发展，法定数字货币正是适应传统金融与金融科技的协同发展的一种体现；其二，非法定数字货币（私人数字货币）具有匿名性、跨区域、高扩散率及高波动性等特征，在实务应用过程中往往会伴随产生较多的问题，因此央行需要审慎对待私人数字货币对支付清算系统、货币政策传导机制以及金融稳定性等可能带来的冲击和挑战，适时、主动采取应对措施，从而保证支付清算系统和金融体系的稳定。

本文梳理了各国及地区央行关于数字货币的研究现状：在25家央行中，计划推出CBDC的央行有7家，探索中的有9家，已发行的有6家，暂不考虑的有3家，具体见表1。目前来看，发达国家大多出于避免私人支付公司垄断考虑发行，发展中国家和非洲国家多因为发展普惠金融，以及突破外部经济制裁等目的而发行。

**表1 世界各国（地区）中央银行发行法定数字货币信息梳理**

| 国家（地区） | 发行CBDC的态度 | 理由 |
|---|---|---|
| 澳大利亚 | 暂不考虑 | 未能看到数字货币相对于现有支付系统的好处 |
| 新西兰 | 暂不考虑 | 不清楚央行发行数字货币是否能带来确凿的好处 |
| 日本 | 暂不考虑 | 出于维护金融稳定的考虑 |
| 加拿大 | 研究中 | 现金的竞争力在下降，其他支付途径兴起，良好的CBDC有助于促进在线支付供应商的竞争 |
| 巴哈马 | 计划推出 | 为了提高巴哈马各社区的运营效率，促进金融普惠，减少现金交易并降低服务成本 |
| 巴西 | 研究中 | 减少现金周期中的费用；增加支付系统和货币供给的效率和弹性；可追溯并产生数据；金融普惠并提高数字社会进程 |

续表

| 国家(地区) | 发行 CBDC 的态度 | 理由 |
|---|---|---|
| 中国 | 计划推出 | 降低纸币发行和流通成本,提升交易的便利性和透明度,减少监管成本,提升央行对货币供给和流通的控制力 |
| 挪威 | 研究中 | 作为现金的补充,以“确保人们对货币和货币体系的信心” |
| 瑞典 | 计划推出 | 作为现金的补充,减少国民对于私人支付系统的依赖,防止危机时期私人支付系统产生故障 |
| 英国 | 研究中 | 英国仍将致力于实物货币,但是也必须跟上经济变化的步伐。数字支付在未来有一席之地,但真正的数字货币还需要一段时间 |
| 菲律宾 | 研究中 | — |
| 以色列 | 研究中 | 加强国家支付系统效率,如果能承担利息,也可以成为央行的货币工具,此外,还有助于打击“影子经济” |
| 丹麦 | 研究中 | 解决纸币存在的问题 |
| 荷属库拉索岛和圣马丁岛中央银行 | 研究中 | 央行在两个成员国间分配资金的成本高而且具有挑战性,数字货币能够使得货币联盟的支付系统更安全,降低 AML 和 KYC 成本 |
| 东加勒比中央银行(ECCB) | 计划推出 | 将国内流通现金减少 50%,并为金融部门带来更多稳定性,促进 ECCU 成员国的发展 |
| 厄瓜多尔 | 已发行 | 去美元化(非官方说明) |
| 突尼斯 | 已发行 | 推动国内金融制度改革 |
| 塞内加尔 | 已发行 | 金融普惠 |
| 马绍尔群岛 | 已发行 | 取代美元的货币流通体系,实现国家经济独立地位 |
| 乌拉圭 | 已发行 | 钞票的印刷、分销、运输和交易的不透明带来了高昂费用 |
| 委内瑞拉 | 已发行 | 国家陷入恶性通货膨胀,原有的法定货币体系崩溃 |
| 新加坡 | 研究中 | 目前 MAS 的 Project Ubin 体系内的数字货币 SDG 起到银行间流转的作用,尚未表明未来向公众开放 |

续表

| 国家(地区) | 发行 CBDC 的态度 | 理由 |
| --- | --- | --- |
| 立陶宛 | 计划推出 | 旨在测试加密货币和分布式账本技术 |
| 泰国 | 计划推出 | 目标是让银行间的交易能因为中介过程更少而加速交易速度并降低成本 |
| 俄罗斯 | 计划推出 | 在金砖国家内部,加密货币可以取代成员国之间使用的美元和其他货币 |

与此同时,本文梳理并总结了几个典型国家的央行关于 CBDC 的最新研究成果及对相关问题的态度。

(一)日本

2019 年 2 月日本央行发布了一篇题为《数字创新、数字革命以及央行数字货币》的专题研究报告。报告中沿用了国际清算银行关于 CBDC 的分类,即(1)公众日常交易使用的 CBDC,用来替代纸质钞票;(2)基于存款储备金并采用新技术(如分布式账本技术等)的 CBDC,用于大额结算。该报告主要聚焦第一类数字货币。报告中汇总了目前学术界和业界对于数字货币的代表性观点:(1)数字货币的使用能够提升效率和降低支付成本;(2)能够减少现金的使用,提高金融普惠;(3)利用区块链等技术保护使用者的隐私;(4)防止犯罪和反洗钱(和(3)相反,达到不完全匿名性);(5)提升货币政策的效果(利用正利率和负利率,问题在于是否要承担利率);(6)通过准狭义银行(安全银行)增强金融稳定。

CBDC 的设计机制多样,上述报告从 CBDC 的持有者、发行途径、数量监管等多个不同角度出发,对 CBDC 的设计进行了探讨。从 CBDC 的合法持有者角度而言,CBDC 可分为被公众持有和使用的 CBDC 以及被有限主体(如商业银行等)持有和使用的 CBDC。就 CBDC 的发行途径的角度而言,主要存在两种选项:第一种选项是中央银行直接向公众发行 CBDC,而不需要通过中间机构参与;第二种选项是中央银行是通过类似于商业银行的中间机构向公众发行 CBDC,由这些中间机构向个人提供数字化的无风险支付工具。CBDC 可以是基于账户的,也可以是基于代币的。基于账户的 CBDC 意味着中央银行允许普通大众直接访问其账户,此时中央银行充当 CBDC 的中央账本维护者角色。

在 CBDC 的数量监管上,一方面,如果中央银行不对 CBDC 的数量进行监管,任何人可无限制地将 CBDC 兑换现金或银行存款,即使 CBDC、现金和银行存款之间的汇率可保持稳定,但在压力环境中,有可能出现投资者从银行存款转移到 CBDC 的大规模安全投资转移的风险;另一方面,如果中央银行对 CBDC 的数量加以限制,由于 CBDC 可能伴随着稀缺溢价,因此 CBDC、现金和存款之间的汇率是不稳定的。

CBDC 是否有利息取决于中央银行希望 CBDC 履行何种角色和职能。如果 CBDC 被认为是代替纸质钞票使用的数字化支付工具,则 CBDC 可以像纸质钞票一样被设计成无息的。另外,就 CBDC 与现有存款储备金都是数字化的中央银行负债的角度而言,由于许多国家的存款储备金是有息的,所以 CBDC 可以被设计为有利息的。上述报告同时认为,对于银行作为信贷中介而言,如果 CBDC 取代了纸质钞票和银行存款,则银行作为信贷中介作用会随之减弱,零利率的 CBDC 依然可能在低利率环境下挤压银行存款。此外,中央银行的资产负债表将会扩展,有必要研究中央银行将会持有、应该持有何种类型的资产,以及中央银行的资产负债表将会如何相应改变。CBDC 对流动性危机的可能影响在于,如果中央银行向公众发行 CBDC,在压力环境下,CBDC 可能会加速“银行挤兑”和流动性溢出的问题。流动性溢出的问题和信息不对称往往会加速市场动荡。

对于货币政策而言,如果中央银行发行有息的 CBDC,CBDC 的利率可以成为市场利率的有效下限。如果中央银行试图减少计息对银行存款的影响,CBDC 需要将利率保持足够低。此外,由于无风险的 CBDC 固有地比银行存款具有竞争优势,中央银行需要随着公众对整个银行业的信心而对 CBDC 的利率做出准确判断。因此,仅出于货币政策目的,使用具有利率的 CBDC 对于中央银行而言并不容易。

(二)加拿大

加拿大央行于 2019 年发布了《加密货币——几位加拿大央行行长的观点》,也对央行的数字货币进行了探讨。报告指出,关于所有数字货币及区块链技术的创新,一个关键问题是央行是否应该发行自己的数字货币。这个问题不仅取决于加密货币的出现,还取决于技术进步,例如零售商等商家对移动支付、网上银行支付等新型支付方式的接受与认可,导致网上无现金交易增加,导致现金使用场景减少,无现金交易比例进一步提高。

为了讨论中央银行是否应该发布 CBDC,许多相关研究对需要解决的问题进行了探讨。加拿大央行重点关注了以下三个方面的问题:(1)是否应该关注使用现金作为支付手段和存储的减少?(2)法定货币在现代经济中扮演的确切角色是什么?(3)如果有 CBDC,金融体系的风险会有何不同?

在接下来的分析中,加拿大央行表示,无现金社会的加速到来对于加拿大央行来说没有必要担心,部分原因如下:第一,私营部门的数字货币在支付方式上可能更具有创新性,可能比某些现金交易更快且更便捷;第二,只要私营部门的数字货币以法定货币计价,且采取适当的监管和结构,中央银行仍然可以履行职责。但同时,加拿大央行也表示,"无现金"也是值得担心的,因为现金流通的减少给了更多商家选择其他支付途径的机会,这样现金的竞争力会下降。面对该压力,加拿大央行表示,"一个设计得当的央行数学货币(CBDC)可以让所有用户继续使用具有竞争力的支付方式"。

因此,报告中指出设计良好的 CBDC 有如下好处:(1)在现金短缺领域,促进在线支付提供商之间的竞争;(2)通过降低盗窃风险,使中央银行资金大额交易的结算更加安全;(3)如果 CBDC 有单独的支付系统,则有可能通过多种支付方式降低系统的操作风险。

(三)委内瑞拉

委内瑞拉是世界上石油储量最大的国家,也是最为主要的石油产出和输出国之一。它在经济上高度依赖资源出口。石油作为委内瑞拉的经济命脉,其收入占委内瑞拉出口收入的约80%。高度的资源依赖,导致委内瑞拉经济结构过于单一,农业及制造业发展长期停滞,大量粮食及生活必需品严重依赖进口。

石油价格下跌导致财政危机,法币失效。近年来,国际原油价格的下跌导致委内瑞拉出口所得大幅下降,国家无力负担国民的高福利支出和进口商品的财政补贴,只能通过不断增发货币和借债来弥补财政赤字。据 IMF 报告显示,委内瑞拉 2017 年通货膨胀率达 2400%,并预计于 2018 年底达到 13,000%,其法定货币玻利瓦尔(VEF)已经不具备足够的购买力。

西方金融封锁,外债压力上升。尼古拉斯・马杜罗(Nicolás Maduro Moros)

成为委内瑞拉总统之后,与西方国家矛盾进一步加剧。美国为反对其集权统治,多次对委内瑞拉进行经济制裁。2017 年 11 月,委内瑞拉政府未能按时支付两笔主权债券的利息,国际评级机构标准普尔将其主权评级从 CC 级降至 SD 级(Selective Default,选择性违约)。为了挽救加速恶化的经济危机,摆脱西方的金融制裁,委内瑞拉总统马杜罗于 2017 年 12 月宣布将推出石油币 Petro。

该石油币以委内瑞拉的石油储备作为担保发行,可以认为是继美元作为强势货币与黄金脱钩的世界货币体系建立之后,自发建立的一种以与自然资源储备挂钩的货币体系。但是由于其不能与法定货币直接兑换,因此可以认为不在市场中直接注入流动性,同样不会反映在央行的资产负债表上。可以认为石油币是委内瑞拉政府以主体名义发行的一种"虚拟国债",用以融得资金以缓解国内经济困境。但其与国债又有着本质区别:国债是中央政府为筹集财政资金而发行的一种承诺在约定时间内还本付息的政府债券;而石油币 Petro 则是以石油作为担保品,并不承诺给予利息且不带有兑换石油权。

但如前所述,委内瑞拉已经受到其他国家的经济制裁而丧失信用,同时货币超发使得国内通货膨胀严重,因此发行石油币实质上是一种利用国家信用发布的,不计入央行资产负债表的违规负债。

## 三、央行法定数字货币的优势与特定价值

### (一)学术界的观点

学界观点认为,CBDC 一般具有以下几个优势:(1)提升效率和降低支付成本;(2)传导至银行等金融机构尚未覆盖的用户,提高金融普惠;(3)利用区块链等技术保护使用者的隐私;(4)在数字货币设计可追溯的情况下,防止犯罪和反洗钱;(5)在合理设计利率传导制度的情况下,提升货币政策的效果;(6)提升国家对于经济的控制能力,提高本国法币的竞争力。

对于 CBDC 的优势,则需要分情况来看。目前,在金融基础设施发达的国家中,私人数字货币以及银行的快捷支付同样可以具有高效、低成本以及可监管的目标。此外,加密货币已经很好的满足了隐私性的要求,因此,在这几个点上 CBDC 相对于其他的支付方式尚未具有显著的优势。而现代货币政策的传导渠道依赖于央行——商业银行的二元机制,如果央行还需通过从中央银行——商

业银行等金融机构和金融市场——企业、居民等非金融部门的传导渠道来影响市场对于利率的预期，那么在不改变这种结构的前提下，CBDC 不会显著影响货币政策。

此外，在私人数字货币已经存在并彼此竞争的情况下，支付的便利程度已大大增加，再加上央行的快捷支付系统，CBDC 仅作为一种可替代性的支付手段，如果没有承担其他的特性，例如货币政策的调控，获取多类数据，以及取代现金便于监管的前提下，CBDC 的推出，可能并没有显著的优势。

(二)CBDC 如何发挥其价值?

目前来看，学术界以及业界关于央行的数字货币的效用是存在争论的，一是 CBDC 相对现金的替代作用，二是 CBDC 是否能使货币政策更为有效。但是，在论证 CBDC 的各种优势之前，应考虑该优势的实现是靠何种机制设计实现的，而该机制本身的影响是需要先考虑的。例如，在考虑 CBDC 促进货币政策的传导性之前，其是否要承担利率以及其对商业银行派生信贷的影响是需要研究的，而后者的影响也在一定程度上取决于前者。

对于央行而言，商业银行在金融市场上扮演的角色所产生的影响也是需要制度设计者论证的，尤其是需要考虑商业银行发行数字货币的可能性，联想到摩根大通前段时间发行的 JM coin，虽然其官网上提到了仅仅作用于银行间系统，这被外界解读为实质是建立摩根大通为核心网络的 RTGS(“Real Time Grass Settlement”实时全额支付系统)，但其也提出了未来不排除给个人支付使用的可能性。在这种情况下，商业银行是否会以某种防御姿态发行自己的数字货币，及其行为产生的影响也是需要考虑的。

本文认为，在丰富形态货币存在的情况下，成熟经济体中并没有明显的只有 CBDC 才能解决的痛点问题。但正是在现代支付体系呈现出多样性、复杂性的情况下，CBDC 也有其存在的价值。

对于发达国家，CBDC 的推出有助于其维护金融支付体系的安全性，在现金的流通减少已成为不可扭转的趋势的情况下，一旦私人支付体系由于其自身信任风险或被黑客攻击而出现故障，将会对国家的金融市场造成巨大损失，严重威胁国家金融稳定性。因此，在无现金社会成为趋势的背景下，央行有必要推出数字货币，以防止私人垄断的风险。在技术升级以及合理机制设置的前提下，如果能设计出合理的利率传导机制,将会对货币政策的传导有效性产生显著影响。但货币政策的有效又需要两个前提:一是现金已退出流通;二是设计合理的货币传导制度。

在金融基础设施欠发达的国家,CBDC 的优势将更加明显,CBDC 的推出有助于提高金融支付系统的效率,提高金融普惠。对于受到国内通货膨胀、国际制裁等严重影响国内经济稳定的国家来说,发行 CBDC 是寻求破局的一种尝试。

## 四、央行法定数字货币可能带来的影响与挑战

### (一)发行 CBDC 对央行的潜在影响

#### 1. 央行资产负债表扩大

法定数字货币的发布会扩大央行资产负债表,相对而言,非银行私人部门的资产负债表虽然结构发生了改变,但是资产负债表总额没有发生改变。

中央银行可以通过从非银行私人部门(或银行部门)购买金融资产,并通过新发布的央行数字货币来支付这些资产,从而增加中央银行对法定数字货币的总供给。非银行机构向央行出售资产,将债券转移到央行。央行通过发行新的法定数字货币支付这笔资产,法定数字货币记入非银行的法定数字货币账户。由于新资产(债券)与新负债(法定数字货币)匹配,央行资产负债表扩大。对于非银行私人部门,一种资产(债券)已经被另一种资产(法定数字货币)所取代,因此,尽管其资产构成发生了变化,但资产总额没有发生变化。这一交易在资产负债表上与量化宽松非常相似。[1]

#### 2. 促进央行职能进一步转变

在一些法定数字货币设计中,"了解你的客户"(know your customers,KYC)的功能可能会落在中央银行。各国央行将不得不在这一领域发挥更大的作用,并承担相关成本。中央银行也可以被要求向税务和其他当局提供信息(例如司法事务)。此外,他们还必须管理隐私和匿名问题,这些问题来自私人交易中获得的见解。更笼统地说,中央银行可能不得不处理许多请求和客户,包括一些现

---

〔1〕 See Jack Meaning, B. D., James Barker and Emily Clayton (2018). Broadening narrow money: monetary policy with a central bank digital currency. Staff Working Paper No. 724, Bank of England.

在被排除在外的客户,因为他们不一定具备良好的资质(尽管通过仔细的设计可以减轻或避免一些挑战)。[2]

3. 提高央行铸币税收益

对于许多央行来说,“造钱”是一个重要的收入来源,并最终通过银行转移给公共部门。从现金转向其他形式的货币将会减少央行的收入。引入法定数字货币是一种限制铸币税降低的手段,这取决于几个因素,包括公众是否能获取中央银行存款的利息,以及推动央行数字货币发行的资金来源。那么,法定数字货币是如何影响铸币税的呢?在理论上,央行通过银行券和类似于现金的法定数字货币收取的铸币税等于支付工具的面值乘以现行利率,减去生产等成本。因此,央行的铸币税收益在极大程度上依赖于银行券和法定数字货币的需求。

如果央行数字货币不收取交易费用,那么(至少)一些商家更倾向于使用央行数字货币进行交易。在二元体制下,虽然商业银行可能向商家收取、提取或存款央行数字货币的费用,这种费用也很可能低于现金费用,因为央行数字货币的处理、存储和运输成本较低。一般来说,商家更喜欢一种低成本的支付方式,只要消费者愿意使用。考虑到消费者在某些情况下愿意使用央行数字货币,以及商家成本较低,商家也更倾向于使用央行数字货币进行交易。

(二)CBDC对货币政策实施的外部性影响

CBDC对货币政策、金融体系和更广泛的经济可能会产生显著的影响,其影响的性质和程度可能取决于法定数字货币的具体特征。由于中央银行通常不改变纸币供应量以实施货币政策,也就是说,纸币不被视为货币政策工具。事实上,包括加拿大在内的许多国家,银行票据被动地供给以满足公众的需求。如果央行数字货币以与纸币相同的方式发布(没有利息),那么不会对货币政策的执行产生重大影响,中央银行仍将是外汇储备、纸币和CBDC的最终(垄断)供应商,相关工具的运行和使用规则也都在中央银行的职权和控制范围内。[3]

---

〔2〕 See BIS (2018). The implications for financial stability and monetary policy of issuing digital currencies.

〔3〕 See Walter Engert, B. S. C. F. (2017). Central Bank Digital Currency: Motivations and Implications. Staff Discussion Paper of bank of Canada 2017 - 16.

1. 提高货币政策传导效率

引入法定数字货币将通过三个阶段影响利率政策传导,并进而影响实体经济。一是政策工具的设定——二级市场上法定数字货币的利率或数量;二是法定数字货币的价格和利率变化对经济中其他资产的利率和价格的传递;三是这些金融市场波动对实体经济的传递。这一阶段本身可细分为一系列传导渠道,包括实际利率渠道、银行贷款渠道和预期/信号渠道等。法定数字货币可能会带来一系列经济稳定状态结构的变化,比如均衡利率或稳定状态信贷息差的变化。[4]

2. 提升货币供给和货币政策的有效性

长期以来,中央银行对于纸币在脱离金融体系后的流通情况并不是完全掌握,很难对基础货币运行进行有效地监测,影响了货币政策决策的有效性。

就私人数字货币而言,因为其基本不受中央银行的监管和调控,因此可能会给央行的货币发行,以及货币政策的执行效果带来严峻挑战。而 CMBC 的发行和应用,可能会使得央行对货币供应量、货币流通速度、货币乘数,以及货币时空分布等指标的测算更加精准;更加灵活地运用政策工具,追踪资金流向,360°全覆盖地进行金融风险监测和风险评估,从而提升货币政策制定的审慎性、有效性和科学性。[5]

(三)提高经济活动透明度

法定数字货币具有可溯源、可追踪性等特征,可以完整反映资金去向,有利于监管机构实时锁定货币动向,实现特定的金融监管和其他经济政策目的;有助于降低偷逃税款、贪污、挪用、非法经营以及洗钱、非法集资、参与恐怖融资等经济金融领域违法犯罪行为发生的概率。此外,法定数字货币在提高跨境贸易支付结算便利性方面也有明显优势。[6]

(四)可能带来用户隐私泄露及侵权等问题

数字货币的支付系统可以追踪记录交易信息,故存在泄露用户隐私的可能性,可能会导致部分使用者排斥使用数字货币。中央银行在研究发行法定数字

---

〔4〕 See Jack Meaning, B. D., James Barker and Emily Clayton (2018). Broadening narrow money: monetary policy with a central bank digital currency. Staff Working Paper No. 724, Bank of England.

〔5〕 参见盛松成、蒋一乐:《央行数字货币才是真正货币》,载《中国金融》2016 年第 14 期,第 12 ~ 14 页。

〔6〕 参见朱烨辰:《数字货币理论与实践研究进展》,载《经济学动态》2017 年第 10 期,第 115 ~ 127 页。

货币时需要仔细研究如何防止信息泄露的问题。

总体来说,不同类型的央行数字货币会造成不同的影响。其中,类似于现金的央行数字货币不太可能对央行铸币税收入、货币政策或银行体系产生重大影响。类似于现金的央行数字货币可以促进竞争性,提高了零售支付的效率,但对于大额支付不太可能有实质性的好处。关于其他的考虑,类似于现金的央行数字货币似乎可能促进犯罪活动,除非采取对它设定支付限额或者对每个数字钱包中的数量进行限制等措施。然而,这些限制将减少对央行数字货币的需求,减少铸币税(其他条件相同),并增加使用央行数字货币进行支付的成本。最后,类似于现金的央行数字货币可以促进金融包容,尤其是对于发展中国家。对于另外一种,基于账户的可能会支付利息的央行数字货币,意味着完全匿名是不可能的,这可能减少公众对央行数字货币的需求。从狭隘(或技术)的角度来看,基于账户的央行数字货币似乎对货币政策没有实质性影响,中央银行准备金和央行数字货币的利率很可能是相似的,尤其是因为套利机会。然而,在某些情况下,央行数字货币可能会增加政治干预的风险,以致降低中央银行的自主性。如果实行基于账户的央行数字货币,那么银行和其他金融中介机构可能将与央行数字货币进行竞争。更具体地说,家庭和公司在正常时期通常可以依靠银行存款来(逐步地)赚取更高的利息收入并从相关的金融服务中受益,但是在压力之下,可以(更)容易地将银行存款转换成央行数字货币。最后,央行数字货币可能促进零售支付,但似乎不大可能对大额支付(RTGS)系统产生重大影响。

## 五、探索央行法定数字货币的有效监管路径

公信力对中央银行至关重要,因此,在央行开始向公众提供法定数字货币之前,不仅需要确保法定数字货币不太可能产生负面的经济作用,而且还需要确保相关系统在操作上是高效和安全的。各国央行及相关金融监管机构应行使对CBDC的监管权力,并根据其发展情况制定灵活弹性、适时调整的监管政策。

### (一)央行在法定数字货币监管中的作用

在考虑央行如何监管法定数字货币的问题上,我们或许可以从中央银行的业务活动范围开始着手进行研究。中央银行的业务活动范围一般都在相应的中央银行法中作了明确界定。按照中央银行的业务活动是否与货币资金的运动相

关,一般可将其分为银行类业务和管理类业务两大类。银行类业务直接与货币资金相关,主要包括清算业务、资产负债业务、经理国库业务和会计业务。管理类业务与货币资本运动没有直接关系,主要服务于中央银行履行宏观金融管理的职责,不会导致货币资金数量的变化。关于中央银行的业务活动见表2。由于央行数字货币没有改变其货币的本质,因此央行仍然需要履行银行类业务职能,例如,虽然具体方法上可能有所区别,但央行发行数字货币仍然可根据之前的理论控制货币发行总量。基于目前可行的法币业务安全技术框架,CBDC的发行体系由中央银行和授权铸币行组成,央行作为起始节点,对商业银行选择性授权。商业银行被其他授权行认证通过后,进入发行体系,成为新的铸币行。法定数字货币的发行总量由央行控制,总量调控受货币应用大数据分析和其他经济因素(比如锚定GDP,货币发行增量应与GDP增长率同步增长)影响。

当然,在诸如存款等业务方面,央行数字货币具体的运行模式将对业务产生巨大的影响,如果采用超级央行的模式,那么人人都可以在央行开设账户存款,这将有别于二元体系下的存款模式,并对商业银行产生巨大的影响,整个央行数字货币的监管方式也将有所不同(比如对银行的流动性监管)。

**表2　中央银行的业务活动分类**

<table>
<tr><td rowspan="9">银行性业务</td><td>清算业务</td><td></td></tr>
<tr><td rowspan="6">资产负债业务</td><td>货币发行业务</td></tr>
<tr><td>准备金及其存款业务</td></tr>
<tr><td>发行中央银行证券</td></tr>
<tr><td>再贴现业务和贷款业务</td></tr>
<tr><td>公开市场业务</td></tr>
<tr><td>黄金外汇业务</td></tr>
<tr><td>经理国库业务</td><td></td></tr>
<tr><td>会计业务</td><td></td></tr>
<tr><td>管理性业务</td><td colspan="2">存款准备金管理,货币流通管理,货币市场监管,黄金外汇管理,征信管理,金融风险的评估与管理,反洗钱和金融安全管理,金融统计业务,国际金融活动与协调管理,对金融机构的稽核、检查、审计</td></tr>
</table>

在管理类业务方面,央行数字货币会造成央行在反洗钱、数据统计等方面监

管方法上极大的不同。例如,在支付清算方面,从央行存款准备金账户到商业银行账户,再到第三方支付账户,社会支付链条较长,比较容易产生信息孤岛和数据鸿沟。法定数字货币体系监管由中国人民银行授权,监管节点可以监察交易层往来账,也可以检查清算层往来账。能够全网追查货币的往来,分析交易关联性,对可疑货币进行状态锁定,必要时对可疑货币(反洗钱、反恐融资、伪币)进行收缴。以此实现对支付清算业务进行更好的监管。

（二）具体可行的监管路径

1.“去中心化”不等于去监管

分布式账本技术并不意味着去监管。如果实行基于联盟链的法定数字货币,那么央行可以通过对央行数字货币系统相关节点的监管,来监管整个系统。因此,监管与“去中心化”并不冲突,“去中心化”去的是中央控制方和中介方,而不是监管方。

区块链技术从来就不排斥监管,监管节点可以方便地接入任何一个区块链网络。由于区块链的公开透明特性,监管机构反而可以更加方便地监控整个系统的交易数据,而且由于区块链的防篡改特性,交易一旦发生后即不可更改、不可删除,那么数据造假蒙蔽监管的情况就不可能发生了,更有利于监管机构对市场行为进行监督。由此可见,区块链将成为监管科技(RegTech)的重要工具。

对于监管机构需要干涉交易的情况,如法院冻结资产等,区块链也提供了可用的手段,例如著名的以太猫游戏(CryptoKitties)中就有类似的设计。CryptoKitties 中设计了一个 CEO 角色,该角色由掌握指定私钥的用户所有,通过智能合约,CEO 有权随时停止以太猫的创生、繁殖和交易,如果将该角色的私钥交由监管机构管理,监管机构就可以在必要的时候介入,对系统进行所需的控制。这种监管机制仍然是去中心化的,因为所有的监管规则都事先写在智能合约里,即使是监管方也无法任意更改。这种去中心化的监管模式使得监管机构在获得必要的监管能力的同时,也必须依法监管,不能任意妄为。

2. 商业银行的流动性监管

法定数字货币可能对银行挤兑风险产生影响。数字货币比银行券更容易成为银行存款的替代品,因此,商业银行客户可能会因为微不足道的原因就将银行存款转化成央行数字货币。理论上,银行挤兑的高风险应该被考虑在银行的流动性管理中。那就是,小额存款不再像以往那样是一种可靠和稳定的融资形式。因此,必须针对央行数字货币给银行流动性管理带来的变化进行认真分析和深入研究,以保证流动性管理精准、到位、有效。

3. 调查统计与实时监管

调查统计业务是央行的一项重要的基础性工作,包括金融统计和经济调查统计,金融统计处于核心地位,它是社会经济运行的晴雨表,是整个经济统计信息的核心内容,也是中央银行制定货币政策、加强金融监管与改善金融服务的主要依据。[7] 为了实现实时动态监管,在时间域上,央行需要提取数字货币发行、流通、回收等全生命周期内的关键数据,为模型构建、分析和决策提供基础性数据;而在空间域上,则需要构建数字货币运行分布的云图,清晰地了解数字货币的运行区域和投放重点域,为有效监管提供重要保障。基于此,中央银行可实现对货币发行总量、发行速度、货币流向、货币流速的监管与调控;支持国家宏观经济政策、金融与货币政策的运行与传导,确保相关授权机构及时获得政策执行效果的反馈。

4. 反洗钱监管

洗钱通常是指将犯罪或其他非法手段所获得的金钱、伪钞,经过合法金融作业流程等方法,使其在形式上合法化的行为。洗钱类犯罪往往和经济犯罪、毒品交易、恐怖活动等重大犯罪有所关联,也常以跨国方式出现。常见的洗钱途径广泛涉及银行、保险、证券、房地产等各领域,给国家的金融体系和社会稳定造成巨大危害,还会给国家的税收和外汇储备等造成损失。那么央行如何在法定数字货币系统中进行反洗钱监管呢?我们或许可以在现有的反洗钱监管流程中进行一些革新。

(1)识别风险:大额和可疑交易上报

识别风险是指用感知、判断或归类的方式对现实的或潜在的风险性质进行鉴别的过程。在央行数字货币系统中,应在最基础、与客户进行交易的层面设置

---

〔7〕 金融统计主要包括:(1)货币统计,包括货币供应量统计和基础货币统计;(2)信贷收支统计,是对金融机构以信用方式集中和调剂的资金进行数量描述与分析的专门统计;(3)金融市场统计,包括货币市场统计、资本市场统计、外汇市场统计和黄金市场统计;(4)保险统计;(5)资金流量统计;(6)国际收支统计。

客户身份识别制度与大额和可疑交易报告制度,并收集和保存相关数据。最初的信息来源主要包括报送机构上报的大额资金交易信息和可疑资金交易报告;经人工分析判别或系统模型自动抓取而生成的案例信息;群众举报的信息;相关部门的协查请求或者来自国际领域的信息,例如联合国制裁名单或者其他金融情报机构提供的信息等。在央行数字货币系统中,可考虑建立大额和可疑交易报告制度,要求清算层的相关节点(主要为金融机构、特定非金融机构)对数额达到一定标准、缺乏明显经济和合法目的的异常交易及时向反洗钱行政主管部门(中国人民银行下属的中国反洗钱监测分析中心)报告,以作为发现和追查违法犯罪行为的线索。另外,需建立客户身份资料和交易记录保存制度(指金融机构依法采取必要措施将客户身份资料和交易信息保存一定期限),应保证相关的交易信息在整个数字货币体系内至少保存5年。

(2)大数据评估风险、移送可疑报告

大额和可疑资金交易数据被报送到反洗钱监测分析中心后,中央银行通过对数据整合、信息匹配和监测分析工作,最终形成待移送的分析报告。对于确定移送的金融情报,分析人员根据获取的信息进一步进行个案分析,同时根据导出的逻辑关系,将交易情况、交易主体之间的关系等进行图示,最终生成案例报告。这个报告中包括案情表述、分析结果以及图表,最后将分析完毕并认为可疑的案例报告提交移送。

目前,分析工作主要还是依靠人工分析进行的。分析人员自己通过系统提供的工具去收集数据,然后进行分析。分析的时间可能会根据案例的具体情况,持续数天、数周至数月不等。同时,整个分析流程需要大量的数据分析,才能形成最终的报告。所涉及的数据不仅是内部数据库,而且还需要大量的外部信息,所以分析中涉及的工具也比较多,例如数据挖掘软件、图表生成软件等。因此,法定数字货币应在体系内建立客户身份信息联合核查体系。本文建议在体系内建立由公安、工商、税务、技术质监等部门监管相应节点的客户身份信息联合核查系统。在此体系中,中央银行应能够查看所有用户的交易地址,能够与身份关联,应实现在没有用户私钥的情况下,解密获得货币链中所有货币流向的明文信息,全网追查货币的往来,分析交易关联性,对可疑货币进行状态锁定,必要时对可疑货币进行收缴。

### (三)其他监管机构的监管措施

财政部、金融监管局、数据保护局、税务机关和消费者保护部门的责任范围都可能会受到法定数字货币和相关支付工具的影响。但是,央行数字货币并没有为这些权威机构引入任何新的任务或角色。例如,金融监管机构可能必须对在央行数字货币基础设施上建立的支付服务和服务提供商进行评估。同样,一个央行数字货币可能会改变支付市场的竞争,从而影响到反垄断机构的分析。然而,原则上这与金融监督机构和反垄断机构必须承担的其他工作没有区别。例如,根据 PSD2 的规定,数据保护机构可能会对央行数字货币系统是否与数据保护规则相一致进行审核,并可能在相关情况下实施制裁,但这并没有提出任何新的原则问题。

### (四)切实加强网络技术等基础设施建设

网络安全目前是中央银行系统和金融行业最重要的运营挑战之一。网络威胁,如恶意软件和欺诈,是几乎所有支付、清算和结算系统的风险。对于法定数字货币来说,欺诈的潜在影响可能更大,因为可以通过法定数字货币系统转移大量资金。因此,建立健全的网络风险缓解方法将是发行法定数字货币的先决条件。针对技术安全问题应该注意多措并举,加强系统安全性,提高系统使用的可信度,同时为了有效应对大规模的交易,还需要设计强大的实时吞吐力和并发处理能力的系统。

### (五)跨境交易监管和协调问题

作为一项新兴事物,法定数字货币跨境支付体系在构建过程中的监管问题也不容忽视。在监管实践中,应建立多边监管合作机制,可考虑由 20 国集团(G20)来主导搭建法定数字货币跨境支付和监管框架,并由 IMF 牵头开展确定多边监管规则、明确各国(地区)在监管框架中的权利和义务、确立统一的标准和规范体系,以及梳理各类金融风险并颁布风险指引等执行层面的工作。国家(地区)层面,也要积极探索开展双边或者区域性的监管合作,明确各自管辖权,定期开展综合性研究合作,针对在跨境贸易、支付结算过程中可能发生的偷逃税款、大额可疑交易、洗钱、非法融资、公布融资等违法犯罪行为,可考虑建立信息数据共享机制,以及开展联合调查、诉讼的合作机制。

## 六、结语

习近平总书记在2016年G20杭州峰会上多次强调数字经济对人类命运共同体的重要意义。与此相对应,数字经济将呼唤数字货币时代的到来。法定数字货币正被视为货币形态的又一次重大革命,将成为数字经济时代发展的重要基石。特别是随着信息科技的发展,以及移动互联网、可信可控云计算、终端安全存储、区块链等技术的演进,全球范围内的支付方式发生了巨大变化,各种电子货币、虚拟货币、数字金融资产及相应的支付结算基础设施创新试验层出不穷,为法定数字货币的发行流通带来了新的挑战和机遇。如何采取切实可行且科学有效的监管措施应对挑战,是学术界、金融实务界以及金融监管部门共同关心的命题。针对法定数字货币纳入监管的实际需求,包括对货币发行、流通、汇兑往来、回笼等全生命周期实现可监管,在充分保护用户隐私和合法权益的前提下,应当着重研究可控匿名、隐私保护和可追踪等可监管技术需求,结合审计和特权监管账户等技术,形成适应发展需求的安全监管机制,有效打击偷逃税款、洗钱、非法融资、恐怖融资等各类违法犯罪行为,为法定数字货币的稳健可持续发展提供技术支持和制度保障。

# 征稿启事

金融市场是一个大舞台，千姿百态的角儿演绎出有趣的故事、棘手的问题与费解的现象，等待被发现、理解、批判与再建设。《清华金融法律评论》观察金融现象，专注于研究金融法律真实世界的问题，欢迎解决问题与解释现象的科研成果。编辑部秉承文质第一的宗旨，在此前提下尽量不拘一格收录稿件，包括不拘泥于理论流派、学科门类或方法，亦接受少量翻译作品。来稿的注释体例参见已出版文集。作者投稿后一个月未收到反馈的，可自行处理。编辑部不以任何形式向作者收取费用。

除每一辑的特色专题征稿之外，《清华金融法律评论》设有“公司治理”“商事组织”“并购重组”“投资基金”“金融商法”“金融科技”“金融监管”“金融监管治理”“证券市场与法律”“公司财务与法律”“政府债务融资与财政危机”“金融法史”“金融宪法”“金融行政法”“金融政治经济学”“金融法经济学”“金融法社会学”“金融法调查”“金融法实务”等栏目，这些栏目也是本出版物长期、持续关注的子领域。

联系方式：投稿：thufinlrev@126.com

地址：清华大学法律图书馆楼748

邮址：100084　清华大学法学院　沈朝晖（收）

电话：86－10－6277 3495

顺颂文祺！

主编　谨识

**图书在版编目(CIP)数据**

清华金融法律评论. 第3卷. 第1辑 / 廖理，朱慈蕴主编. -- 北京 : 法律出版社，2020
ISBN 978-7-5197-4207-2

Ⅰ. ①清… Ⅱ. ①廖… ②朱… Ⅲ. ①金融法-中国-文集 Ⅳ. ①D922.280.4-53

中国版本图书馆CIP数据核字(2020)第022459号

**清华金融法律评论·第3卷第1辑**
**QINGHUA JINRONG FALÜ PINGLUN · DI 3 JUAN DI 1 JI**

廖理 朱慈蕴 主编
贺裴菲 李真 执行主编

策划编辑 似玉
责任编辑 似玉
装帧设计 李瞻

**出版** 法律出版社
**总发行** 中国法律图书有限公司
**经销** 新华书店
**印刷** 北京建宏印刷有限公司
**责任校对** 马丽
**责任印制** 张建伟

**编辑统筹** 法研工作室
**开本** 710毫米×1000毫米 1/16
**印张** 15
**字数** 237千
**版本** 2020年4月第1版
**印次** 2020年4月第1次印刷

法律出版社/北京市丰台区莲花池西里7号(100073)
网址/www.lawpress.com.cn
投稿邮箱/info@lawpress.com.cn
举报维权邮箱/jbwq@lawpress.com.cn
销售热线/400-660-8393
咨询电话/010-63939796

中国法律图书有限公司/北京市丰台区莲花池西里7号(100073)
全国各地中法图分、子公司销售电话：
统一销售客服/400-660-8393/6393
第一法律书店/010-83938432/8433
西安分公司/029-85330678
重庆分公司/023-67453036
上海分公司/021-62071639/1636
深圳分公司/0755-83072995

**书号**:ISBN 978-7-5197-4207-2
**定价**:68.00元
(如有缺页或倒装，中国法律图书有限公司负责退换)